『現代中国の生活変動』

飯田哲也
坪井　健　編

# はしがき

　中国にかぎらず諸外国の一般人の生活は意外と知られていないのではないだろうか。それぞれの国・社会の生活を具体的に知るということは、グローバル時代といわれている現在、外国を具体的に知るにあたってはきわめて大事なことである。とりわけ外国人との交流では生活を知ることが不可欠であろう。なぜならば、生活とは国民性あるいは民族性の現れそのものだからである。

　特にアジアにおける人々の具体的な生活を知ることは、アジアの一員である日本人にとって大事である。残念ながら、私自身は中国人以外のアジア人の生活をあまり知らない。中国を知ることで精一杯だからである。アジア諸国についての「学術論文」や「実態調査報告」に若干接することはあるが、具体的な生活については寡聞にしてそのような出版物にほとんど接していない。書店に行けばわかるように、中国についての本は沢山ある。しかし、政治・経済などの「マクロな社会」についてのもの、トピック的なものが大部分であるように思われる。

　そのような事情を念頭に置いて、本書では生活の基本と思われる家族・地域・教育を取り上げるとともに、それらと不可分にかかわっている生活文化と犯罪を盛り込んだが、多くの〈はしがき〉にあるような各章の内容については目次を見ればおおよそわかるので、私は〈はしがき〉では作成プレロスについて書くことにしている。すなわち、私が最近の編著でつとに強調していることを、言っておく必要があるということにほかならない。本書は以下のような日程で企画された。

　　2005年9月　　　　　　　　構成と執筆者の確定。
　　2005年11月　　　　　　　 第1次構想レジュメ提出。
　　2005年11月〜2006年5月　　可能なかぎり研究会を行う。
　　2006年3月　　　　　　　　第2次（ほぼ最終）構想レジュメ提出。

2006年7月　　　　　　中国語の原稿締切。
　　2006年9月　　　　　　日本語の原稿締切。
　　2006年10〜11月　　　　原稿の調整・修正。
　　2006年12月上旬　　　　出版社へ完成原稿送付。
　　2007年3月　　　　　　刊行。

　今度の企画では、私がはじめて一緒に仕事をする人たちばかりであり、さらに日本人がわずか4人で、他は中国在住の人や翻訳者を含めてすべて中国人という執筆陣ということになったので、編著の分担執筆にあたっての留意点についてとりわけ強く要請した。

　1つは、締め切りを大幅に遅れないこと。これについてはとりわけ「偉い人」や年長者に悪しき「習慣」が多いようである。すぐ後で述べるが、そのような人たちにはその影響の大きいことを考えていただきたいと思って機会ある毎に表明している。

　原稿執筆の遅れや放棄についての表明として、ここで私の共編著『応用社会学のすすめ』（学文社　2000年）の「はしがき」の文の一部を再録しよう。
「私は相対的に若い世代にはそのような悪しき『習慣』を反面教師とすることが大事であること、年長者にたいしては『もしあなたが30代だったら、言い訳を並べながら原稿執筆期限を何度も延ばすであろうか』、つまり研究者にとっては『初心忘れるべからず』が必要であろうと何回も話した」

　もう1つは、〈商品価値〉を考えて執筆することである。市販の専門書にはこの意識が果たしてどれだけあるであろうか。私は本書の執筆者に手紙を書いた。「私たちは読者にお金を出して本を買ってもらうのです。だからそれに見合った商品価値のある原稿であることが大事です。自費出版なら自己満足でよいし、学術雑誌の原稿ならば査読にパスすればよいし、学位請求論文もそうです。市販の本の場合は違います。水準の問題ではないことを前提に読者がわかるという親切さも大事です」

　残念なことではあるが、今回はもっとも悪い例が出たのである。終章の執筆予定者は中国研究では著名な関西のK大学のX教授、私は執筆陣に加わっていただいたことを喜んでいた。しかし、原稿締切の1ケ月半後の11月中頃に、タ

　　　　　　　　　　　　　　　　　　　　　　　　　　　　はしがき

イムリミットが11月末というかたちで問い合わせをしたが、全く返事がなかった。「見切り発車」をした後で（12月中頃）原稿は不要であると連絡すると、「多忙で失念していました。終章は編者が書いた方がいいでしょう」というさらりとした返事があった。先に書いた「偉い人」の悪習の極端な例であり、悪いことをしたという意識が全くないとしか受け止めようがないであろう。

　「多忙で失念」あるいは「遅れる」ということは、他の執筆者が閑だということになるであろう。しかし、多くの研究者は複数の仕事を抱えているはずである。多忙が理由ならば、最初から執筆をことわるか、少なくとももう少し早く伝えるのが常識であろう。事実としても、これまでの私の経験では良識ある人からは最初から参加できないという返事を何人かからいただいている。このようなケースが2つの悪影響を及ぼしていることに注意をうながしたい。1つは他の執筆者にたいして迷惑をかけていることである。別の本の〈はしがき〉に書いたが、早く執筆した若い人から「半年以上も遅れている人がいて困っている」という話をしばしば耳にする、と言えばわかるであろう。

　もう1つは、相対的に若い世代や大学院生・留学生への悪影響である。「偉い人」は意識していないかもしれないが、この悪習は踏襲されているのである。一般社会では許されないこの悪習を可能なかぎり少なくすることを訴えるとともに、若い世代にはこの悪習に染まらないよう心掛けていただきたい。これまでは、一般的にこの悪習について表明してきたが、日本人の多くは具体的に言わないと他人事と受け止めるようである。私はこの悪習について口ばかりでないことを自分の原稿執筆で示している。締め切り前に原稿を書き上げて執筆者全員に意見を求めるかたちで送るという行動で示すのである。他の原稿が出てから書き始める編者がいるということも耳にするが、それでは原稿催促が出版社任せになり、この悪習の解消の方へ向かわないのではないだろうか。もっともこの悪習は日本人だけではないようであり、執筆予定者だった中国社会科学院のF氏からも原稿の提出がなく「見切り発車」せざるを得なかった。テーマが「農村」なので、短期間での代役は不可能であり、これまた残念な結果になった。

　ここで中国在住の中国人の執筆者を簡単に紹介しておこう。

関　穎氏は天津社会科学院研究員、家族社会学、教育社会学を専門とする中堅の社会学者で『社会学視野中的家庭教育』(2000年) などの著書、論文多数。
　張　海英氏は中国航空航天大学助教授、同教育研究所副所長、教育社会学を専門とする中堅の社会学者、教育に関する論文多数。
　李　強氏は、清華大学社会学部長、中国のトップクラスの社会学者である。理論社会学、階層研究、都市研究、その他の社会分野についての著書・論文多数。
　若干の問題もあって編者としてはやや不満もあるが、ともあれほぼ予定通りの進行になったので、執筆した方々がこれを1つの契機としてさらに前進されることを期待したい。本書は日中社会学会の会員を軸とするものであり、中村則弘会長をはじめとする会員諸兄姉のアドヴァイスなどお世話になったことにお礼を申し上げるとともに、出版を快く引き受けていただいた相良景行氏をはじめとする時潮社の方々に感謝の意を表明し、時潮社の一層の発展を祈念するものである。
　　2007年1月
　　　　　　　　　　　　　　京都　船岡山裏手の寓居にて
　　　　　　　　　　　　　　　　　　　　　　　飯田哲也

現代中国の生活変動／目次

はしがき ………………………………………………（飯田　哲也）……3

## 序　章　現代中国の国民生活 ……………………（飯田　哲也）……11
　　　──1990年代の生活変動を軸に
　はじめに　11
　　1．階層分化をめぐって　13
　　2．変化の1つの指標としての収入と支出　18
　　3．もう1つの指標としての教育　26
　おわりに──更なる課題を求めて　31

## 第1章　家族変容と家庭教育 ………………………（关　　頴）……34
　　1．家族構成と家族関係　34
　　2．家庭生活様式の変遷　44
　　3．伝統的家庭教育と教育の現状、未来　50

## 第2章　現代中国の家族 ……………………………（富田　和広）……63
　　　──自己愛家族の誕生
　はじめに　63
　　1．生きる場としての家族　64
　　2．消費文化の高度化と自己愛家族　67
　　3．子ども観の変容　71
　おわりに　80

## 第3章　都　市 ………………………………………（李　　妍焱）……86
　　　──基層管理体制の変動とコミュニティ形成
　はじめに　86

1．「社区」と「小区」：都市部の二つの顔　*87*
2．コミュニティ形成と住民自治に関する問題提起　*90*
3．小区における隣人関係の形成と自治への可能性　*92*
4．自治の習慣づくりと自治の制度づくり　*99*
終わりに　*102*

## 第4章　中国都市の貧困層問題……………………（李　強）……*108*
はじめに　*108*
1．1990年代以後の中国の都市における貧困状況　*108*
2．都市貧困層の貧困原因に関するマクロ的分析　*113*
3．都市貧困層の貧困に関するミクロ的分析　*121*
4．中国の都市における貧困の解決策　*123*

## 第5章　中国の大学改革の進展と大学生…………（張　海英）……*128*
はじめに　*128*
1．大学教育における3つの特徴　*128*
2．中国における大学教育改革の推移　*132*
3．階層構成の変化と大学生　*140*

## 第6章　在日中国人留学生の動向 ………………（坪井　健）……*151*
はじめに　*151*
1．中国の留学生派遣政策と日本の留学生受け入れ政策　*151*
2．1980年代以降の日本留学ブーム　*154*
3．中国人留学生、主流の時代へ　*159*
4．90年代後半からの中国人留学生の急増の背景　*160*
5．在日中国人留学生の虚像と実像　*167*
おわりに　*171*

第7章 生活と文化……………………………………（中文　礎雄）……178
　　　──流行り謡から見た現代中国の生活
　はじめに　*178*
　1．流行り謡の特徴及びその歴史　*179*
　2．経済成長に伴うモラルの低下　*188*
　3．日常生活の変質　*194*
　終わりに　*201*

第8章 経済改革後の農民工と犯罪………………（羅　東耀）……*203*
　はじめに　*203*
　1．アノミー論と中国の農民工の犯罪原因　*204*
　2．国家の刺激政策と国民の金銭的成功目標の肥大化　*205*
　3．建国後の工業化と社会構造の格差　*207*
　4．農民工の金銭的成功目標の制度的障害　*210*
　5．農民工のアノミーの深刻化　*213*
　6．農民工の「革新行動」　*215*
　おわりに　*220*

終　章　中国研究の行方………………………………（飯田　哲也）……*223*
　　　──〈あとがき〉的提起
　1．中国研究の難しさ　*223*
　2．現代中国の多様性・複雑性の確認　*226*
　3．中国研究の方向──１つの覚え書き──　*229*

　　　　　　　　　　　　　　　　　　　　カバー写真　飯田哲也
　　　　　　　　　　　　　　　　　　　　装幀　比賀祐介

# 序章　現代中国の国民生活
　　　—1990年代の生活変動を軸に—

## はじめに

　中国社会についての出版物が多くなっているこの頃である。中国の文献からの翻訳をも含めて日本語の文献が書店のコーナーに占めるスペースが広がっている。現代中国についてのそれらの論考・紹介は大きくは3つに分けられるようである。

　1つには、事実の紹介を軸とした報道に近い性格のものを挙げることができる。取り上げられている分野はきわめて多岐にわたっている。これらには現在の中国社会の特徴あるいは新たな動向について、なんらかの整序をしているという性格のものが多い。

　2つには、経済や政治の動向などのマクロな紹介にとどまらず、分析・評価・予測などが論じられている。より具体的に言えば、中国の統計資料・報道（とりわけ諸会議における論議や決定）や中国で影響力があると思われる人物の言動などに依拠して、中国社会の動向と行方について、一定の評価も交えて論じる性格のものが多い。

　3つには、中国の社会変動をなにほどかにおいて念頭においた中国の社会的現実の多様な研究である。社会学やそれに近い手法によるものが多い。日本人と中国人の両方の研究者によるものだが、評価を交えずに事実のみを示すものと、何らかの観点から中国社会のあり方の問題性について論じるものとがある。

　中国についてのこのような論考はここ20年余り続いているが、そのような状況のなかで、私は1999年に、中国研究について3つの課題を提起した。①中国全体のマクロな認識の明確化、②生活の多様性と多様な変化動向の具体的な整序、③最近の中国における多様な社会問題についての研究の積み上げ、である。

なお現時点では、中国における社会学研究の動向の新たな検討を、これらの課題との関連で進める必要があることを、理論的課題として付け加えたい[1]。
　この論考では第1の課題に焦点を当てるが、1990年代に絞って重要と考えられる変化動向を素描して、その他の課題については必要と思われるかぎりにおいて簡単に触れることになるであろう。「なぜ1990年代か」ということについては、中国の国民生活の変化にたいする私の見方による。いわゆる「改革開放」以後の変化については、様々な紹介・論考があるが、変化の見方については述べられている時期、焦点の当て方、方法の違いによって異なる。とりわけ国民生活については、「変化と残存」が錯綜しているためか、異なる論考が多様に存在している。具体的にはいわゆる70年代末の「改革開放」から変化を見る論考、80年代後半からの変化を重視する論考、90年代前半からの変化を重視する論考などを指摘することができる。私はそれらの見方を一概に否定はしないが、いささか異なる見方をしている。
　国民生活に焦点を当てるならば、具体的には人々の生活の仕方（あえて生活様式という表現を避ける）や意識・態度が1990年代の前半と後半では大きく変化している、と私は見ているのである。「改革開放」から1980年代までの変化についてどのように見るかによって多分捉え方が違ってくるであろう。私が『中国放浪記』（学文社　1997年）で素描したのは主に1990年代前半であるが、後半の実態には大きく異なっている場合が多い。変化をこのように区切る見方については、以下の展開によって示されるであろう。
　ただしこの章では、1990年代の中国の国民生活の変化動向を全面的に展開するのではなく、展開に必要な手がかりを具体的に鮮明にすることが狙いである。そのためにさしあたりは2つの点にしぼって取り上げる。1つは、国民生活におけるマクロな変化であり、もう1つは、その変化と関連して具体的な生活レベルでどのように現れているかに若干触れるということである。理論的意味を一言付け加えるならば、前者が国民生活の客観的条件（状態）、後者が主体的条件（活動）の部分に相当することになるが、むろん2つの条件を全面的に触れるわけではない。展開にあたっては、私の前の論考「現代中国社会と国民生活」におけるスタンスを基本的には保持・継続することになる[2]。

序　章　現代中国の国民生活

## 1．階層分化をめぐって

### ▼中国の階層分析について

　中国の国民生活を捉えるにあたって基本的に確認する必要があるのは、階層的位置づけである。最近の中国をめぐっては、様々な格差とりわけ経済的格差の拡大が言われており、事実としても経済的格差が拡大する動向は確かであろう。そのような動向に照応してか、1990年代後半からは階級・階層研究や貧困・富裕研究が中国では多くなってきている。この節では階層分化についての「全体としての」動向を一定程度整序して示し、合わせて階級・階層の捉え方という理論問題にも若干踏み込んで言及しようと思う。

　現代中国の階級・階層分化の現実は変化と錯綜に充ちておりきわめてわかりにくい。そこで主に中国の3つの文献を手がかりとし、その他の文献・資料をも若干活用して考えることにする。以下で取り上げる本がそれぞれ1993年、1997年、2002年に刊行されたことはきわめて興味深い意味がある。というのは、階層についてのそれぞれの論考には変化動向の特徴が現れていると思われるからである。わかりやすくするために、それぞれの構成を示すことからはじめよう。

　李強『当代中国分層与流動』（中国経済出版社　1993年）
　1．社会階層の分化と流動の基本問題　2．社会階層分化についての社会学の基本理論　3．中国大陸における社会階層分化の理論と政策　4．中国農民階層の分化と流動　5．現代中国の労働者　6．内外の知識層についての理論　7．中国の知識層　8．中国の管理幹部層　9．中国の個人・市営企業階層　10．内外の貧困階層についての理論　11．中国の貧困層と貧困問題　12．中国の社会階層の分化と流動についての総体的研究

　梁暁声『中国社会各階層分析』（経済日報出版社　1997年）
　1．現代の資産者階層　2．現代の「売買仲介」者階層　3．現代の中産者階層　4．現代の知識層　5．都市の平民と貧民　6．農民　7．現代中国における「闇の社会」

陸学芸主編『当代中国社会階層研究報告』(社会科学文献出版社　2002年)。目次そのものはかなり煩雑なので、目次にしたがって内容を私なりに示すことにする。
1．総報告　現代中国の社会階層の研究報告
階層構造の発生と変化　現代的階層構造の形成　階層構造と近代化の不適合　合理的な階層構造の追求の必要性
2．テーマ別の研究報告
労働者階層　農民　企業主　中間階層
3．地域の事例研究報告
深圳市　　合肥市　　福清市　　汉川市　　鎮寧市

　以上の簡単な目次のみの紹介からでも直ちにわかるのは階層区分の仕方の違いであろう。革命や戦争その他の社会的激変がない時期に、わずか10年程度でこのように大きく違うことは、中国のこの時期以外には世界にもおそらく例がないであろう。そこでこの特殊とも思われる階層分化の変化と若干の問題性について述べることにしよう。いわゆる改革開放以前の中国では、大雑把にいえば、労働者、農民、解放軍、幹部が主要な4階層であって知識人層はそのなかに吸収されていた。1990年代はじめでは、李強の論述が示しているのだが、個人・私営企業階層が「改革開放」以前とは異なる新たな階層として出現するとともに、知識人層が1つの階層として新たに位置づけられることになる。1990年代前半までの階層をめぐる現実については、農民層の分化・流動、労働者と幹部との軋轢、そして経済的貧困層という問題の立て方で捉えられる性格であったと言えよう。

　1990年代後半になると、梁暁声の本の目次からだけでも大きな変化が見て取れるであろう。彼の捉え方は基本的には李強とそれほど大きな違いはないが、中間層あるいが中産層という位置づけを新たに措定した先駆と言えること、章の題が階層であっても、階級という捉え方が文章表現のなかに散見されることが特徴と言えよう。つまり1990年代前半とは異なる階級・階層分化が進み始めたことを意味する[3]。

　1990年代末に調査された陸学芸の本では、階層分化をめぐる問題性がかなり

鮮明に示されている。ここでは問題提起的に階層分化と階層移動の実態の一端のみに触れるにとどめ、次の項でやや詳細に考えることにしたい。先に示した本の構成内容から分かるであろうが、かなり広範囲かつ詳細な実態調査にもとづいているので、信頼し得ると言えよう。階層分化と階層移動の典型例を1つだけ紹介しよう。

　　上層　　　指導幹部層
　　　　　　　巨大私営企業主、株主、経理（社長、経営者）
　　中上層　　中小私営私有企業主
　　　　　　　高収入自由業層
　　　　　　　中高級社員層
　　中層　　　一般幹部層
　　　　　　　専門的・技術的職業従事層
　　　　　　　公有経営体労働者層
　　　　　　　商業・自営業主層
　　中下層　　安定農民層
　　　　　　　低級雇用職員層
　　下層　　　低収入雇用労働者層
　　　　　　　貧困層（原語は「階層」だが「層」という日本語表現が適切である）

　このように区分されている階層の移動は他の社会ではあまりないと思われる特殊な様相を見せている。上層は階層移動がなくて固定していること、中上層ではその中の下位2層に中層へ下降移動があること、中層の上位2つに中上層へ上降移動があること、公有経営体労働者層に中下層への下降移動があること、そして中下層および下層には階層移動がないこと、したがって階層がかなり固定的であるという特徴を指摘することができる。

　2000年代に入ってからの階層と流動についてのまとまった本としては、陸学芸主編『当代中国社会流動』（社会科学文献出版社　2004年）、李培林・李強・孫立平『中国社会分層』（社会科学文献出版社　2004年）を代表的な研究として挙げることができる。

　『当代中国社会流動』は理論および現実分析の両方を盛り込んだ全面的な階層

研究として性格づけられる。この本では、階層分化の捉え方、階層分化と階層移動の変化および要因の叙述、各階層の具体的分析、理論および調査方法という展開になっている。『中国社会分層』も別な意味で全面的な階層研究として性格づけられるが、貧富の格差を軸とする展開として性格づけられる。具体的には、経済だけでなく教育や意識にも言及していること、さらにはアメリカ、イギリス、ドイツの社会構造（Social structure）にまで踏み込んでいる言及からは、今後の国際比較研究を射程に入れていると推察される。

以上、簡単な概略的紹介でもほぼわかるように、前の2つの本よりもかなり踏み込んだ研究であるとともに総合的な把握が目指されている。そこでこれらの文献などを手がかりとして、現代中国における「階級・階層」問題についてやや具体的に考えてみよう。

### ▼「階層・階級」問題を考える
1）捉え方について

現代中国における階層分化がかなり進展していることは、これまで述べたことからほぼ明らかであろうが、このような現実をどのように考えるかが問われる。先に挙げた代表的な研究では、基本的には「階層」研究になっているが、「階層」研究としては重要な理論問題を内包していると思われる。そこで、上で示したこととの関連で、「階層」という概念による捉え方について、理論的な問題を若干提起したい。

相対的に新しく発表された『当代中国社会流動』（前出）によれば、現代中国における「階層」は10大階層として分類されている。国家・社会の管理、経営、私営企業主、専門・技術、事務、自営業、商業従事、産業労働者、農業労働者、無職・失業者である[4]。階層移動の動向も階層分化を捉える重要な視角であるが、これについては移動が少ないという近代社会ではやや特殊な様相であることについてすでに簡単に指摘した。

このような「階層分化」と「階層移動」の進展は中国ではおおかたの認めるところであり、整理されている実態は、調査や統計資料に裏付けられているので、大同小異であるといってよいであろう。問題はそのような「階層分化」の

序　章　現代中国の国民生活

捉え方が理論的にも妥当かどうかにある。私は「階層分化」について研究している親しい友人たちにこの点を質問してみた。彼らによれば、階層を階級よりも上位概念とする立場、階級を階層よりも上位概念とする立場、両者の違いを考えない立場、という3つの立場があるというのである。おそらくそうであることは、私の乏しい文献考察からも推察されるが、「中国の特色ある社会主義」の今後にかかわる理論問題として、次にこのことについて考えてみよう[5]。

　2）階級論の必要性について

　まずは代表的な論者について簡単に確認すると、李強によれば階層の具体的分析の前段で、階級論を含む理論的検討がかなり詳細に展開されているが、中国の現実の把握においては階層論として展開されている。梁暁声は階級の存在をはっきりと認めて叙述しているが、階級と階層の理論的関連がはっきりしていない。陸学芸らの場合は、階層論で貫かれている。秦言『中国中産階級』（1999年　中国計画出版社）では「階級」という表現になっている。これらには中国における階級・階層論の動向がほぼ示されているであろう。

　以上に簡単に示した階層研究から、私は2つの理論問題を提起する前提として、基本的な理論的確認をしておこう。すなわち、階級とは〈支配—被支配〉関係を内蔵する概念であるのにたいして、階層とは何らかの指標にもとづく一種の区別（あるいは違い）を示す概念であるということである。階級には利害の対立があるが、階層には利害の対立がかならずしもあるわけではない。したがって、どちらの概念を軸とするかによって当該社会の性格が異なって捉えられることになる。そこで2つの理論問題について考える必要性を提起しよう。1つは、階層の概念規定も含めた捉え方についてであり、もう1つは、階級の存在についてどのように考えるかということである。

　中国における階級・階層についての論じ方は、時には〈階級〉という表現もあるが、基本的なスタンスは〈階層論〉である。しかし、現代中国社会には〈階級〉が明らかに存在するのではないだろうか。このことは、10大階層についての分類指標に現れていると見なすことができる。分業、権威等級、生産関係、制度分類、主要資源という指標だが、マルクスに発する階級認識であるならば、このなかでの生産関係および主要資源は階級認識の基本的概念であり、

17

他の3つは副次的概念として性格づけられるのである。階層についてはおおかたが合意できるような規定（あるいは定義）はないのにたいして、「階級」概念については、李強の論考に認められるようなマルクスの階級の捉え方であると言えよう。しかし、中国の現実分析においては「階級」概念はほとんど適用されていない[6]。

ではなぜ現実分析において〈階層論〉にとどまって階級論に踏み込まれないのであろうか。この問題はいわゆる「社会主義社会」を基本的（理論的）にどのように見なすかということ、および「中国の特色ある社会主義」をどのように性格づけるかという大きな問題に結びついている。そこでここでは、経済における商品化（＝資本主義化）の進展における現実をより具体的に把握するという現実的課題、および「社会主義とは何か」という根本的な問いを、イデオロギー、民主主義の基本的理解にもとづいて明確にしていくという理論的課題がある、という提起にとどめる[7]。

## 2．変化の1つの指標としての収入と支出

### ▼収入の変化動向と格差

中国における国民生活の客観的条件を示す重要な指標として生活経済をややマクロに取り上げてみたい。改革開放以降の経済成長（＝生産力の発展）については、次に示す数値だけからでもその驚異的発展は明らかであろう。

表1　国内総生産の推移　　　　（単位　億元）

|  | 1980年 | 1985年 | 1990年 | 1995年 | 2000年 | 2004年 |
|---|---|---|---|---|---|---|
| ＧＤＰ | 4517.8 | 8964.4 | 18547.9 | 58478.1 | 89468.1 | 136875.9 |
| 第1次産業 | 1359.4 | 2541.6 | 5017.0 | 11993.0 | 14628.2 | 20768.1 |
| 第2次産業 | 2192.0 | 3866.6 | 7717.4 | 28537.9 | 44628.2 | 72387.2 |
| 第3次産業 | 966.4 | 2556.2 | 5813.5 | 17947.2 | 29904.6 | 43720.6 |

出所『中国統計年鑑』各年度より作成

先の階層分化にも示唆されているように、問題はこのような生産力の飛躍的発展にともなっての国民の生活経済の動向である。平均あるいは全体というマ

序　章　現代中国の国民生活

クロだけの見方が生活実態を具体的に捉えるものでないことは言うまでもないであろう。すでに指摘した理論問題を孕みながらも、現代中国の生活変動については階層分析を軸としての研究がかなり進展していることは、これまでに述べたことによっても窺い知ることができるであろう。そこで「階級的位置」が鮮明に現れる生活経済（収入と支出の額および内容）について、いくつかの指標によって考えることにしよう。

1）収入の変化動向について

収入の大雑把な概観については、私は1999年の論考で1度試みている[8]。統計・文献資料と実体験との違いを鮮明にするという性格の論考なのできわめて不充分ではあるが、ある程度示した。ここではまず収入にかぎっていくつかの統計数値を示すことから始めよう。まず、地域（特別市・省）による違いを上位5、下位5だけ示すと次の通りである。

表2　地域（特別市・省）における平均年収の推移　〈上位〉（単位　元）

|  | 1980年 | 1990年 | 1994年 | 1998年 | 2000年 | 2004年 |
|---|---|---|---|---|---|---|
| 上海市 | 560 | 2050 | 5889.57 | 8825.26 | 11802.40 | 16682.82 |
| 北京市 | 501 | 1787 | 5086.04 | 8520.61 | 10416.39 | 15637.84 |
| 浙江省 | 430 | 1769 | 5069.57 | 7883.77 | 9334.18 | 14546.38 |
| 広東省 | 462 | 2135 | 6377.71 | 8904.83 | 9853.65 | 13627.65 |
| 天津市 | 492 | 1522 | 3982.37 | 7126.23 | 8165.12 | 11467.16 |

〈下位〉

|  |  |  |  |  |  |  |
|---|---|---|---|---|---|---|
| 江西省 | 365 | 1110 | 2775.71 | 4274.32 | 5129.51 | 7876.70 |
| 黒竜江省 | 388 | 1090 | 2698.79 | 4291.76 | 4945.45 | 7803.41 |
| 青海省 | — | 1191 | 2812.84 | 4257.50 | 5196.69 | 7785.09 |
| 寧夏自治区 | 338 | 1271 | 2988.77 | 4146.37 | 4948.04 | 7748.53 |
| 貴州省 | 316 | 1152 | 3226.72 | 4580.48 | 5137.19 | 7518.72 |
| 全国平均 | 439 | 1387 | 3502.31 | 5458.34 | 6316.81 | 10128.51 |

出所『中国統計年鑑』各年度より作成

このようなやゝマクロな視点からの平均的な地域的格差の進展状況に加えて、さらに多面的に捉えることが必要である。以下においては、収入階層別、産業

別、および経営形態別の3種のデータを整理してみよう。

表3　収入階層別の年収の推移　　　　　　（単位　元）

|  | 平均 | 最低戸 | 低収入 | 中の下 | 中の中 | 中の上 | 高収入 | 最高戸 |
|---|---|---|---|---|---|---|---|---|
| 1985年 | 3502.3 | 1734.57 | 2238.37 | 2721.15 | 3303.66 | 4079.07 | 5007.24 | 6837.81 |
| 1990年 | 4844.8 | 2453.62 | 3148.62 | 3779.82 | 4579.98 | 5598.28 | 6826.77 | 9250.44 |
| 1995年 | 5458.3 | 2505.02 | 3329.13 | 4134.93 | 5148.81 | 6404.89 | 7918.46 | 11021.5 |
| 2000年 | 6316.8 | 2678.32 | 3658.53 | 4651.72 | 5930.82 | 7524.98 | 9484.67 | 13390.5 |
| 2004年 | 10128.5 | 3084.83 | 4697.62 | 6423.89 | 8746.65 | 11870.8 | 16156.0 | 27506.2 |

出所『中国統計年鑑』各年度より作成

いわゆる「先富論」にもとづく経済政策の当然の結果であるとはいえ、国民の収入面での著しい不均等発展という動向を垣間見ることができるが、さらにいくつかの指標（ある意味ではすべて階層的指標であるが）によって、特徴的と考えられる現実について、手がかりとしての整理を若干試みることにしよう。

表4　産業（就業）別賃金（年収）の推移　〈上位の5業種〉（単位　元）

|  | 1980年 | 1990年 | 1994年 | 1998年 | 2000年 | 2004年 |
|---|---|---|---|---|---|---|
| 金　融 | 720 | 2097 | 6717 | 10633 | 13478 | 26982 |
| 科学・技術 | 851 | 2403 | 6162 | 10241 | 13620 | 23593 |
| エネルギー | 1035 | 2656 | 6155 | 10478 | 12830 | 21803 |
| 文化・娯楽 | 700 | 2117 | 4923 | 7474 | 9487 | 20730 |
| 不動産 | 694 | 2243 | 6288 | 10302 | 12612 | 18712 |

〈下位の5業種〉　（単位　元）

|  | 1980年 | 1990年 | 1994年 | 1998年 | 2000年 | 2004年 |
|---|---|---|---|---|---|---|
| サービス | 475 | 2170 | 5026 | 8333 | 10339 | 14152 |
| 商　業 | 692 | 1818 | 3537 | 5865 | 7190 | 12923 |
| 建　築 | 855 | 2384 | 4894 | 7456 | 8735 | 12770 |
| 飲食・旅館 | — | — | — | — | 10339 | 12535 |
| 農林・牧・漁 | 612 | 1541 | 2819 | 4528 | 5384 | 7611 |

出所　『中国統計年鑑』各年度より作成

ここでも15業種から上位5、下位5だけを示した。〈飲食・旅館〉は2000年からの新分類項目であり、2004年からはIT産業（平均賃金は34,988元と最高

が設定されていることを指摘しておこう。これに加えて、中国特有の経営形態別賃金をも確認しておく必要がある。これについても、1990年代に入ってからの格差拡大が認められるが、それぞれの経営形態の内部はさらに多様である。

表5　経営形態別賃金の推移　　　　（単位　元）

|  | 1980年 | 1990年 | 1995年 | 2000年 | 2004年 |
|---|---|---|---|---|---|
| 平均 | 762 | 2140 | 5500 | 9371 | 16024 |
| 国有単位 | 803 | 2284 | 5625 | 9552 | 16729 |
| 集団制単位 | 623 | 1681 | 3931 | 6262 | 9814 |
| 連合制単位 |  |  | 6056 | 11887 | 15358 |
| 株式制単位 |  | 2987 | 7277 | 12385 | 18584 |
| 外資系単位 |  |  | 8058 | 16101 | 20440 |
| 香港・台湾等 |  |  | 7484 | 12544 | 16101 |
| その他 |  |  | 6494 | 11621 | 10102 |

出所　『中国統計年鑑』各年度より作成。（単位とは経営体を意味する）

　これらの表に示されている数字については、あえて詳細な説明をしないことにする。前の階層分化の動向と関連させて考えるならば、「市場経済」を軸とする「現代化」政策が現代中国にどのような変化をもたらしており、1990年代の変化に注目する意味もおおよそ了解されるのではないだろうか。しかし、上に表示したようないくつかの面からのマクロな認識だけでは、具体的現実認識としては不充分である。換言すれば、単なる数字による格差だけでは不充分だということにほかならない。

2）具体的現実について

　ここでは「文献・資料と経験の狭間で」というスタンスから、私が実際に接した具体例をもまじえて、より詳細な把握の必要性について注意を喚起したい。すでに示した統計数字は、都市と農村の格差を軸とした「階層差」・地域差のマクロな状態を示している。しかし、広大な中国大陸の現実はそれほど単純ではない。具体的には先に挙げた統計数字以上に収入格差は拡大しているようである。私の直接経験の例を挙げよう。

　まずマッサージ師の例だが、現在の中国におけるマッサージ代は60分で200

元前後がおおよその相場である。そのようなマッサージ師の月収はおおむね1000元〜1500元であるが、これは「階層」概念では捉えられない現実を典型的に示している。仮に1日に3人から4人の客があるとすれば、1ヶ月の売り上げは25,000〜30,000元である。これをどのように解釈するかは読者にゆだねよう[9]。他方、その対極としての企業のオーナーの例だが、私が偶々紹介された高級レストランのオーナーは、3つのレストランや土産物店舗などを経営しており、月収は約100万元だとのことである。つまり平均を示す統計だけでは格差の具体的認識がきわめて不充分であるということにほかならない。

　さて、先に省別の上位と下位の差を表示したが、地域的格差については、これまた不充分である。経済的に発展している都市の貧困層については、〈李強論考〉で具体的に取り上げられているので、ここでは農村について簡単に示すことにする。一般に都市と農村という比較が多いが、農村も都市と同じようにかならずしも一様ではなく、格差の波は押し寄せている。実感してもらうために、私の直接の見聞を紹介しよう。

　河北省のある農村へ行った時のことである。2人の富裕者に面談して住まいをほぼ隈無く見せてもらったことがある。1人は種子の販売で巨富を得たそうだが、中国特有のカラフルできらびやかな門、一見してどれだけの面積かわからない広大な敷地、居間には豪華な調度品、多数の寝室、そしてお手伝いの存在。もう1人は新しい換金農作物を早期に始めて富を得たそうだが、農業をやめて大きな雑貨店を営んでいる。雑貨店の裏にはこれまた広い居住の敷地があり、寝室だけでも10数室ある。しかし他方では、そのような富裕とは縁のない者もいる。羊飼いをしている17, 8歳くらいの女性に話しかけると、彼女は小学校しか卒業していない。理由はあまりはっきりとはわからなかったが、中学校には行きたかったが行けなかったとのことである。この農村は河北省ではほぼ中位の地域であり、上の例は1つの農村内部の格差を典型的に示している。

　農村における地域格差としてさらに重視する必要があるのは、富裕農村と貧困農村の違いを具体的に押さえることである。富裕農村については、北京市・上海市・省政府所在都市などの都市近郊農村が相対的に富裕であることは容易にわかるであろう。しかし、先の〈表2〉に挙げた下位の省にも富裕農村があ

るので、2つの例をピックアップしよう。

　黒竜江省巴彦県西集鎮は省の西部地区に位置しており、省政府のあるハルピン市からは75キロも離れている。人口は約42,600人、面積は155平方キロであり、民生部からは「中国郷鎮の星」とも呼ばれている。この地域の特徴としては農村部にしては産業が多面的であることを指摘することができる。食料生産の農業と牧畜業が総合的に発展しているとともに、それにもとづく加工食品業も発展しており、主な生産物として油・建材・酒・煙草などを挙げることができる。そのような産業の発展を背景として1996年から国外との貿易も開始、主な輸出国は日本、シンガポール、マレーシア、フィリピンなどである。

　寧夏自治区の永寧県楊和郷は省政府のある銀川市から20キロほど離れており、人口は約28,700人で回族（少数民族の1つ）が3分の1近くを占めている。この地域は土地がもともと肥沃であったことに加えて新たな科学技術の活用によって農業生産が急速に発展した。上の例とも共通していると思われるが、食料生産と牧畜の発展、後者では乳製品に力点がおかれている。加工食品と建築にも力が注がれていることは前者と同様である。大都市から離れた農村でもその地域の特性を活かした産業への取り組み、そして推察の域を出ないが、適切な計画と指導があれば富裕になる可能性を示すものであり、先に挙げた平均年収の下位の省でもそのような富裕農村が散見される[10]。

　貧困農村については、富裕農村とは違って具体的な農村名の資料はないので、数字データによって簡単に示すにとどまる。2000年の数字として整理すると、中国の農村部を占めている地域での行政区には約600県あり、そのうち平均年収（現金収入）1000元以下が126県、中には700元程度の貧困県もある。非貧困県とされている地域の平均年収が2500元程度であり、〈表3〉に示されている最低戸が2678.32元であることと比較すると、「固定的貧困県」とも言われているそれらの農村部の県がいかに貧困であるかがわかるであろう。これら固定的貧困県の人口が推計で、西部では約1億2000万人、中部では約500万人、東部では約200万人であることを付け加えておこう[11]。

▼消費について

　ここでも収入に照応した格差も問われるのであるが、消費の金額そのものというよりはどのような消費にあてられているかに注目したい。〈表6〉は一般的な消費状況の推移をを示したものである。

表6　消費状況の推移

|  | 1985年 | 1990年 | 1995年 | 2000年 | 2003年 |
| --- | --- | --- | --- | --- | --- |
| 可処分所得（元） | 739.1 | 1510.2 | 4238.9 | 6280.0 | 8472.2 |
| 消費支出　（元） | 673.20 | 1278.89 | 3537.57 | 4998.00 | 6510.94 |
| 食費　　（以下％） | 52.25 | 54,25 | 50.09 | 39.44 | 37.12 |
| 衣服費 | 14.56 | 13.36 | 13.55 | 10.01 | 9.79 |
| 家庭用品 | 8.60 | 10.14 | 7.44 | 7.49 | 6.30 |
| 医療・保健 | 2.48 | 2.01 | 3.11 | 6.36 | 7.31 |
| 交通・通信 | 2.14 | 1.20 | 5.18 | 8.54 | 11.08 |
| 教育・文化娯楽 | 8.17 | 11.12 | 9.36 | 13.40 | 14.35 |
| 住居費 | 4.79 | 6.98 | 8.02 | 11.31 | 10.74 |
| その他 | 7.01 | 0.94 | 3.25 | 3.44 | 3.30 |

　　出所　『中国統計年鑑』各年度より作成

　上記の表についてはあえて詳細に説明する必要はないであろう。ここではこの表を読み取るための補足的材料をやや具体的に加えておこう。都市の住民の間ではケータイの普及率はほぼ90％、洗濯機・冷蔵庫の普及率は90％前後、エアコンは60％を超えているという消費状況（いずれも2003年）を挙げることができる。カラーテレビは急速に普及して、1990年代末に100％を超える（1985年には17％強であった）。このような消費生活の急激な変化（あるいは発展）は都市住民（都市身分）に関するかぎりは統計的にも実際の見聞でも一般的に確認できるのであるが、これまたマクロ平均であることにも注意する必要がある。

　そこで視点を転じて、〈表3〉で確認した収入階層別では消費生活がどのよ

序　章　現代中国の国民生活

うな推移を見せているかについて表示しておこう。

表7　収入階層別の消費支出の推移

|  | 項目 | 平均 | 最低戸 | 低収入 | 中の下 | 中の中 | 中の上 | 高収入 | 最高戸 |
|---|---|---|---|---|---|---|---|---|---|
| 1991 | 食費 | 782.50 | 561.37 | 645.18 | 712.12 | 787.45 | 855.19 | 944.96 | 1107.13 |
|  | 衣服費 | 199.64 | 108.17 | 143.99 | 172.30 | 203.86 | 236.45 | 268.95 | 304.46 |
|  | 家庭用品 | 139.83 | 62.03 | 85.51 | 106.03 | 130.31 | 165.32 | 233.87 | 270.64 |
|  | 医療保健 | 32.10 | 24.29 | 26.71 | 29.00 | 30.87 | 36.49 | 37.91 | 44.56 |
|  | 交通通信 | 16.89 | 8.64 | 10.85 | 12.99 | 16.25 | 19.60 | 23.44 | 33.94 |
|  | 教育・文化・娯楽 | 94.94 | 45.47 | 60.22 | 74.74 | 93.09 | 111.42 | 136.04 | 182.30 |
|  | 住居費 | 23.00 | 8.71 | 10.52 | 14.43 | 16.07 | 20.61 | 44.45 | 79.97 |
| 1996 | 食費 | 1904.71 | 1356.24 | 1570.80 | 1724.35 | 1902.79 | 2113.15 | 2284.93 | 2583.17 |
|  | 衣服費 | 527.95 | 232.86 | 316.41 | 414.89 | 536.86 | 637.99 | 769.77 | 925.25 |
|  | 家庭用品 | 298.15 | 112.25 | 143.33 | 196.06 | 259.89 | 347.33 | 490.15 | 731.19 |
|  | 医療保健 | 143.26 | 91.24 | 96.96 | 120.62 | 135.40 | 159.78 | 192.21 | 250.43 |
|  | 交通通信 | 199.12 | 75.05 | 110.30 | 142.94 | 190.36 | 244.16 | 312.74 | 396.34 |
|  | 教育・文化・娯楽 | 374.95 | 191.53 | 233.15 | 293.09 | 356.74 | 431.01 | 511.49 | 735.28 |
|  | 住居費 | 300.85 | 198.95 | 220.17 | 256.95 | 293.56 | 344.55 | 375.56 | 474.59 |
| 2000 | 食費 | 1958.32 | 1256.62 | 1524.48 | 1748.90 | 1960.82 | 2215.65 | 2458.60 | 2847.03 |
|  | 衣服費 | 500.46 | 190.07 | 279.10 | 375.07 | 504.70 | 627.81 | 760.39 | 933.52 |
|  | 家庭用品 | 439.29 | 118.49 | 284.27 | 256.85 | 376.25 | 526.42 | 780.47 | 1219.75 |
|  | 医療保健 | 318.07 | 162.71 | 198.92 | 247.84 | 300.29 | 373.83 | 442.70 | 638.30 |
|  | 交通通信 | 395.01 | 142.73 | 212.52 | 281.32 | 353.19 | 487.11 | 628.15 | 876.61 |
|  | 教育・文化・娯楽 | 627.82 | 286.83 | 390.21 | 469.16 | 597.55 | 758.84 | 925.35 | 1223.97 |
|  | 住居費 | 500.49 | 301.40 | 368.20 | 407.82 | 470.95 | 578.89 | 681.81 | 864.71 |
| 2004 | 食費 | 2709.60 | 1417.76 | 1827.42 | 2201.88 | 2581.24 | 3130.75 | 3740.68 | 4914.64 |
|  | 衣服費 | 686.79 | 213.50 | 352.04 | 489.78 | 661.21 | 849.19 | 1071.52 | 1461.11 |
|  | 家庭用品 | 407.37 | 97.78 | 154.45 | 235.95 | 349.63 | 480.60 | 685.43 | 1195.98 |
|  | 医療保健 | 528.15 | 185.05 | 271.56 | 355.53 | 466.86 | 665.82 | 821.16 | 1218.42 |
|  | 交通通信 | 843.62 | 197.80 | 329.77 | 479.88 | 696.36 | 938.65 | 1274.18 | 2828.09 |
|  | 教育・文化・娯楽 | 1032.80 | 353.76 | 488.77 | 675.28 | 901.80 | 1182.00 | 1973.76 | 2707.79 |
|  | 住居費 | 733.53 | 323.05 | 413.37 | 514.62 | 642.85 | 813.24 | 1100.61 | 1812.28 |

出所　『中国統計年鑑』各年度より作成

格差問題がいろいろなかたちで語られている。マクロ的な平均値の表示ではあるが、私がとりわけ強調したいのは、一般的には多様性と複雑性として特徴づけられる現代中国社会については、そのような社会的現実に照応するようないくつかの視点が必要だということである。これまでに表示したものそれぞれは必要な視点に結びつくものであり、これらについては先の「階層」と関連づけたいろいろな読み取り方があり得るであろう。例えば〈表7〉については「中の中」の層が徐々に平均を下回る動向を示していることなどは、両極分解の進展として読み取ることができるし、交通通信費や教育・文化・娯楽費なども格差の拡大を物語っているが、中上層ではライフスタイルの多様化が進むであろうという予測の材料としても読み取れるであろう。この層における10年余りの増加傾向はこれに保健医療を加えた3項目が大きいからである。繰り返し強調するが、現代中国におけるいかなる事実もここで示したマクロな推移と関連づけて理解することが大事である。

## 3．もう1つの指標としての教育

### ▼主体的側面の軸としての教育

　生活経済が国民生活における客観的・物質的側面であるのにたいして、主体的側面で重要な意味を持つと考えられる教育について、その変化動向へと論を進めたい。中国では「文化程度」と表現されている学歴は、階級・階層分析にとっては収入と並んで生活認識における主要な指標の1つになっている。

　中国の教育についてはしつけも含めていろいろと語られている。教育を語る場合には、主要には教育条件・教育機会・教育内容の3つの面から取り上げる必要があるが、教育内容は教育学の領域であり、ここでは前の2つについて若干触れるにとどまるであろう。

　言うまでもないことであるが、教育（およびしつけ）は人間の生産にとっては基本的には主体形成としての理論的位置を占めている。加えて経済的に発展途上国とみなされている社会にとってはとりわけ重要であることは、労働主体としてのレベルアップのみならず、道徳、文明度、その他いろいろに表現され

序　章　現代中国の国民生活

ているが、生活の律し方や協同性の育成にとっても重要であることは言うまでもないであろう。中国においても「識字問題」や「未就学児童問題」として継続して問題視されてきたが、最近ではいわゆる「農民工子女の教育問題」がクローズアップされるようになっており、日本でも一部で報道されているが、これについては次の項で取り上げて注意をうながすであろう。

　それでは、現代中国における教育については、どの点に着目したらよいのであろうか。ここではしばしば語られているいわゆる「小皇帝」問題には触れない。この問題はトピックとしては興味深い話題であるかもしれないが、すでに述べている階層分化と格差の拡大という動向の急速な進展を考えるならば、きわめて部分的な現象にすぎない。現代中国における子育てを「全体として」考えるならば、相対的に多数の子どもがそれほど甘やかされているとはかならずしも言えないし、下層では放置されているという状況もある。「両極分解」の進展下で、小数のエリート志向の教育と置き去りにされる教育に注目することが大事なのではないだろうか。

　中国における教育の推移と問題性については、第5章で「高等教育」を軸にして具体的に論考されているので、ここでは「高等教育」をめぐっての教育機会と教育条件について若干考えてみたいと思う。というのは、この2つが不可分に関連しているとともに、現代中国（だけではないが）における教育の根本問題であるといってもそれほど言い過ぎではないと思われるからである。

　教育機会（中国で一般によく使われている）とは、小学校から大学院にいたるまでの能力と志望に応じた進学が保障されているかどうかということを意味する。例えば、農村身分よりも都市身分の方が教育機会が豊かであると言えば、ある程度イメージできるのではないだろうか。教育条件とは家庭の経済状況と学校の物質的および人的条件を意味する。第5章で述べられているような大学の学費の急激な上昇によって、家庭の経済状況も教育条件に含まれることになった。1992年に私が行った中国人民大学学生についての生活調査では（100名のアンケート調査という参考資料程度なので公表していない）、月収10元の農民家庭出身者が2名いたということだけで、かつては家庭の経済状況が教育条件には大きな位置を占めていなかったことがうなづけるのではないだろうか。

▼統計数字に見る教育

　ここではまず中国の知識人が話すこと、あるいは彼らの多くがなんとなく認識していることからはじめよう。高校や大学の進学率がどんどん高くなっていることはまぎれもない事実である。私は「大学進学率がずいぶん高くなったそうだね。もう15％を超えたかな？」というと、「とんでもない。50％を超えているでしょう」という応答が返ってくることがしばしばある（正確な数字をもっていない日常会話なので、あえて論議はしない）。ある中都市のランクが最上位とされている高校では40％以上の生徒が大学へ行く進学校とされている。だから高校から大学への進学が大都市では半分以上という感覚になるのかもしれない。進学率が確かに大幅に上昇しているが、それとの関連でのトピック的な事実はともかくとして、進学率が全体としてどの程度上昇したのであろうか。中国における進学率をきちんと捉えるには、単なる学歴統計ではなくて、小学校、中学校それぞれの入学生がどの程度卒業・進学しているかという見方を採用するのが適切であろう。

表8　小学校から高校に到るまでの卒業率・進学率の推移　　（単位　万人）

| 小学校入学年 | 小学校入学数 | 小学校卒業年 | 小学校卒業数 | 小学校卒業率 | 中学校入学数 | 中学校卒業年 | 中学校卒業数 | 中学校卒業率 | 高校入学数 |
|---|---|---|---|---|---|---|---|---|---|
| 1950年 | 696.0 | 1956年 | 405.1 | 58.2% | 196.9 | 1959年 | 149.1 | 75.7% | 56.5 |
| 1960年 | 2494.3 | 1966年 | 900.5 | 36.1% | 272.7 | 1969年 | 361.4 | 132.5% | 103.6 |
| 1970年 | 2831.8 | 1976年 | 2489.5 | 87.9% | 2344.3 | 1979年 | 1657.9 | 70.7% | 614.1 |
| 1980年 | 2942.3 | 1986年 | 2016.1 | 68.5% | 1386.6 | 1989年 | 1134.3 | 81.8% | 242.1 |
| 1985年 | 2298.2 | 1991年 | 1896.7 | 82.5% | 1411.3 | 1994年 | 1152.6 | 81.7% | 243.4 |
| 1990年 | 2064.0 | 1996年 | 1934.1 | 93.7% | 1760.7 | 1999年 | 1613.9 | 91.7% | 396.6 |
| 1995年 | 2531.8 | 2001年 | 2412.4 | 95.3% | 2257.9 | 2004年 | 2070.4 | 91.7% | 821.5 |
| 1998年 | 2201.4 | 2004年 | 2135.2 | 96.9% | 2078.2 | 2007年 | ? | ? | ? |

　出所　『中国統計年鑑』各年度より操作して作成
　※中国の教育制度では、「初中」（日本の中学校）と「高中」（日本の高校）に
　　職業中学・高校が〈中等教育〉として一括されている。

上記のような数字は統計書の単年度だけでは直接に導きだすことができない。卒業や進学を捉えるには、小学校ならば6年後の数値を、中学校ならば3年後の数値をというかたちで〈表8〉のように組み合わせる必要がある。なお、1969年の中学校卒業率と1976年の小学校卒業率が卒業率の推移の傾向と大きく異なるのは、おそらく留年生徒が加わって卒業したからであろうと推察される。1990年代に入ると、小学校の卒業率が90％を超え、中学校の卒業率は1990年代後半から90％を超えて一定の安定を見せることになる。煩雑になるので、それぞれの進学率を示さなかったが、各級の学校の入学者数を上で表示したように比較するならば、大学進学率まで導き出されることになる[12]。

　教育における格差問題については、〈第5章〉で高等教育に限定してやや詳しく述べられているが、ここで注意をうながしたいのは、先の会話における大学進学率よりも高校進学率や小中学校における留年問題を考える方が現代中国の教育に関してはより重要ではないかということである。その意味において、注目する必要があると思われる特徴について簡単に触れることにしよう。

## ▼若干の注目点について

　現代中国ではいわゆる拝金主義あるいは金銭欲が支配的になっており、1990年代前半頃までの知識・友情・道徳といった価値観が減退しているとも言われている。金銭欲が支配的になっていることをめぐっては、大学あるいは大学院を終えた若者たちの進路志向にかなり認められると言えよう。高学歴しかも「いい大学」を目指すことが上層ではほぼ常識になっており、中学校あたりからいわゆる進学校が目立ってきており、そのための教育熱は確かにある。その上で学歴に見合った収入のある就職を親子ともども求めていることについては、あえて具体的に例示する必要はないであろう。

　他方では、いくつかの報道（主として「○○晩報」といった夕刊や「南方周末」といった週刊紙など）には、在学中の大学生の学習実態の好ましくない例が時々掲載されており、例えば人文・社会系の大学生からはかつてのような勉学意欲が減退傾向にあり、広州市では半分以上の大学生がアルバイトに精を出しており、「憂うべき大学生」として報道されたこともある。しかしそのような状

況についても、金銭欲によるものかあるいは「困窮学生」(第5章参照)であることによるものなのか、ということの具体的な実態把握が必要であろう。

「不均等問題の断章」とでも言おうか、一方では上に示したような「教育熱」があるが、大学まで進学する者がそれほど多くない状況では、「貧困学生」であっても大学へ進学できる者の「教育機会」はまだしもよい方である。他方では置き去りにされている子どもの存在をもきちんと確認する必要がある。ここでは、統計や日本の報道ではほとんど表面化しない子どもの存在に注目する必要があることに言及しておきたい（中国でも報道はそれほど多くはない）。それは最近クローズアップされてきた「農民工」問題である。

「農民工」には犯罪を軸にして第8章で取り上げられているが、ここでは「農民工」自身もさることながら、「農民工」の子女の教育問題に簡単に触れてその問題性にたいして注意をうながしたい。農民工子女の教育問題についての研究は中国においてもまだ緒についたばかりで文献・資料もそれほど多くはない。第5章では「貧困学生」や「特別貧困学生」に触れられているが、教育機会と教育条件という点では、農民工子女の教育問題はそれ以前（あるいはそれ以下）の問題なのである。専門家にとっては周知のことだが、農民工とは「農民身分」のままで都市に流入してきた労働者であり、都市の戸籍の獲得はそれほど容易ではない。このことが彼らの子女の教育の差別的処遇に直接かかわることになる。彼らの子女は「留守児童」と「流動児童」に大別されるが、前者は農村に祖父母と残留している子女であり、後者は親と一緒に都市に流入した子女である。前者については祖父母がほとんど教育を受けていないので、教育については放置に近い状況に置かれている。後者は都市身分でないために入学などでは差別的処遇を受けているだけでなく、経済的に貧困であるため就学そのものの継続が困難な状況に置かれている。加うるに、農民工の子女だけの学校の設備・施設がきわめて劣悪であるだけでなく、教師などの人的資源もまたきわめて乏しく、常に廃校の危険にさらされているのである[13]。ここではこれ以上に詳しくは展開しないが、「市場経済」の導入と戸籍身分の残存が産み出した教育問題として注意をうながしたい。

序　章　現代中国の国民生活

## おわりに　―更なる課題を求めて―

　現代中国における国民生活について、さしあたり重要な意味をもつと考えられる3つの点を取り上げて整理を試みたが、これはここ10数年ばかりの生活変動のごく限られた認識にすぎない。しかし、このようなマクロな状況と多様性（あるいは格差）の認識にもとづくあるいはそのような認識のなかに位置づけることなしには、どんな具体的な生活実態認識（実態調査など）であろうとも資料以上の意味が乏しいであろう。

　現代中国の国民生活の変化・変動をトータルに捉えるには、上で論考したことについて更に踏み込んだ研究が要請されることをこれからの課題としてまず確認したい。階級・階層に関する課題とりわけ理論的課題についてはすでに述べているので、生活変動に関する具体的な課題を整理しておこう。

　ここでは主として生活経済における格差の進展を軸にして、若干の具体的事実についてはイメージできる程度に紹介し、格差の拡大の動向をマクロな趨勢としていくつかの視点から示したにすぎない。今後更なる検討が必要なこととしては、すでに若干指摘しているような問題性との関連で、この論考では触れなかった政治・経済のマクロな動向との関連で具体的な現実分析と社会的諸問題を生活を捉え得る理論的基礎のもとに、あるいは中国独自の生活把握の理論構築にも資するかたちで明らかにしていくことである。とりわけ後者の重要性について付け加えて本稿を結ぼうと思う。

　現代中国では、社会的諸問題が深化・拡大していることについては、すでにいろいろなかたちで指摘され論じられている。現代中国社会における問題性は、比喩的に表現すると、〈社会主義と資本主義の結婚〉に加えて「戸籍身分」という〈姑の存在〉という性格における「葛藤」というマクロな根本問題に起因する、と考えている[14]。その意味ではそのような中国社会のあり方に中国人自身がどのように対応するかが問われており、2005年に打ち出された「調和ある社会」というスローガンは対応の方向を示す現れであると受け止めることができる。スローガンとしてはともかくとして、そのような方向に前進するような

具体的な施策が出されるとともに、有効な現実的適用がなされるかどうかが、現代中国をめぐる現実的課題であるとともに、その課題に資する研究が求められるであろう。

注――――

1）飯田哲也「中国社会研究の課題」立命館大学産業社会学会『立命館産業社会論集』82号　1994年、「再建後の中国社会学の展開」立命館大学産業社会学会『立命館産業社会論集』95号　1998年。この2つの論考で課題を提起しているが、現代中国における社会学の復活後の研究動向について私が整理した後者の試みは、1990年代中頃までである。その後10年余りが経過しているので、新たな再検討が必要であろう。

2）飯田哲也「現代中国と国民生活―文献・資料と体験の狭間で―」立命館大学産業社会学会『立命館産業社会論集』第35巻第4号　1999年、を参照のこと。

3）秦言『中国中産階級』（中国統計出版社　1999年）、李同文主編『中国民生報告』（金城出版社　1998年）、周長城・その他『中国生活質量：現状と評価』（社会科学文献出版社　2003年）などには生活実態が具体的に示されている。〈消費について〉の項目で階層分化にともなう経済的格差の拡大状況についての数値を示すが、そのような「分配状況」は階級の復活を示唆しているのではないだろうか。

4）陸学芸編『現代中国における社会移動』社会科学文献出版社　2004年　7ページ

5）「階級・階層」問題にかぎらないのであるが、理論問題についても中国認識の私のスタンスは同じであり、社会学者からのヒアリングがきわめて大事であると考えている。蛇足的に付け加えると、その場合には1対1でのヒアリングが必要条件であり、そのことによって真意が確認できるのである。

6）「階級」概念の使用が現代中国の諸般の事情によって難しいならば、そして「階層」を主要概念として採用するならば、M・ヴェーバーの「身分」を加えた概念として活用する方向も考えられる。すなわち、戸籍身分が簡単には解消できない現状をどの様に認識し今後を方向づけるかという理論問題にかかわることを意味する。

7）このような課題に応えるには「現代中国社会論」というかたちでの全面的な検討が必要であり、私自身も今後数年間の課題と考えている。

8）飯田哲也「現代中国と国民生活―文献・資料と体験の狭間で―」立命館大学産

業社会学会『立命館産業社会論集』第35巻第4号　1999年、6～10ページ
9）私が会話の中で知ったことは、彼女は遼寧省の貧農出身であること、正月以外に休みがないこと、昼の12時に出勤して翌午前2時まで14時間働くことなどである。
10）国家統計局編『中国農村強郷鎮』中国統計出版社　2001年
11）国家統計局編『中国農村強貧困監測報告』中国統計出版社　2001年
12）〈表8〉には入っていないが、大学への入学者数については、1994年─89.9万人、1999年─163.3万人、2004年─209.9万人という数字を挙げておこう。これによって、高校から大学への進学率が大幅に上昇しているとは言えるであろう。
13）張海英「中国『農民工』子女の義務教育問題と政府の責任」(飯田哲也訳）立命館大学産業社会学会『立命館産業社会論集』第41巻第4号（2006年）にやや詳しく紹介してあるので参照のこと。この論考は飯田の翻訳という形式で発表したが、はじめは張、飯田の共著として提出したものである。査読の結果、執筆分担部分がはっきりしないので、飯田訳とすることになった。
14）「市場経済」がもたらした経済的格差の極端な拡大という問題は、「戸籍身分」がないならば、社会主義としての強力な中央集権によって改善に向かうことはある程度可能であろう。しかし格差拡大のもう1つの要因となっている「戸籍身分」問題こそがもっとも困難な問題であることを指摘しておきたい。「市場経済」へ転換したことによっていわゆる「民工潮」と呼ばれる農民の都市への大量移動が出現し、そしてその後は「農民工」問題として存続しているが、「戸籍身分」を廃止すればそのような問題が極端に拡大再生産されることがほぼ確実に予想されるのである。おそらく「民工潮」とは比較にならないほどの大量移動が出現することになるであろう。

（飯田　哲也）

# 第1章 家族変容と家庭教育

20世紀末に始まった中国の改革と開放政策は、2つの巨輪のように中国を計画経済から市場経済へ押し進め、閉鎖的な社会から開放的な「地球村」へ牽引した。それにより、社会生活の各レベルに大きな変革が起こり、その影響は家庭まで及んでいる。家族構成、家族関係、生活様式、機能などは、部分的にあるいは全体的に変化しつつある。数千年の歴史がある「家本位」、男性中心、男性至上主義の伝統的な家族関係から、「以人為本」(人間本位とする)、夫婦中心、男女平等、親子平等の近代的な家族関係へと飛躍している。

## 1. 家族構成と家族関係

### ▼家族の小型化、核家族化の傾向

西洋諸国と比べると、中国は「大家族」というイメージが強い。これは中国と西洋の社会環境、伝統が異なるからである。歴史上、農業を中心とする中国社会において「父子中心」の家族形態は基本的な姿であった。この形態が延長し、父系親族が中心であり、同姓同宗の家族から「家」になった。その時の小家族は大家族に付属し、独立性がない。よって中国独特の「家と族がともに誕生する」という歴史現象が現れ、西洋と異なる歴史文化と伝統が生まれた。西洋の一部の国で、例えばアメリカでは、子どもが幼い時には親に養育の責任があるが、一旦成人になると自分で生計の道をはかり、親が子どもを養う責任がなくなり、子どもも親を養う必要がなく、互いに独立した生活を送る。大多数の人は結婚後は親と別居し、自分の家庭で生活する。それとは違って、中国の伝統倫理からすると、男性の年長者は大家族の「長」で、家族成員に対し絶大な権力をもっている。親が子どもを養うだけでなく、子どもも親を養う責任がある。「養児防老」というのは共通の価値観であった。そのため、成人後、あ

るいは結婚後も親と一緒に生活する人が多く、一つ屋根の下に親・子ども夫婦、多世代夫婦の家族になる。兄弟数人がいて、結婚後もみな独立しない場合、親夫婦と数組の兄弟夫婦で共同する「連合家族」あるいは「拡大家族」になる。曹雪芹の『紅楼夢』、巴金の『家』、老舎の『四世同堂』はみなこのような大家族のことを題材に書いた中国の著名な文学作品である。

　産業化社会の到来と市場経済の出現で、伝統的な家族構成が根本から変った。社会の変化に伴って、中国家族にもたらされた最も顕著な変化は家族構成の変化と家族成員の減少である。新中国成立後、女性が解放され、家庭から社会に進出できるようになり、封建的な「夫権制」と「父子中心」の伝統的家族が動揺し、家族規模と家族構成が変化した。今日に至るまで、起伏があったが、全体的にみて家族規模は縮小する方向へ向かっている。統計資料によると、1949年から1955年までの間、中国の一世帯の人数は5.35人から4.33人に減った。しかし、1955年から継続して上昇し、1979年には5.08人になった。この間の家族規模の変化は継続して死亡率の減少と出生率の上昇に原因がある。20世紀70年代末からの改革開放は伝統的な経済稼動方式を変化させ、家族革命の新紀元が始まった。一人っ子政策の推進によって、出生率が抑えられ、一世帯の平均人数は1980年から減り続け、1980年は4.61人、1985年は4.34人、1990年は3.97人、1995年は3.70人、2000年は3.60人へと推移した。家族規模が縮小すると同時に、家族構成も変化し、核家族は50年代の54.8％から90年代初頭の67.3％になった。2000年第5回人口調査の時には核家族は68.1％まで上昇し、直系家族は21.73％、複合家族は0.56％、単身家族は8.57％、不完全家族は0.73％、その他0.26％の割合を示している。この結果からみて、現代中国において核家族は最も一般的な家族形態で、直系家族と単身家族を足すと、全体の98.45％を占めている。したがってこの3つの形態が中国家族の基本形態であり、伝統的な複合家族はすでにわずかになっている。

　近代化、産業化と都市化が進み、人々は故郷を離れ、遠いところへ出稼ぎに行くことが家族の小型化と核家族化のおもな社会的要因である。この流れの中、家族人数が多い大家族は維持できなくなり、現代の生産方式に適応する独立した小人数の家族が誕生したのである。

家族規模と家族構成の変化は一定期間内の経済的、文化的背景や、人々の生活様式と直接関係する。例えば、一部の若者は「自我」的価値と「自我」的発展を追い求め、学業と事業の成功へと没頭し、子どもを持たない家族を選択する。2002年2月と2003年8月に零点調査会社は六都市と四都市で別々に調査を行った。調査の結果、1997年と比べ、「ディンクス家族」を希望する単身と直系家族の人数が上昇し、上昇率はそれぞれ1.1％、3.9％と6.1％であった。やがて、ディンクス家族の人数は初めて10％を超え、10.51％に達した。同会社の推測によると、中国におけるディンクス家族はすでに60万世帯になっている可能性がある。ディンクス家族を選択する人々には、若く、高学歴、高収入の3つの特徴がある。ディンクス家族は中国大都会の一部の若者が好むある種の新しい生活スタイルになりつつある。

　さらには、1970年代から中国における離婚率が上昇し続けている。離婚率の上昇、特に大都市の離婚率の急速な上昇は家族の生育機能、養育機能を脅かし、家族人数が増えない原因になっている。さらに独身主義、世代間の関係の変化、住居の改善なども家族の小型化の原因である。

　家族の小型化、核家族化が進む中、伝統と現代の衝突、夫婦喧嘩、子どもの養育の困難、年寄りの扶養など小家族が避けられない多くの難問に直面している。これらの難問を解決するため、現代中国では新しい「家族ネットワーク」ができている。この方法は親族間の相互扶助の伝統と中国人が最も大事にする「天倫之楽」（天が与えた楽しみ）を保持し、小型家族と核家族の欠点を補っている。西洋諸国が友人・隣人関係を重視することに対し、中国式「家族ネットワーク」は主に父母家族と既婚子ども家族、既婚兄弟家族、夫の実家と嫁の実家の間の繋がりを重視する。「家族ネットワーク」の特徴は各家庭の日常生活が独立しており、日常の頻繁な付き合いと相互扶助機能を有することである。筆者が参加した1991年の家族調査の結果からみると、都市家族は平均5.8世帯の三世代以内の親族と付き合いがあり、64.5％の家族が老人を扶養し、37％の家族が父母からの援助を受けたことがあり、52.8％の人は自分の所属する「家族ネットワーク」が生活上の便宜を提供してもらっていて、76.8％の人が親族と交流があり、20.7％の人は親族の結婚や葬式の時の助け合い、援助行為があ

る。

　全体的にいうと、中国の家族規模はますます小さくなり、核家族はますます増え、伝統的な大家族は解体あるいは減少し続けている。この変化の中、「家族ネットワーク」は必然的に補助的になる。これが現代中国の家族構成が変化過程における概要と特徴である。

## ▼「結婚の殿堂」に出入りする人々
### 1）結婚・恋愛観と配偶者選択基準の変化

　結婚関係の変化は、まず配偶者選択の観念と配偶者選択基準の変化による。中国伝統社会においては、配偶者を選ぶ時に相手の身分と「門当戸対」（家同士のつりあい）を重視し、さらに重要なのは父母や他の年長者の命令に従い、当事者自身には選択する権利がなく、「父母之命、媒酌之言」が基本であった。新中国成立後、1950年に『新婚姻法』が発布され、結婚の自由は一種の家族制度として決められ、若者は自分の配偶者を選択できなかった時代から解放され、制度と法律が結婚の自由を保障してくれた。若者の自主意識が高まり、父母に決められる結婚が大幅に減少した。1996年に徐安琪が実施した『中国城郷婚姻家庭調査』によると、被調査農村地域で父母や年長者が主導権を握った結婚の比率は1966年の67.2％から、1987年～1996年になると43.2％まで下がった。同時に、親族から配偶者を選ぶ人も1966年以前の46.1％から、1987年～1996年に27.2％まで下がり、50年間で20％近く下がった。逆に、同業者から選ぶ人は1966年前の27.1％から1987年～1996年に56.2％に上がった。

　改革開放以前、中国社会は主に政治的地位を中心に階層が分けられ、社会的地位の差はそのまま政治的地位の差に相当していた。頻繁な政治運動もあって、出身や、個人の政治身分がよくない多くの人は配偶者を選ぶ時には不利であった。そのため、若者が配偶者を選ぶ時には政治的条件がきわめて重要視されていた。都市で有名大学を卒業しても、「出自」のよくない人には、農村で学校に行ったことがない女性と結婚する人が決して少なくなかった。1970年代末から国家は経済を重視するようになり、社会の階層構造も政治から経済に移り、人々の社会的地位の差は主に経済的地位の差になってきた。若者は配偶者を選

ぶ時、相手の収入、住宅及びそれと関連がある学歴、職業と能力を重視するようになった。配偶者選びに関する考え方の変化は、1996年に徐安琪が実施した「中国城郷婚姻家庭調査」の結果からも十分検証されている。文化大革命以前の1966年と文化大革命中の1967年～1976年に都市部の若者で「出自」と社会関係を重視すると答えた人の割合は26.3％と28.9％であった。改革開放以降、その割合は急速に下がった。1987年～1996年の間に結婚した人口のうちでは、その割合は13.6％であった。政治的条件の値下げとは対照的に経済的要素の値上げがもたらされた。相手の収入を重要視する人の割合は1966年の19.2％から1987年～1996年の31.2％に上がった。住宅、学歴、職業の項目にも同様の傾向がある。また、呉魯平が1992年に実施した調査から、若者は配偶者を選ぶ時愛情を最も重視し、その次は経済的要素（学歴、職業、収入、仕事と社交能力など5項目）で、最後は生理的要素（身長、年齢、外観）である。研究者によると、「愛情要素」と「経済要素」は正比例する。従来の「愛情」と「社会的地位」・「経済収入」の対立関係はすでに過去ものとなり、現在の若者はこの両者とも重視している。かれらは理念上では「愛情」を重視し、現実の前では「経済的要素」をさらに重視しているといえる。

2）家庭内での女性の地位が向上、夫婦関係が平等へ

家庭における女性の地位は家族関係の変遷を測る重要な指標である。家族制度が女性の行動を規制するだけではなく、夫婦関係にも影響する。中国の伝統家族で夫婦関係は「夫唱婦随」で、女性は支配される立場にあり、中国の伝統的な夫婦関係には「男性が外、女性が内」という特徴がある。家庭の中では、夫が決定権を持ち、妻は服従と行動あるのみである。また、経済面においても夫は養う側で、妻と子どもは養われる側である。仕事上において、妻は夫と家庭を支え、仕事をして自分の能力を発揮する機会はなかった。新中国成立後、女性は家父長制度の「夫権」から解放され、「夫尊婦卑」の様式から脱却し、夫婦関係が平等になり、女性の社会的地位が向上し、女性の新しい歴史の幕が開いた。夫婦関係の変化が最も顕著なのは女性の家庭での地位の向上であり、その現れを以下に指摘する。

第一に、家庭の経済収入の共同管理と平等使用。新中国以前、多くの女性は

仕事をせず、収入がなく、家庭の財産は男性が独占的に支配・相続し、夫が家庭の財産を管理するのが一般的である。解放後、女性の社会進出に伴って、多くの女性は仕事をし、収入を得るようになった。女性の収入も家庭の重要な収入源になり、家庭の経済を管理する状況も明らかに変化した。統計数字によると、50年代に中国女性の収入は家庭収入の20％を占めていたが、90年代に40％になった。ある農村の「専業戸」家庭で、女性の収入は60〜70％を占めている。一般家庭で女性が料理や家事を男性より多くしているが、一部の支出に関する決定権も男性より大きい。筆者が1995年に天津市で実施した調査によると、家庭の支出に関して、夫婦共同で決定するのは77.2％、妻単独なのは17％、夫単独なのは3.6％、その他の人の決定は2.2％であった。90年代に入ってから、都市部に「財産婚前公証」や経済収入を各自で管理する「ＡＡ制」の方式が現れた。このような現象を批判する人、賛同する人、いろいろであるが、ある程度は夫婦間の経済的立場が平等かつ独立していることの現れでもある。

　第二に、家庭のことに対する妻の決定権の増大。家庭の重要事項に対する決定権は夫婦権力の強弱を測る重要な指標だといわれている。「華人婦女家庭地位研究」の中で、われわれは16項目の質問をし「夫が主に決定する」「夫婦共同で決定する」「妻が主に決定する」「その他の人が決定する」という四つの選択肢を与えた。その内、「夫の職業」と「妻が家庭外で仕事を持っている」という項目はともに本人の自主決定の割合が高い。その他の項目について、「夫婦共同で決定する」の割合が非常に高く、平均80％前後である。この結果から夫婦平等だといえる。それ以外の項目の中でも、「妻が主に決定する」の割合が「夫が主に決定する」より高かった。例えば、「出産に関すること」「子どもの教育問題」「子どもの進学」の項目に対し、「夫婦共同で決定する」と答えた人々のそれぞれの割合が87.6％、83.5％と80.7％で、「夫が主に決定する」のは2.5％、4.9％と5.2％で、「妻が主に決定する」のは9.9％、6.8％と5.4％であった。この要因は妻が夫より子どもの教育に多く貢献していることに由来し、また子どもをもつ家庭の中で女性が家庭事項に対し決定権があるともいえる。現代女性の地位は伝統社会の「従夫」「従子」の時代と大きく変わったことが分かる。

第三に、家事を夫婦ともに担当することが多くの人々に賛同されるようになった。家庭をもつ夫婦にとって、家事の労働時間の長短と強弱は直接かれらの文化娯楽、健康維持と知識水準を高めるなど多方面の生活に影響する。中国では都市、農村ともに家事労働は大変な重労働で、特に女性にとって大変である。2000年の中国婦女地位調査から、85％以上の家事は主に妻が担当していて、女性の１日の家事労働時間は4.01時間で、男性より2.7時間多い。今日において女性は依然として男性より多くの家事をしているが、「男性が外、女性が内」の伝統的思想をもつ人は少なくなり、家事労働をすることは当たり前だと考える男性が多くなってきているのも事実である。従来の「男性が外、女性が内」という意味は男性が家庭以外の社会で一生懸命働き、家族を養い、妻は家事をし、夫に養ってもらい、家庭主婦になることを意味する。女性の社会進出によって彼女は家庭から社会に出てきて、サラリーをもらう一員になり、そのため、伝統的な「女性が内」の考えが弱められた。90年代初頭、広東省、北京市、上海市で「現代のよい夫」というコンクールが流行っていて、多くの注目を浴びた。北京市のある青年は「なぜ夫婦共同で家事を管理するのか」という質問に対して、「妻は私の収入より高いから、共同は当たり前だろう」と答え、彼の答えはかなり代表性をもっている。これらの活動から「男性が内」というのはすでに「現代のよい夫」の一つの特徴になり、伝統的な「夫権」主義は変わりつつあり、妻の人格を尊重し、仕事をする妻を励まし、夫も家事を分担し、夫婦平等で、これらに対し現代人はすでに自覚し、行動に移っている。

３）夫婦衝突と離婚

　夫婦関係は人類社会の中で最も親密な関係で、同時に衝突も矛盾も多い。衝突が激化し、矛盾が極点に到着すると、離婚は避けられない。現代中国において、最も注目される現象は離婚が急速に増加し、離婚率が上昇していることである。夫婦双方が衝突の結果、婚姻関係の破壊、家族の解体に至る。一部の人は離婚後、新しいパートナーを探し、新しい家族を作る。家族の解体と再組織が現代家族の変化の重要な特徴である。

　新中国成立後から現在に至るまでの50年あまりの間、３回の離婚ブームがあり、ここからでも結婚の変化と社会の変化・発展の関係が見られる。1950年に

新中国が初めての新婚姻法を発布し、封建制度と封建的な結婚制度が批判された結果離婚率が上昇し、多くの封建的な結婚関係が解消された。第二次離婚ブームは文化大革命が終了した後に起こった。文化大革命の10年間、離婚訴訟案件が受理されず、上訴する場所もなく、さらに「左」の思想と社会世論が圧倒的に優勢の中、人々は離婚を避け、適当に本心と違う不幸な結婚関係を続けていたため、「文革」が終了後に離婚率が急速に上昇した。改革開放以降、世界中の離婚ブームの到来と共に、第三次離婚ブームが中国でも起こった。その時期の中国社会には大きな変化があったため、1950年に作成した婚姻法がすでに時代遅れになった。新状況に適応する婚姻法修正案は1980年に通過し、感情の破綻でも離婚できるようになり、手続きも簡単になった。1979年の中国の粗離婚率は0.3‰、その後徐々に上昇し、1990年は0.7‰になった。近年安定傾向にあるが、2000年は1.0‰近くなり、1979年の3倍である。民政部の2004年に発表した数字によると、2003年末、全国に133万組の夫婦が離婚し、粗離婚率は2.1‰に達している。

　我国の離婚率が上昇し続ける要因はどこにあるか。性格が合わない、愛情の基礎がなかった、夫婦一方に不正行為がある、性生活が合わないなどが一般的で、従来と同じ要因のほかに、現代社会における新しい特徴もある。社会が変化する中、人々の結婚観も大きく変化した。市場経済から呼び起こされた自主意識と精神が結婚関係の中でも起こっている。人々は個人の感情と個人の価値を重要視するようになり、「白頭偕老」（ともに白髪がはえるまで）の伝統的な意識が次第に記憶の中から消え去っていく。市場経済の影響で人々の視野が広げられ、男女の社交圏が共に広くなり、家庭生活の中で満足できないことがあると、情を移し、不倫に発展するなど、結婚関係を維持できない不安定要素が多くなっている。「夫の不倫」「妻の不貞」によって夫婦が衝突し、感情破綻を引き起こし、婚姻関係を解消する。また、従来、夫婦が離婚する際、「打離婚」「閙離婚」といわれ、離婚自体もきわめて恥ずかしいことで、離婚できるまでの過程も長く、複雑であった。現在、「好離好散」（別れる方がよければ別れればよい）に代られ、多くの人が協議離婚によって冷静に別れ、「離婚不離徳」を選ぶようになった。近年、我国の離婚率の上昇に伴って、復縁を選ぶ人も日増し

に増えている。人々はこのような結婚を次のようにいう。「一昨日は親しい人、昨日は見知らぬ人、今日は親密な家庭を再組織する」。

### ▼親子関係の新しい特徴

　伝統中国の家父長制家族において、親子関係の典型的な様式は夫権統治下の「父尊子卑」である。一家の長である父親は最高の権威があり、家族の経済権を持つだけではなく、家族成員に対しても絶対的な支配権を持っていた。子どもは父親の私有財産として隷属しており、独立した人格と自由はなかった。近年の工業時代の到来に伴って、生産が家族から分離することによって、父権統治の社会的基盤と経済的基礎が根底から動揺し、「子承父業」と家族に依頼する古い伝統が変化することによって親子関係が根本的に変った。社会の発展と改革が深まることで、若者を取巻く社会環境も変化し、伝統思想と現代意識が入り交じって、新しい親子関係が生まれることになった。

　まず、家族構成が簡単になって、親子交流に影響を与えた。経済改革と同時に、中国政府は人口を抑えるため、「一人っ子政策」を実施し始めた。一人っ子が多くなるにともない、中国伝統の子沢山の家族構成が大きく変わり、家庭の中の人間関係も変わった。現在、両親と一人の子どもという家族構成が都市部における家族の典型的なモデルになった。このような家族の中では、夫婦関係、父と子、母と子の関係しかない。子どもにとっては、兄弟と親の愛情を争うこともなく、親の前に十分自己主張ができるようになった。親にとって、何人もの子どもを同時に世話することがなく、経済面や精神面の負担が減り、生活、教育及び愛情表現などに使う時間が全体に増えた。子どもにとってこのような有利な点がある反面、不利な点もある。親は子どもが家庭の中で唯一他人と交流する相手になっているため、双方の依存心理が高い。親は子どもに経済面、精神面とも力を入れすぎ、過大な期待をし、子どもの負担になっている。子どもは家庭の中心になっているため、親の教育を正しく受け入れることができず、親子関係に影を落としている。近年、「一人っ子世代」の子どもが成人になり、「双独婚姻」（夫婦とも一人っ子）が徐々に増えはじめた。結婚後、経済、家庭管理及び子どもの世話など親への依頼が増し、親子交流に新しい内容が加わった。

次には、生活リズムが速くなった影響で、親子関係が冷めた。改革が深まり、科学技術の進歩と発展に伴って、伝統的な生活様式が変わった。人々の精神生活が豊富になり、社交の範囲も広げられ、生活のリズムが速くなった。その影響で、一部の人には家族意識が薄れ、家族成員の交流がますます少なくなった。また、心の交流がなく、相手の気持ちを察することができず、相互理解も欠けている。一部の若者は結婚後、自分の家庭に専念し、配偶者或いは子どもだけに気を配り、親の存在を忘れかけている。都市部の老人の多くは、退職後経済収入があり、子どもに面倒をみてもらう必要はないが、精神的・感情的な交流を必要とする。このような交流がないと、親の「幸福感」が薄れ、「寂しい」「いらいらする」と感じる人も少なくない。「中国城市独生子女人格発展状況与教育調査」によると、親と未成年の子どもの間では、96.5％の親は子どもとの交流について「わりにしたい」、「非常にしたい」と答え、85.7％の子どもが「わりにしたい」「非常にしたい」と答えている。だが、親子間で実際に「よく話し合う」と答えた人は50.8％だけである。同じ調査によると、「父が自分のことを理解している」「母が自分のことを理解している」と答えた子どもは36.6％と48.2％で、半数を超えていない。また、32％の子どもが親子関係について悩んでいると答えた。つまり、多くの家族では親子の間に溝があり、親子関係が薄れていくのは避けられないようだ。

さらに、子どもから親に与える作用が増し、親の権威が脅かされている。長い間、親と子の関係は親が子どもを養い、子どもの躾をし、行動を左右するとみられていた。しかし、社会の発展と親子関係の研究が進むにつれ、親子の相互作用の過程で子どもが親に与える影響がますます大きくなってきたことがわかった。中国が近代化に向かう中、各分野は急速に変化し、これらの変化は明らかに家庭生活と親子関係に影響を与え、特に子どもが親に影響することが顕著になってきた。

その一、子どもの生活環境は親の幼児時代の生活環境と明らかに異なり、新しい知識、新しい思想、新しい物事が続々出てくる。成人はこれらの事態への対応力が子どもと比べ衰えている。

その二、社会文化の変化に伴って、伝統文化が現代文化に変わり、親の知識

はある程度時代遅れで、子どもは時代感覚が強く、親に新しい情報と生活様式を提供できる。

その三、開放的社会において、各種社会的要素は子どもに与える影響が大きい。家庭の中、親は依然として教育する立場にあり、子どもは親から社会人になるための知識を学ぶ。ただし、二世代間の影響は一方通行ではなく、明らかに双方向になっていく。親も子どもに学び、子どもも自分の趣味、知識、経験、思想などを親に「逆輸入」し、これは必然になる。

さらに説明しなければならないのは、中国の家族関係の中心は縦から横へ発展し、すなわち、親子関係から夫婦関係に転換していく過程で、人々はますます夫婦関係を重視するようになった。「伝宗接代」(跡継ぎ)、「養児防老」(老後、子どもに養ってもらう)の考え方が徐々に薄れ、現代人はすでに「父権統治」「父尊子卑」から解放されたが、中国人は西洋人に比べ、依然として子どもとの関係を重視し、子どもを養育し、援助をする気持ちは変わっていない。親子関係に関して、「下一代為重」(次の世代を大事にする)の様式は基本的に残っている。一人っ子家庭の「衆星捧月」(多くの大人が一人の子どもを注目する)式の家族関係は子どもが自己中心になるのに拍車をかけ、子ども社会への適応性を悪化させている。若者夫婦は「望子成龍」「望子成鳳」(子どもを出世させ、天下一になる)の願望を実現するために、自己犠牲をし、自身の生活水準を下げた。老年夫婦は子どもの面倒をみすぎ、子どもの依存心を助長させ、最近、若者における「親のすねかじり」の増大が次第に社会問題化してきている。

## 2．家庭生活様式の変遷

### ▼生活消費の多元化

1)「吃得飽」から「吃得好」へ

中国には「民以食為天」(民は食べることが先決)という諺があり、したがって食は人々に最も重要視されていることが分かる。品薄の時代、「吃」というのは生きるための手段で、腹いっぱいに食べることができれば、それで十分であった。しかし、現在「吃」というのは楽しみの一つで、質のよいものを食べ、

「吃得好」を追求するようになった。

「菜藍子」という言葉は中国都市住民の家庭の食膳バランスと水準を測る代名詞である。改革開放以降、国民の生活水準を向上させるために、各地方の政府は「菜藍子」に力を入れ、「菜藍子プロジェクト」と称する地方もあった。それによって、食卓が豊富になり、食膳状況は大きく改善された。

まず一つは食の質が向上し、食のバランスが合理的になった。食事の中の穀物といも類の消費量が減り、肉（ブタ、牛、とり）、卵、家畜、魚蝦の消費が増えた。種類が豊富な果物、飲料水が一般家庭でも消費できるようになり、季節限定食品が少なくなった。過去、北方では冬になると白菜しかなく、どの家庭でも数10キロの白菜を貯蔵したことによっても、当時の野菜の種類の少なさがわかる。現在、季節に関係なく野菜の種類が豊富にあり、白菜は「主役」から「脇役」になり、国民の食卓は豊かになった。2005年に筆者は1,159人の天津市民を対象に夕食の品数を調査した。その結果、品数1つは5.9%、2つから3つは77.7%、4つ以上は16.4%であった。8年前に28%の家庭は通常一品だけを作り、80年代ではその割合は73.9%であった。ある老人は「60年代に、国が困難な状況下にあり、かつ子どもの数が多く、家族8人で一品を食べることはよくあった。栄養どころか、食事が始まった途端、料理がなくなっていたものだ。現在老夫婦だけになったが、食べたいものを食べ、二、三品を作って、食べるのがごく普通である」と話してくれた。

「迅速、便利」は現代人が追求する生活スタイルである。改革開放以降、人々の生活リズムが速くなったことで、食習慣も変化し、多くの人は一日三食に費やす料理・食事時間を減らしたいと考えている。以前は蒸し、煮る、焼く、蒸し焼き、炒める、揚げるなどすべて家庭でやっていた。コストがかかるだけでなく、手間、時間もかかった。これらはすでに既製品惣菜、半製品とファーストフード食品に代わった。現在、大都市には大衆向けの各地の名物食事、中、洋レストランが多く、一部の店は出前もし、週末や祝日になると、外食するのが中上層では一般的である。55.2%の人は毎月外食に行き、食事を作る苦労が省け、食事の改善にもなる。大都会の一部のレストランでは、年末年始になると、特色のある料理を出しており、需要も多くなっている。春節の時に、家族

全員がレストランやホテルで年越し食事を食べる家庭がますます増えてきた。人々は踊り、歌声の楽しい雰囲気の中で、美味しい料理を味わいながら、祝日を過ごす。

2)「一色」から「彩り豊かに」へ

「新3年、旧3年、縫縫補補又3年」(新しい服3年、古い服3年、破れた服を補修しさらに3年)というのは品薄時代の人々が服装に対する基本的な考えと姿勢であった。改革開放以前、中国人の服装のデザイン、色が単調で、特に文化大革命期間中、賑やかな街中を歩いている人々の服装は鮮やかな色がなく、青、緑、黒と白だけであった。現在、多くの家庭は季節ごとの服装だけではなく、仕事用、カジュアル用、運動用の服装もあり、また数量だけでなく、質もよく、デザインも日々更新している。流行とデザイン、品質とブランド、独創性と個性を追求するのが現在の中国人が服装に対するこだわりである。町に行ってみると、多種なデザイン、色鮮やかな服装が目まぐるしい。

3)「老三件」から「新三件」へ

中国都市部の耐久商品はおもに4つの段階に分かれている。第一次は60年代から70年代の末ごろに流行し始めた自転車、ミシン、腕時計、すなわち「老三件」である。第二次は80年代初頭から1985年前後に白黒テレビ、洗濯機、冷蔵庫で、第三次は1986年前後にカラーテレビ、カメラ、ビデオデッキで、エアコン、ビデオカメラ、パソコン、車は第4次で、90年代から徐々に家庭に普及し始めた。

2003年末に北京にある「美蘭徳」情報会社は31の省都、自治区首府と直轄市で調査を実施した。10,793人の回答から、中国都市部住民の生活水準の向上に伴って、住宅、車と情報通信機器(パソコン、携帯電話等に使われる支出を含む)はすでに都市部住民の「新三大件」になったことがわかった。その内1人当たりの住宅に使われる支出は消費総額の53.3%を占め、支出の1位である。2位は車に使われる支出で6.5%を占め、3位は情報通信機器に使われる支出で3.6を占めている。改革開放初めに流行っていたカラーテレビ、冷蔵庫、洗濯機はすでに普及している。今回の調査からさらに前世紀の「新三大件」を含む家電製品の1人当たりの消費額は総支出の2.1%しかないこともわかった。

第 1 章　家族変容と家庭教育

▼住宅は大きく改善された

　中国建国後の長い間、住宅は福祉の一つとして、国が投資し配分していた。第一次 5 ヵ年計画の期間中、国は住宅問題を重視し、住宅に使われる投資は建設費の10％を占めていた。「大躍進」が始まった1958年になると、鉄鋼生産への投資が増え、住宅建設費は3％まで下げられた。文化大革命期間中の1970年にはついに最低水準の2.6％に下げられ、住宅不足は深刻であった。1981年末に都市住民の 1 人当たりの住宅所有面積は4.12平方メートルで、解放後の4.5平方メートルよりも小さかった。同じ時期に都市化が進み、非農業人口が急速に増え、都市住民の住宅問題はきわめて深刻であった。当時、天津市のある大学講師は結婚後1年が過ぎても妻と一緒に住むことができず、各勤務先の集合宿舎（日本の寮に相当する）に住んでいた。彼は悩んで次のように言った。「30歳にもなろうとしているのに、住むところもない、どうして？」。上海楊浦区西茭白園に一家三世代六人が12平方メートルの家に住み、35歳になった長男は住むところがないため、結婚できなかった。住宅に困っているこのような家族は都市部には数多く存在していた。人々は住宅難に悩まされ、家庭生活の質も落ちていた。

　1980年代以降、国家は住宅制度の改革に着手し、都市部で試験的に「単位」（勤務先）の公的住宅を販売したり、民間が住宅を建て、国家が補助金を出したりすることを始め、90年代になると改革は大きく前進した。現在の中国では、旧い住宅制度は改善され、住宅は基本的に市場化した。2005年末に都市部住民の 1 人当たりの住宅面積は26.11平方メートルになった。『中国経済週刊』の2006年 6 月26日の記事によると、中国建設省は、都市住民の住宅保有率は82％近くになったという数字を公表した。

　近年、農村住民の住宅も改善されつつある。改革後豊かになった農民が一番先にするのは新しい家を建てることである。80年代から20年余りの間、住宅は大いに改善された。2005年 3 月31日の『中国信息報』には、2004年の農村人口の 1 人当たりの住宅面積は27.9平方メートルで、その内半数以上の人の住宅面積は25平方メートル以上であるとの記事が載っている。過去多くの農民の住宅材料は土でできていたが、2005年には鉄筋コンクリート住宅の面積は 1 人当た

り9.2平方メートルで、鉄筋コンクリート住居に住む農家は26.6％になった。レンガ構造の住宅面積は14.1平方メートルで、レンガ住居に住む農家は61.2％である。同時に住宅環境も改善された。以下列挙すると、①住宅の衛生環境がよくなり、水洗トイレを所有する農家は10.5％である。②暖房設備がよくなり、暖房を使用する農家は7％である。③清潔エネルギーを使用する農家が増え、天然ガスと電気を使用する農家は10.5％である。④飲料水が衛生的になり、水道水を使用する農家は35％になった。⑤住宅以外の外部環境もよくなった。24％の農家の住宅の外に、コンクリートやアスファルトの路面があり、住宅の外に石などの硬質路面がある農家は25.6％である。豊かになった農家の生活は、都市住民の生活条件と殆ど変わりがないようになった。

　住居は家庭生活の中心で、人々は外部環境だけでなく、内部の装飾、心地よさにもますます重視するようになった。80年代後期から、内部装飾が流行り始め、90年代には全国各地に広がった。人々は生活環境の美化を通して、個性を表現し、精神的満足を得られようにする。例えば、ある人は山水画を壁一面に描き、床に緑の絨毯を敷いて、机、椅子を樹木のようにデザインし、部屋全体が大自然に中にあるようである。ある人は客間の一角をバーにし、居間、書斎、キッチン、バストイレなどは家によって全く異なる。内部装飾は家の所有者の趣味と性格の違いの現れである。過去、洋服ダンス、タンス、ベッドは家の飾り的な存在であった。現在、多種多様なデザインの家具、照明装飾品、ベッド用品は次から次へと更新し、一般家庭に入っていった。人々の住居はますます快適、綺麗になり、時代観があるようになった。

### ▼日々豊富になった休暇生活

　中国の経済発展は、人々が財力を増やしただけでなく、休暇生活にも物質的な条件を提供してくれた。また休暇時間が増えたことで、休暇を楽しむことが可能となった。1980年代以前、中国では週休1日制であった。多くの夫婦は休みになると、家事に時間が取られ休む暇はなかった。人々は「両眼一睁、忙到熄灯」（目が覚めてから寝るまで忙しい）、「緊張の土曜日、多忙な日曜日、疲労の月曜日」のような言葉で当時の生活スタイルがいわれていた。1995年5月か

ら中国は週休2日制に変わり、法定の休日も含み、1年間には116日の休暇がある。また1995年から有給休暇制が導入され、1年以上連続で勤務した人に6日から30日の有給休暇が与えられるようになった。1998年上海、天津、ハルピン3都市の調査によると、都市住民の平均休暇時間は勤務時間より長いことがわかった。勤務時間の減少、家事製品の普及、子ども数の減少、家事労働の社会化によって、人々の休暇時間はますます増え、精神生活に対する期待も高くなり、生き方を変えることを多くの人が求めるようになっている。人々は家でテレビを見て、トランプ、マージャンをし、おしゃべりをする、このような従来型の楽しみに満足せず、新たな楽しみ方がどんどん出てきた。

　健康のために運動をするのが流行になっている。現代社会において仕事や学習の圧力、生活リズムの速さ、環境汚染など人々の健康に悪影響を与えている。「現代病」が頻発し、「未老先衰」（年取る前に衰弱する）の現実が人々に警鐘を鳴らしている。そのため、従来推奨した「小車不倒只管推」（押車は倒れなければ押し続ける）の考え方から健康の重要性を認識できるようになり、健康のために運動するのは生活の重要な一環となってきた。早朝には、都会の公園、町の広場、建物の空き地など至るところで運動する人の姿がみられる。若者は仕事の合間にジムに行くのが好きで、休暇、祝日に球技運動、水泳、カンフーなどをする親子連れが多くなってきた。筆者が2004年に6都市で実施した調査から、23.3%の家庭に健康器具があり、スポーツ運動に参加する人もますます増え、運動時間も長くなった。調査から、中国都市部の家庭がスポーツに対する消費は、1992年に都市住民の1戸の1年の消費額は328.83元で、1999年になると559.73元まで上昇し、増加傾向にあることがわかる。「花銭買健康」（金で健康を買う）、「花時間健身最値得」（時間をかけて運動し健康になるのは価値がある）という考えは多くの人々に受けいれられ、運動をするというのは多くの家庭が休暇時の選択肢の1つとなった。

　家族旅行が好まれるようになった。近年、旅行は現代人が求めている時代観のある生活内容の1つである。都会人だけでなく、農村の人たちも加わって、旅行に金を惜しまない人がますます増えてきた。家族全員が大自然や名所古跡へ観光に行くのは日常茶飯事のようである。海外旅行、農家に泊まる民宿旅行、

海浜旅行、登山旅行など日々新しくなる特色のある旅行企画は人々の旅行に対する需要の変化の表れでもある。春節、メーデー、国慶節の長期休暇に入ると、家族旅行が増える。天津市の調査によると、2005年に長期休暇期間中、旅行に出かけた人数は2001年と比べ28.7％増え、1人当たりの使用した費用も42.4％増えた。中新社の2006年10月8日の記事によると、中国暇日旅遊部協調会議弁公室が2006年の国慶節期間中に旅行に出かけた人は全国で1.33億人になり、昨年より19.3％が増えたと発表した。
　パソコンは家庭での休暇時間の過ごし方を変えた。パソコンは仕事だけでなく、その娯楽機能の充実は人々の休暇生活の中でも十分機能を発揮し、家庭での娯楽がますます魅力的になり、家庭生活が流行の波に乗るようになった。ネット上で映画をみたり、音楽を聴いたり、ゲームをしたり、チャットをしたり、ニュースを見たりすることを通じて、最先端技術がもたらした快適さと楽しさを体験し、情報の交換が広範囲にでき、便利になったことを十分体感できる。インターネットの普及は人々の生活、考え方に大きな衝撃をもたらした。2006年10月10日の天津日報の記事によると、9月現在の市内住民のパソコンの保有量は58.73％で、インターネットの利用は33.27％。家庭でインターネットを使用するのは52.8％を占め、1日少なくとも1回は使用している利用者は40％を占め、50％の人は少なくとも週に1度は利用しているとわかった。大量の情報、情報入手ルートの多元化によって、人々が情報の利用方法に対しても変化し、ネット通信販売を利用するのは流行となった。ネット消費者のうち、書籍、雑誌、レーザーディスクなどの出版物を購入する人は最も多く、30.6％を占め、服類は19.4％、パソコン及び関連製品は16.7％、通信類の商品は13.9％である。

## 3．伝統的家庭教育と教育の現状、未来

### ▼中国伝統の家庭教育の真髄
　中国は悠久の歴史をもつ文明国家で、家庭教育を大事にする伝統があり、豊富な家庭教育の経験も蓄積もある。膨大な書物の中には家庭教育を論述する著作も多くある。『中国叢書総録』という本の中、『家訓』の目録に記した本だけ

でも170種類以上ある。例えば、顔之推（531年〜590年）の『顔氏家訓』、司馬光（1019年〜1086年）の『温公家範』などはみな古人が家庭教育について書いた本である。歴代の人物伝の中でも古人の教育についての物語があり、その逸話は現在に伝わってきている。一部の書物には批判すべき「家父長制」、男尊女卑のような統治者の封建的意識があるが、優れた精神もあり、受け継がれていくべきことが多い。古代の家庭教育の経験を研究し、学び、古代の家庭教育の伝統を継承し、発展させるということには現在の家庭教育を促す役割がある。中国古代の家庭教育の真髄を整理して示しておこう。

1）早期教育を重視する

紀元前1世紀に、劉向（紀元前77年〜紀元前6年）は『胎教教論』に胎児は母体内外の刺激を受け、妊婦の体調と精神状態が胎児の発育に重要な影響を与えると認識していた。南北朝（420年）の教育家である顔之推は次のようにいう。「古者聖王有胎教之法、懐子三月、出居別宮、目不妄聴、音声滋味、以礼節之」。この言葉の意味は、「古来、帝王家庭では、胎教をきわめて大事に思っていた。妊娠三ヵ月後、別室に移り住み、安静しなければならない。邪悪なものを見てはいけない、大きな音を出してはいけない、優美な音楽を聴き、言動に気をつけることは胎児にとってきわめて重要である」ということである。顔氏はまた、出生したばかりの赤ちゃんに、専属の世話人と先生をつけ、教育、指導、訓練しなければならないと述べており、中国では古代からすでに胎教の重要性が認識されていた。胎教に関して、今日の科学でも十分証明されているため、人々はますます胎教を重視するようになってきた。

2）終身教育を提唱する

中国では古来から、家庭教育は子どもの一生に関わる問題として捉えられるため、終身教育を提唱する。また、家庭教育は一時的な問題ではなく、親が生きている限り、子どもに対しずっと教育の責任を負わなければならないと認識している。『韓親外伝』という書籍は古代家庭教育の過程を詳細に記録している。本に次のようなことが書いてある。父親は優しいこころをもって、幼い子どもに接し、慰め、食事を与え、健康に成長させなければならない。子どもが物心をつく頃になると、親自身は正しい生活をし、正直に生き、子どもの手本

にならなければならない。子どもが少年期になると、賢明な先生に預け、学力、技能を身に付けさせなければならない。十歳が過ぎて、子ども自身の意思がはっきりしたら、成人の儀式を修養のある人にしてもらい、行儀、道徳を教わらなければならない。体、心とも成長したら結婚させ、志を安定させ、子どもがすること、させることを信頼して任せる。成人した子どもを責めない、幼い子どもに体罰を与えない、優しい言葉使いで、婉曲に説得し、子どもを悩ませない。これらはすべで親がすべきことである。また、古人は、たとえ子どもが高官になっても厳しく教育しなければならないと提唱する。ある歴史の本に、晋朝県太守の陶侃や戦国時代楚国将軍の子発など高官の母親が子どもを教育する物語を書いてあり、これは中国古代の家庭教育の重要な伝統である。

3）親は手本であると強調する

古人たちは家庭教育の過程に親は子どもの手本になるべきだと強く訴える。孔子（紀元前551年～紀元前479年）は「其身正、不令而行、其身不正、令不従」と言ったことがある。孟子（紀元前372年～紀元前289年）も「身不行道、不行于妻子。使人不以道、不能行于妻子」と言ったことがある。その意味は、もし自分自身は正しい言動ができなければ、妻も自分の言うことを聞かない。もし正当なことをしなければ、妻ともうまくやっていけない。孟軻の母は自分の言動で子どもを教育することに神経を注いでいた。孟軻が幼いころ、豚をさばく隣人を見て、なぜ豚を殺していると母に尋ねた。母は何も考えずに、「あなたに豚肉を食べさせるためですよ」言った。そう言った後、母はすぐに後悔した。幼い子どもを騙すようなことを言ってはいけない。本当のことを言わないと、子どもも不誠実になる。自分の言ったことは本当であると孟軻に信じさせるために、母は豚肉を買って食べさせた。そのお蔭で、教育家になった孟軻も親は子どもの手本であると信じ、専門の論述を書いた。古人たちはまた、家族みんなの教養を高め、子どもの手本になるようにと強く訴えた。

4）立派な大人になるよう、子どもを教育する

道徳、品格、行動規範の教育を重視するのは、中国の伝統的な家庭教育の顕著な特徴である。中国歴史上、家庭教育の論著及び家の規定、規範、家訓の中に子どもを立派な大人に育てることは最も重要な内容であった。歴代の良い父、

優しい母は子どもの教育においてすべて歴史上に名を残している。子どもの教育に関する重要な内容は：①子どもに志を持とうと教育する。三国時代の稽康（西暦224～263）は『家訓』の中に「人無志、非人也」と書き、志をもつというのは立派な人間になるための条件であると考える。②親孝行をするよう、と子どもを教育し、親の養育の恩を返すべきと強調する。たとえば、孔子は、子どもは親を養うだけでなく、親の体調にも気をつけ、誠心誠意に親の世話をすべきであると訴える。③子どもの自立を励ます。多くの家訓の中に、子どもや孫は家の地位や財産に頼らず、自分が努力をし、社会的地位と未来を開こうと告げる。④子どもに勤勉、節約を教える。例えば、司馬光（西暦1019年～1086年）の『訓倹示康』は子どもに勤勉、節約を教える専門の家訓である。

5）教育方法へのこだわり

古人は子どもを教育する際に、教育方法にこだわり、そのレベルは非常に高い。例えば、「遇機而教」（機会があればかならず教える）はその一つである。唐太宗李世民（西暦599～649）は、皇太子の贅沢な生活ぶり、不労な生活態度に不満をもち、食事の機会を利用し、収穫の大変さを皇太子に教えた。皇太子が騎馬する際に、統治者が百姓に課せられた徭役の重さの現実を教え、国民も休養生息が必要であると皇太子に教えた。これらの教育はいずれもその機会を利用し、現実を知らせた上で子どもを啓発し、知らず知らずに内に、問題の本質を悟らせた例である。また、「循循善誘、以理服人」（因果応報という理に人は従わねばならない）もその1つである。劉向の『烈女伝』に次のようなことが記録されていた。孟軻は幼いころ遊びに夢中で学校へ行かなかった。ある日、帰宅した際、母親はちょうど機織をしていた。母は学校へ行かなかったことを聞き、ハサミをとって織物の糸を切ってしまった。その理由を聞くと、母は「人間は学問を身に付けないと、将来きっと役立たずの人間になってしまう。あなたは中途半端に学校を辞めたのは、私が織物を切って、私たちの収入源がなくなるのと同然である。あなたが学校へ行かなければ勉学ができず、将来きっと出世できない」といった。それを聞き、孟軻は真面目に勉強しはじめ、後、著名な儒教の学者となった。

6）環境の役割を重要視する

　古人は環境が子どもに影響を与え、幼い子どもによい家庭環境を提供し、心身とも健康に成長させるのはきわめて大事だと認識していた。「孟母三遷」の逸話が現在でも美談として伝わっている。孟子の母は彼をよい環境の中で成長させるために3回も引っ越したというのは、2000年前の人は子どもにとって環境がきわめて重要で、「近朱者赤」（朱に交われば赤くなる）の道理をわかっていたからである。顔之推も環境の重要性を強調し、児童の習慣は主にまわりの人の影響をうけ、形成されたと認識していた。

　総括的にいうと、中国は悠久の家庭教育の歴史をもつ国で、その中の家庭教育観、教育方法は重要な意義をもち、現在の家庭教育にとって有益な教訓を与えている。

## ▼現代社会の家庭教育

　中国社会は新しい歴史段階に入った。1970年代末以降、社会の政治・経済体制が改革され、社会生活の各方面に大きな変化が起こった。一方では、新しい世代の成長に有利な環境があり、積極的に家庭教育ができるようになったが、他方では、今までなかった矛盾や衝突、新状況も表面化し、家庭教育が多くの新しい問題に直面している。

1）社会的背景の変化と家庭教育

　第一に、近年来、改革が深まり、経済が発展したことによって、国民生活が大幅に向上した。多くの家族は物質的な基本生活の衣食住などに満足し、家族成員の知識の向上、豊富な精神生活にも力を入れる余裕が出てきた。子どもの教育に投資する親がますます増えた。「重点学校」（政府の指定により英才教育を軸とする学校）に入れさせるため、芸術、体育などの特長を伸ばすために巨額な金を使うだけでなく、家庭内での投資も増やした。例えば、脳を活性化させる玩具、学習機器、録音機、ビデオデッキ、パソコンなどの購入、これらはすべて子どもの教育への投資である。多くの親は自分自身は倹約するが、子どものためなら、金を惜しまず、栄養のあるものを食べさせ、いい衣服を着させ、高級な玩具を買い与え、格好よいものを使わせるなど、もっとも「理想的な生

活様式」を提供している。親が子どもに与えすぎ、生活があまりにも快適であることに反して、必要な教育が欠けているため、十分満足な生活ができて身長ばかり伸びたが、肥満児、横暴、自己中心など不良な習性をもつ子どもが多くなった。彼らは「来之不易」、親の恩、苦労することを知らず、そして向上心もない。

　第二に、中国の多数の家族は核家族で、一人っ子家族も多い。家族規模が小さく、家族構成も簡単で、世代も少ないため、子どもの教育に関する考えは容易に一致することができる。家庭生活の各方面において、子どもが主役となり、多くの親が子どもを甘やかしすぎているのが現状である。特に若い親は賢く産み、賢く育てるという考えがあるばかりでなく、学問も精力もあり、子どもの教育にも非常に熱心で、子どもの成長にはきわめて有利である。他方では、一人っ子の親の教育の価値観が偏っているということもある。彼らは子どもの位置付けを間違って、子どもを中心に物事を考え、結局子どもが正しく自己を認識できなくなり、親の教育を素直に受け入れず、親子関係に影を落としている。社会的競争がますます激しくなった今日、親は全ての神経を子どもに注ぎ、心理的負担も重くなっている。その1つは子どもへの憂慮が重くなったことである。例えば、天津市「家長教育観念と導向」という調査の結果によると、休日に子どもがいないと、不安を感じ、心配する親が61.2％いる。親の不安、心配は過保護、過干渉に繋がってしまう。その2は子どもへの期待感が高すぎる。子どもが多かった時代に、仮に一人の教育に失敗しても、他の子どもで正す機会があった。しかし、現在、親はその一人の子どもに期待するしかできなく、決して失敗は許されない。そのため、焦りを感じる。彼らは最大の努力をし、与えられるものはすべて子どもに与え、もっともよい教育の環境を提供しようとする。子どもに与えれば与えるほど期待が高まるが、しかし、思うとおりに行かず、品格のよくない子どもになってしまった場合も少なくない。その3は子どもの依頼の気持ちが強くなった。経済、生活上だけでなく、感情的にも子どもの喜怒哀楽を中心に考えるため、子どもとの交流が増えたが、両親との物的、感情的交流が減ったのは一人っ子家族によく見られる状況である。同じく天津市「家長教育観念と導向」という調査の結果によると、「子どもが親の期

待に応えることができず悩んでいる」と答えた親は59.3%、「最も許せないのは子どもが親の意思に反したことをしたことである」と答えた親は77%、「子どもによいものを食べさせ、好い服を着させ、よい生活を送らせることができるのは親の願望である。子どもさえ満足できれば、親がいくら苦労してもよいと心から願っている」と答えた親は84.9％いた。「子どもの成功が自分の成功と同様である」とは一人っ子の親のよくある考えである。

　第三に、現段階で、中国の近代化に必要なのは学問知識と労働技能だけがある人材ではなく、道徳観があり、精神状態がよく、対応能力があるなどの優秀な人材である。この面において、家庭教育には、学校教育と社会教育にはない潜在的な、終身的な役割がある。家庭教育の対象は若者だけでなく、教育者となった成人もその対象である。社会は親への教育指導をも重視し、いろいろな方法で親自身の素質を高める助けをしている。これは家庭教育の機能の有効利用にきわめて有利である。しかし、現在の親は自分の役割に対する認識がまだ不十分である。主に次のような現象がある。その一、親の役割に対する心理的な準備不足のため、親として何をすべきか、どうすべきか、を知らない。ただ親の立場を利用し、自分の思うままに子どもを教育する。その二、一部の親は「家庭教育」を「家庭学習」だと思っている。「中国都市一人っ子人格発展状況と教育」の調査によると、52.5%の親は子どもに授業外の学習内容を指定する。34.6%の親は子どもと一緒に宿題をする。家庭で親と子どもの会話内容の93.4％は子どもの学習についてであり、73%は学校のことについてである。学校が中心にやるべき学習を親の最大の責任と受け止め、日常生活の中で子どもに教えなければならない生きる能力、習慣、人との付き合いなどの教えを忘れている。その三、一部の親は家庭環境の役割、親の手本としての役割を忘れ、子どもを中心に動き、全てが子どものため、何よりも子どものことを優先に、子どもの教育を家の最大事として考える。休みを利用し、楽器の習い事や学校外の学習に連れて行き、すべての時間を子どもに使ってしまう。子どもが自分の人生の全てのように、そして子どもの進歩が自分の進歩のように喜ぶ。しかし、自分の仕事をおろそかにし、向上心もない。それで自分への不満が子どもへの期待に変わり、子どもに加担してしまう。そればかりでなく、親の消極、冷淡、

第1章　家族変容と家庭教育

保守、脱力感などの行為は知らず知らずに子どもに移り、結局子どもも親のようになってしまい、教育の効果が得られず、取り返すことのできない結果になる。

　第四に、複雑な現代社会において子どもの活動空間は広くなり、彼らに対する教育も正規の学校だけでは不十分である。いろいろな情報が簡単に入手できる今日の社会において、若者に対する指導、助言の任務は家庭教育の重要な一部となった。しかし、親はこれに関する成功の経験がなく、子どもが関心をもつ領域もあまり知らなく、介入しがたいのが現状であり、自分の主観的判断と親の権威で子どもを制限するしかできない。テレビで学べる知識が少なく、子どもによくない内容が多すぎる。またビデオ、ラジオ、テレビで流す曲のせいで、子どもを夢中にさせ、「追っかけ」になったりする。さらにマンガは教育のために役にたたない、子どもの頭を混乱させる。ゲームで遊ぶとすぐ夢中になり、学習はおろそかになったと親は思っている。これらはすべて親が現代の媒体に対して持つ不満であり、これが問題児となった根源だと認識している。媒体の積極的な機能を見落とし、単純で限られた方法で、子どもを制約する。

　その他、社会の変化と家族の変化の過程の中で、単身家族、出稼ぎ家族、裕福家族、貧困家族など多くなり、これらの特殊家族の子どもの教育の問題、未成年の犯罪の問題もますます顕著になり、家庭教育の新しい課題となっている。

　2）家庭教育の対象の変化

　かつては家庭教育は親が子どもに対する教育だと認識し、教育は単方向で行われてきた。しかし、新旧体制の交代、東西文化の衝突、道徳観の多元化、知識と情報の「炸裂」の現代社会において、特にこれらによる生活様式の変化、考え方の更新など、児童を取りまく社会環境が大きく変わり、親世代の子どもの頃の生活環境と全く異なる。現在の子どもは社会経験が浅く、実生活体験も少ないが、いろいろなルートから得た新知識、新概念は多く、しかも親から得られたものではない。彼らは見るもの、聞くものが多く、受け入れるのも早く、束縛されることも少ない。これらはすべてかれらの優れた点である。成人たちは子どもと同時に新情報をキャッチし、激動する社会に直面しているが、彼らは伝統的な考え方、従来の行動様式に束縛されているために、子どもによいア

ドバイスができなく、結局、子どもからみると、親はすでに権威的な存在でなくなっている。

筆者は1998年に中国青少年研究センター少年児童研究所が主催する「少年児童社会化過程中対成人世界的影響」の研究に参加した。大量のデータの分析後、現代社会の子どもにある多くの資質は成人から得たのではなく、これらの資質はむしろ成人に影響を与えていると考えられる。多くの成人からすると、子どもはある種の優れた資質は幼稚で、成熟していないが、これらは決して悪いことではない。成人がこれらに感動を覚え、啓発された時にその影響を受けるのは必然である。子どもの身にある時代的な特徴は社会変化の産物である。社会が急速に変化する今日、成人と子どもの世界はみな変化し、発展している。成人と比べ、子ども世界の変化はさらに日進月歩である。これは子どもが現代社会に生まれ、束縛されることがなく、勇敢に何でも大胆にやるからである。子どもたちは広い領域のことに触れ、一部は成人が極力制限と回避させたい領域である。子どもは現代社会の影響を全面的に受け入れる過程の中で、一種の資質が身についた。これらの新しい価値観、生活態度、人との付き合いの仕方などは成人の世界まで広がっている。子どもに習い、二世代がともに成長するというのは教育観の重要な変革である。社会の変化に伴って家庭の縦型教育の機能を弱め、二世代が相互に影響する傾向が強まった。そのため、家庭教育は「年上が年下に対する教育、親が子どもに対する教育」という考え方も変わらなければならない。現代社会において家族の教育機能は広い意味での家庭教育で、「家族成員間の相互の教育」である。

中国近代化建設の発展が最も速い時期は1980年代以来である。情報化社会、市場経済が社会の隅々まで影響を与え、家族も例外ではない。元々、道徳、知識、体育、情操、労働教育など多方面の教育機能を備えた家庭教育に、さらに豊富な斬新な内容を寄与された。例えば、心理、媒体、財産管理、法律制度、娯楽教育等、これらは伝統家族の中にはなかった、あるいはごく少なかった内容であったが、現在では家庭教育の中に欠かせない存在となり、注目されている。

▼親への教育・指導と家庭教育の使命

　現代社会において、家庭教育は国民教育システムの中の重要な一部であり、親を教育し、かつ指導する必要があるとすでに国民に認識されるようになり、ますます注目されはじめている。2004年に中央政府と国務院は『関于進一歩加強和改進未成年思想道徳建設的若干意見』を発表した。この中では「家庭教育を重視し、発展させるべきだ」と強調されており、「家庭教育は未成年の思想道徳の教育に重要な役割がある」という内容がある。さらに家庭教育の方法に対し、具体的な要求が盛り込まれている。

　親への教育と指導を始めたのは80年代の初頭のことであり、現在まですでに20年以上経過し、その方法も多様化してきた。

〈全体指導〉　親の会、講座、親学校などいろいろあるが、その内では親学校が最も一般的である。親学校は家庭内で子どもを教育する責任がある親や他の年長世代に対し、教育と訓練をする学校のことである。1980年代初頭から各種形態の親学校が全国各地で次から次へと開設され、不完全統計によると、全国で各種の親学校は32万校ある。すでにあった小学校、中学校および幼稚園児の親学校の上に、社会の需要に応え、社区親学校、流動人口親学校、家庭教育指導センター、留守児童、農村親学校、企業・事業単位親学校などの親学校もできた。現在では親学校を主とし、家庭教育自由サービス型など個性化、多様な指導方式があるようになった。親学校を作る組織は多くあるが、現在は主に行政の教育機関が幼稚園、小・中学校で親学校を開設している。その他婦人連合会は町内などで分散居住の児童の親を対象に作った親学校もあり、さらに衛生部門、司法部門及び社会団体も参加している。例えば、上海市長寧区裁判所が「離婚夫婦家庭が子どもの成長に影響がある」と気づいたので、「子どものための父母学校」を開設し、離婚しようとする夫婦に講座を開設した。親学校は親に子どもを教育する知識を伝授し、子育ての成功の経験を交流、広めることができ、親の教育能力と素質を養うこともできる。そのためこの事業は今後もさらに深め、発展するであろう。

〈単独指導〉　主な方法は家庭訪問、学校内での指導、コンサルティングである。家庭訪問は単独指導の中でよく使われる有効な方法で、主に児童、青少年

の家庭教育の問題を解決するためである。学校教師、上司、共産主義青年団と少年先鋒隊幹部、警察、婦女連合会幹部、社区職員がこれらの仕事を担当する。現在家庭教育指導が比較的に優れているのは上海市で、「個別指導」と「家庭訪問」を採用した指導部門が最も多く、51.8％を占めている。しかし、親の需要と比較すると、さらに充実し、発展させる必要がある。コンサルティングが採用されたのは最も少なく、僅か3.3％である。これはコンサルティングの専門家の人数が少なく、物質的条件が不足していることと直接的な関係がある。

〈マスメディア宣伝〉　主に家庭教育の書籍、新聞・雑誌、映画、テレビ、ラジオ、インターネットなどを指す。これらの媒体を利用し、親に子ども教育の知識を伝播するのは現在の最も一般的な方法である。中国の家庭教育についての古訓は紀元前3000年前の記録が残っている。北京師範大学の趙忠心教授が中国歴史上の家庭教育に関する資料を整理し、700あまりの項目、40万字以上の『中国家庭教育五千年』という本を編著した。江蘇省蘇州市はネット親学校を開設し、1年以内に50万の親がネットを通じての交流を実現した。また、現在では家庭教育に関する書籍と新聞・雑誌も数え切れないほど多く、特にテレビ、インターネットなどの媒体を通じて、親の身近に家庭教育の資源は極めて豊富である。

　各種家庭教育に対する指導への普及によって、多くの人々はその指導を受け入れるようになった。最初、指導の仕事は主に教育機関が担当し、指導の対象の多くも小・中学校、幼稚園児の親であった。現在では、その範囲はさらに広げられ、前・後ろと外に延長された。前に延長されたというのは、0歳から3歳の親、妊婦、新婚夫婦に対し、優生、優育、優教について指導することである。0歳から3歳の分散居住者の親に対し、主に婦人連合会が社区で指導を行い、妊婦と新婚夫婦に対し、主に衛生部門が教育と宣伝を行っている。後ろに延長されたというのは、14歳から18歳の少年少女の親を指導することである。主に行政の教育部門を通じて、高等学校、専科高等学校と専門学校内で行う。外に延長されたというのは指導の対象は親あるいはこれから親になる人だけでなく、家庭教育に関係する人、例えば祖父母及び子ども本人もその対象になるということである。

第1章　家族変容と家庭教育

　家庭教育に対する指導の効果を上げるために、多くの組織管理機構も出てきた。80年代初頭、家庭教育の重要性を訴え始めた頃には婦女連合会が先頭にたってその責務を担当した。その後、『九十年代中国児童発展綱要』を実行するために、各地は地方の事情によって多様な方法を採用し、多種なルートを通じて、家庭の優生、優育、優教の基礎知識を宣伝、普及し、各地の特色のある管理体制ができた。現在は、国家の関連部門が組織した「家庭教育工作指導小組」が成立し、その大半はやはり婦女連合会部門が組織と管理をするが、地方によっては専門の政府機構が家庭教育の指導を全面的に管理する。一部の地方では行政の教育部門が主役を担当し、地方の家庭教育体系を作った。共産主義青年団も一部の地方の家庭教育などに参与している。

　全体的にみて、中国の家庭教育に対する指導は新しい情勢に適応し、多くの親の需要を充足できるようになった。しかし、管理部門は統一性がなく、指導者の専門知識の不足、理論研究の遅れ、指導の実効性の欠如などの問題もある。将来、中国の家庭教育の指導に関して最もやらなければならないのは、家庭教育の法律化と制度の完成である。そうすると、家庭教育に指導する際に法律の根拠と規範があるようになる。組織管理者、指導者、研究者を育成し、家庭教育指導の正規化、専門家を実現する。家庭教育に対する指導を国民終身教育システムに組み入れ、家庭教育指導の新法則を探求し、家庭教育の現実から出発し、多種多様な方法を採用し、親たちの需要に満足できるようにし、家庭教育の全体のレベルを高め、国民の資質の向上を促す。

参考文献リスト

潘允康等：『当代中国家庭大変動』広東人民出版社　1995年
徐安琪主編：『世紀之交中国人的愛情和婚姻』中国社会科学出版社　1997年
李銀河：『女性権利的堀起』中国社会科学出版社　1997年
徐安琪・叶文振：『中国婚姻質量研究』中国社会科学出版社　1999年
徐衍主編：『家庭革命』中国社会科学出版社　2000年
丁文・徐泰玲：『当代中国家庭巨変』山東大学出版社　2001年
潘允康：『社会変遷中的家庭―家庭社会学』天津社会科学院出版社　2002年
王雅林主編：『城市休閑―上海、天津、ハルピン城市居民時間分配的考察』　2003年

伊慶春主編：『華人婦女家庭地位：台湾、天津、上海、香港之比較』社会科学文献
　出版社　2006年
趙忠心：『中国家庭教育五千年』中国法制出版社　2003年

（关　頴）

## 第2章　現代中国の家族
―自己愛家族の誕生―

## はじめに

　中国の家族はここ10年で大きく変化した。その変化については、これまで多面的に論じられているが[1]、ここでは現代中国家族の機能面の変化に注目する。機能の変化は社会の変化を表しており、日本の家族の機能が大きく変化し、日中の共通性について観察することによって、より中国社会の変化が明らかになるからである。その変化とは情緒機能の強調であり、それも家族愛から自己愛への変化である。その特徴は特に子ども観に鮮明に現れる。なぜなら、愛情を注ぐ対象から親の自己愛のために消費される対象へという変化が起きていると予想されるからである。今、このような家族を自己愛家族と呼ぶ。

　筆者は、以前日本の家族の機能についての意識調査を行い、以下のことを明らかにした。家族の機能の内、重視され同時に家族外のサービスなどで代替されるべきではないと考えられているのは「家族愛を感じる」という情緒機能だけで、家族愛の確認は、日常的な家族行動だけではなく、外食や誕生日パーティといった家族イベントの中でも行われている。しかし、家族行動は家族が中心となる年中行事ではなく、個人的なイベントが重視されている上に、全員参加を義務づけておらず、家族行動の中に個別主義が見られる。これらのことから、家族行動の中で感じているのは「家族愛あふれる家族のムード」であって、重要なのは家族愛ではなく、自己愛であると結論づけた[2]。つまり、高度消費社会における家族は「自己愛家族」であり、ナルシシズム型の社会的性格は、家族に残された唯一の排他的な機能であった情緒機能を崩壊させてしまい、個別主義が進行した家族は、もはや自己愛を満たす場でしかなくなっているのである。

　さらに筆者も参加したブランド子ども服の消費実態及び意識の日中比較調査

の結果から、中国都市部における自己愛家族の出現の可能性を示唆した[3]。

　本章では、まず、前近代における中国では、家族・親族をはじめとする人的結合が重視され、子どもは家族が生きるための手段と考えられていたことを述べる。次に、中国においても消費文化が高度化し、ナルシシズム型社会的性格が出現していることを述べる。最後に、上海で実施した調査の結果等から、子ども観が変化していることを示し、そこから中国における自己愛家族の誕生について考察する。

## １．生きる場としての家族

### ▼血縁の重視

　中国人は家族や血縁を重視し[4]、特に農村において人は、家族の成員、同族[5]などの集団成員として行動するのであり、集団から遊離した個人として行為することはほとんどあり得ないと言われている[6]。ここでは、血縁集団がどの程度、規制力を持っているのかについて先行研究をまとめる。

　清水盛光は、古今の文献資料をもとに、中国血縁社会の特色はなによりも親族結合の緊密性に求められるとし、この緊密姓は、中国の親族が家族（経済的家族）と宗族（宗教的家族）の重層的構造によって保持されてきたと述べた[7]。

　仁井田陞は、清代または戦中においても、同族結集力は華中ことに華南で著しく華北では乏しい[8]が、分裂した家族[9]を系統的につなぐ機能は有していると述べている[10]。福武直は、同族村落は南方諸省のみの特色ではなく広く全国にわたって分布しており、華南に多く華北に少ないと一概に論ずることはできないと述べている[11]。

　2001年に山西省の農村の宗族を調査した陳鳳は、家産分割や養子を取る際には族長（現地では〈家長 jiazhang〉と呼ばれている）が最終的な決定権をもっていたと述べている[12]。

　浙江省農村で解放前の状況について聞き取り調査を行った上田信は、家屋や耕地の取得・建築・配分などは同族関係のチャンネルを介して行われ、有能な族人を社会的に上昇させる機能を果たしていると述べている[13]。具体的に言え

ば、他村に族田を貸すことによって得た小作料を用いて奨学金を出したり私塾を開設し、その結果、上海の大学に入学したり、国民政府のもとで裁判官になったり、上海で活躍するものも現れたという[14]。

石田浩は、戦中期の中国農村社会に関する調査資料を分析し、中国の村落には共同体がなく、共同体的土地所有に代わるものとして、そして農業の再生産や村民生活の再生産を保障するものとして、人的ネットワークが存在したと述べている[15]。石田は、1980年代以降の華北・華中・華南での農村調査の結果を用い、解放前から、同族村においては同族（血縁）、雑姓村においては同郷（地縁）といった人的結合が社会生活で大きな役割を果たし[16]、中華人民共和国建国後も、この人的結合は農村経済の停滞によって存続され、1978年の三中全会以降の市場経済導入による農村経済変革も、人的結合のネットワークを利用していると述べている[17]。

中華人民共和国の農村で長期にわたって参与観察を行った劉応傑は、農村の家族・親族関係は、農村社会において一切の地位を占拠、支配していると述べている[18]。宋建華も、親族システムとしての父系制はいまなお保持されていると述べ、社会生活のすべてで、家族や親族を核とする縁故主義の存在を指摘している[19]。

このように先行研究では、血縁集団は各地に存在し、親族メンバーに規制力を持ちつつも、支援する機能が強調されている。

一方で、親族の結合や機能の弱さも指摘されている。

牧野巽は、中国の古礼の時代から、族長より父母の権威の方が大きかったと述べている[20]。仁井田も、華北の多くの農村では、族長権力の家族内に及ぼす力はほとんどなく、家父長権も族長の権力によって影響されることはないと述べている[21]。例えば、華北農村の家産分割や養子縁組については、族長が最終的な決定権を持っている場合と、そうでない場合をあげている[22]。つまり、必ずしも親族全体を考慮して家産分割が行われていたわけではない。福武も、同族集団には、相互扶助（例えば借財）などの機能はあるものの同族特有の強度があるわけではなく[23]、特に華北農村の同族の結合は強固ではなく、その機能は祖先祭祀以外には見るべきものはないと述べている[24]。さらに、華中農村に

おいても、祭祀、扶助、同族の家族への統制という同族の機能が弱い点から、同族集団の結束は弱く、集団的機能も著しくないと結論づけている。家族への制約について言えば、家産分割における同族ないし族長の統制権は絶対ではなく、土地などの同族への先買権も権利と称するほど強いものではなく、婚姻も一般に家長の単独に決し得るところであり、また、異姓養子も存在していると述べる[25]。現在においては、宗族活動が形式化し、社会機能はほとんど消失したとも言われる[26]。

以上のように、中国の村落には共同体がなく、日常的に協力するよりも対立することが多く、親族や家族などの特定の集団として生存していこうとするのではなく、人々はネットワークによって支えられている。親族活動の有無やその結合や機能の強弱が時代や地域によって異なるのはそのためだと考えられる。

血縁関係はもっとも身近なネットワークを形成しており、家族を中心とする血縁関係は、中国社会で生き残るための場を提供としているのである[27]。

## ▼手段としての子ども

では、生き残るべき場としての家族の中で、子どもはどのように考えられていたのか。中国の子ども観についての研究は非常に少ないが、前近代中国における子どもの地位は「天然果実」的であり、子どもは生まれる前から手段視され、物的扱いを受けていると指摘されてきた[28]。そのため、〈養児防備老 yanger fang beilao〉と言われ、子どもは労働力や老後の備えとして考えられてきた[29]。

加地伸行は、解放前の子どもの位置は3つあると述べている。それは庶民における物としての子ども、知識人における心としての子ども、そして大多数の農民における労働力としての子どもである。物としての子どもとは、食べる対象としての子ども、そして財産、すなわち売買の対象としての子どもである。心としての子どもとは、親を祭り、死後の安心を得ることができるという儒教における子ども像である。最後の労働力としての子どもは、親が高齢になったときの労働力、介護者ということである[30]。

中国では〈多子多福 duoziduofu〉「子どもが多ければ、幸せも大きい」と

いう言われ方をしてきた。例えば農村では、耕す土地に見合った以上の子どもがいれば、労働力は余る。余った労働力が農業以外の仕事につき、家に収入をもたらすことができなければ、幸せどころか経済的に困窮することにもなりかねない。また中国では均分相続が一般的なので、家産は子ども（主に男子）の数に分割されてしまい、子どもの代で経済的な階層が低くなる可能性を常にはらんでいる[31]。それにもかかわらず〈多子多福〉などと言うのは、家に置く子どもの数を調整できるという前提があるからである。余った子どもは、売ったり、嫁や婿として婚出させることで、家産に見合った子ども数に調節しようとするのである。また、一般的に老親の扶養は、家産を分割された者が均等に担うという習慣があるが、家に残る子どもを調節して減少させたとしても、（もともと一人っ子の場合は除いて）一人にしてしまうことはまれなようである。子どもが扶養してくれなかった場合、以前の中国では誰もその親を助けてくれず、生存すら危ぶまれる。子どもが扶養しないというリスクを考慮して、複数の扶養者（子ども）を確保する。そのためには、意図的に婿を迎えて後を継ぐ者を増やす場合すらある。これらは、子どもを労働力や老後の備えの為の手段としてとらえられてきたことの表れである[32]。

　以上のように、従来の子どもとは、家族が生物学的に生き残るための手段という色合いが強かった。しかし、社会の変化などの要因によって、家族の機能・役割自体が変化し、それに伴って子ども観も変化する。次節では、社会的性格と家族・子ども観の変容について述べる。

## 2．消費文化の高度化と自己愛家族

### ▼消費文化と自己愛型家族

　家族を取り巻く環境は、第二次世界大戦以降大きく変化した。特に産業社会から消費社会への変化は、社会的性格の変容を引き起こし、家族のあり方に大きな影響を与えた。ここでは、高度消費社会における社会的性格がナルシシズム型であり[33]、日本においても社会的性格のナルシシズム性が明らかにされており[34]、その影響により家族が、自己愛家族へと変容していることについて述

べる。

　生産力・技術の向上は、製品間の品質の均質化を生み出し、セールスポイントは広告に登場するアイドルや商品名、ちょっとした色の違いといった差異になっていく。ブランドブームに見られるように、品質や機能ではなく、表面的な記号の差異に価値を見いだして意味を付与し、それを消費するという文化は、絶対的価値や意味を喪失させてしまった。ボードリヤールにしたがえば、商品の消費とは記号の消費であり、差異の消費なのである[35]。

　20世紀半ばのアメリカを分析したリースマンは、「製品差（product differentiation）」（他社の類似商品との競合に勝つために、価格面での差ではなく、広告を利用しながら付与される他社の製品とのほんの僅かな差）と似たような考え方が、パーソナリティにも当てはまると述べている。リースマンは、1950年、すでに企業も政府も官僚化され、独立の精神は必要ではなくなり、他人にどう見られているか常に注意をはらい、うまく立ち回れるかどうかが重要になると考えた。そのために、人々はパーソナリティに僅かの差をつけようとしている。リースマンは、これを「限界的特殊化（marginal differentiation）」と呼び、そのような社会の社会的性格を「他人指向型」と名付けた[36]。

　他人指向的な人間たちは、限界的特殊化の原理によって地位を競い合ったのだが[37]、その後のアメリカでは、競争や夢の実現などではなく、ただ自分自身のためだけに生きようとする生き方が大流行し、ラッシュはこれを、社会がナルシシズムを助長していると考えた[38]。ラッシュにしたがえば、消費社会は人を商品の表面的印象とイメージにばかり注目させるので、その人の自己と表面との区別さえつけさせなくなってしまった。それと同時に消費者は、物質よりむしろその商品のファンタジーにとり囲まれた、主体も実在もない世界に生きるようになるため、世界と自己の区別がなくなり、世界との同一化を求めるようになる。そこで、「それ自身のイメージで世界をつくりなおしたい、自らの周囲に溶けこんで至福の一体化をとげたいと望みながら、自らのアウトラインさえはっきしなくなっている自己」[39]、すなわち、ナルシスト的自己が生まれるのである。このような変化は、「他人指向型」の社会的性格から、新しい「ナルシシズム型」の社会的性格への移行の表れととらえられる。

「他人指向型」の社会的性格においては、自己の利益追求のために、自分の意見を強く主張せず、社交的・協力的に周囲の人間と仲良くすることが重要であったのに対し、「ナルシシズム型」の社会的性格においては、肥大化したナルシスティックな自己を守ることが重要であり、それこそが生きにくい社会を精神的に生き残る戦略でもある。

　一方、日本の社会的性格のナルシシズム性も、すでに指摘されている。中野収は、現代日本の若者について「カプセル人間」や「メディア・サイボーグ」ということばで、ラッシュと同様、その社会的性格のナルシシズム性を指摘している。60年安保以降、いわゆる「イデオロギーの終焉」から価値の多様化・多元化が進むにつれ、普遍的な価値を共有しない個別主義によって、人と人との関係は疎遠になっていき、「もの」や「メディア」との付き合いが増えていった。そして、その孤絶した小宇宙の中で、たった一人の人間的存在である自分自身を意識し、自らに執着するようになり、その心情はナルシスティックになっていった。そこで中野は、孤絶した小宇宙の中で自足し、自らを見つめている若者を「カプセル人間」と呼び[40]、それを他人指向型人間の後に発生した社会的性格で、「孤独な群衆」の末裔として位置づけている[41]。また、筆者も参加した大阪での中学生へのアンケート調査からも、社会的性格のナルシシズム性が明らかになっている[42]。

　ナルシシズム型社会に適応するために家族も変化した。家族の機能は非常に多岐に亘っていたが、サービス化の影響から情緒機能を突出させ、愛情家族とでもいうべきものへと変化し、さらに消費社会の高度化によって、愛情家族は自己愛家族へと変化していった。筆者は、1993年に兵庫県で実施した家族の役割と機能に関する調査から、高度消費社会における家族を自己愛家族ととらえ、ナルシシズム型の社会的性格は、家族に残された唯一の排他的な機能であった情緒機能を崩壊させてしまい、個別主義が進行した家族は、もはや自己愛を満たす場でしかなくなっているという可能性を示唆した[43]。子どもを生産財あるいは老後の備え、言い換えれば家族として生き残っていくための手段として考えられていたのが、消費社会化のプロセスの中で、子どもを消費財あるいは親の着せ替え人形、さらには親の自己愛を満たすための手段として考えられるよ

うになったのである。つまり、生き残るための場としての家族から、自己愛を満たすための自己提示の場へと変化したのである。

▼中国でもナルシシズム型社会的性格

　ここ20年余りの経済発展によって中国社会も大きく変容し、上で述べたような消費社会の特徴である差異の消費も観察されるようになった[44]。

　筆者も参加した大阪と上海でのブランド子ども服についての比較調査（大阪は1992年、上海は1995年に実施）では、ブランド消費意識が非常に似通っているのと同時に、子ども服のブランドイメージと母親自身の人格を関連づけるような意識が観察され、母親のナルシスティックな自己イメージが、自分の子どもを取り込むほどに肥大化してきていることから、中国都市家族でも自己愛家族の誕生の可能性が指摘された[45]。

　しかし、リースマンに従えば、社会への同調の様式である社会的性格は、当然、社会の変容によって変化するものであり[46]、日米を比較する限り、ナルシシズム型の社会的性格は、高度な生産システム・技術を背景とする高度消費社会に適応するためのものであると考えられるが、少なくとも1990年代、中国がそのような社会であったわけではない。にもかかわらず、ナルシシズム型の社会的性格の萌芽が見られたことをどう考えればよいのか。このような現象を考察する際に、筆者は、ドーキンスの「延長された表現型 the extended phenotype」というアイデアが有用であると考える。「表現型」とは生物学の用語で、生物の外見に現れた形態的・生理的性質という意味であるが、ドーキンスによれば、このような意味は「遺伝子の効果がその遺伝子の位置している個体の体に限られているものとみなされる特殊な例」[47]である。これに対して延長された表現型とは、「ある遺伝子が世界に及ぼすすべての効果」[48]で、たとえばビーバーは巣の近くにダムを造るが、ダムやダムによってできた湖は、巨大な延長された表現型だと考えられる[49]。これを社会的性格に当てはめて考えると、中国の社会的性格は延長された表現型で、日本も中国も同じ表現型の一部だということになる。

　生物学的に生きるための場としての中国家族おいて、子どもは手段視されて

いた。経済発展と共に、消費文化が高度化し始めた中国都市社会において、再び子どもは手段視され始める。今度は精神的に生き残る、すなわち親が自分の自己愛を満たすためにである。そのための場である自己愛家族は、この10年でその姿をよりはっきりと見せるようになってきた。次節では、具体的なデータから子ども観の変化について考察し、現代中国の都市家族の変容にアプローチする。

## 3．子ども観の変容

　この節では、ここ10年の子ども観の変化を以下の5つの調査の結果[50]を用いて日中の比較を行い、中国都市部における家族の変化について考察する。
調査A：「親の意識に関する世論調査」総理府　調査時期：1992年　調査対象：
　　　　日本全国の満6歳〜18歳未満の子どもを持つ親　有効回収数：2,241
調査B：「平成4年度国民生活選好度調査」経済企画庁　調査時期：1992年
　　　　調査対象：日本全国の20歳以上の男女　有効回収数：2,440
調査C：「子供服調査」（代表者：富田英典）　調査時期：1992年　調査対象：
　　　　大阪府豊中市千里ニュータウンに居住する幼稚園児から中学2年生までの子どもを持つ母親　有効回収数：638
調査D：「中国都市家族の子供観に関する調査研究」（代表者：富田和広）　調査時期：1995年　調査対象：上海市区に居住する幼稚園以上中学生以下の子どもをもつ母親（平均年齢38.1歳）　有効回収数：872
調査E：「幼児の生活アンケート・東アジア5都市調査」ベネッセ　調査時期：2005年　調査対象：北京・上海・東京などに居住する3〜6歳の就学前の幼児をもつ保護者（平均年齢は北京32.8歳、上海31.9歳[51]）　有効回収数：東京1,007、北京992、上海935

### ▼「老後の備えとしての子ども」の衰退
　まず、子どもがほしい理由から子ども観について考察する。
　1992年の「国民生活選好度調査」と1995年の上海調査から子どもがほしい理

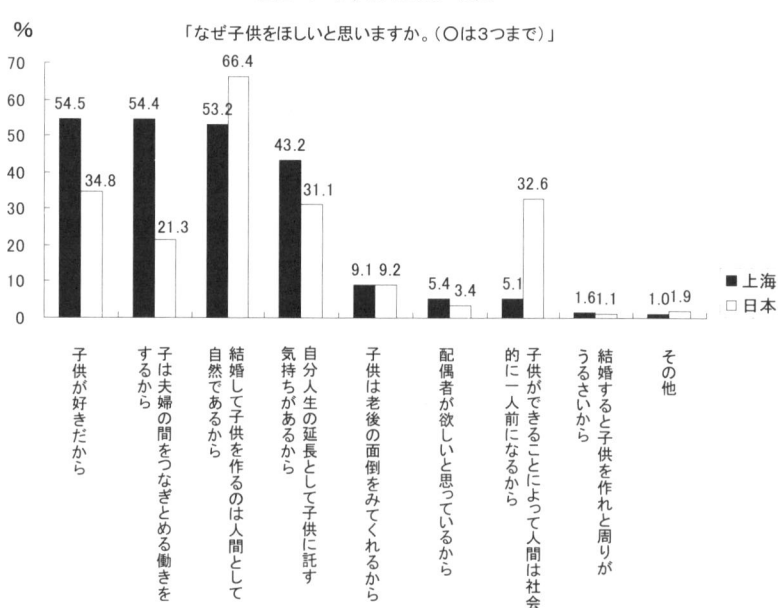

図2-1 子供がほしい理由

「なぜ子供をほしいと思いますか。(○は3つまで)」

| 理由 | 上海 | 日本 |
|---|---|---|
| 子供が好きだから | 54.5 | 34.8 |
| 子は夫婦の間をつなぎとめる働きをするから | 54.4 | 21.3 |
| 結婚して子供を作るのは自然であるから | 53.2 | 66.4 |
| 自分の人生の延長として子供に託す気持ちがあるから | 43.2 | 31.1 |
| 子供は老後の面倒をみてくれるから | 9.1 | 9.2 |
| 配偶者が欲しいと思っているから | 5.4 | 3.4 |
| 子供ができることによって人間は社会的に一人前になるから | 5.1 | 32.6 |
| 結婚すると子供を作れと周りがうるさいから | 1.6 | 1.1 |
| その他 | 1.0 | 1.9 |

出典：経済企画庁「平成4年度国民生活選好度調査」(1992年)「中国都市家族の子供観に関する調査研究」(1995年)
注：中国 N=872　日本 N=2440

由をまとめたものが〈図２－１〉で、上海の調査結果を出生コーホート別にまとめたものが〈図２－２〉である。

「子は夫婦の間をつなぎとめる働きをするから」「自分の人生の延長として子供に託す気持ちがあるから」といった伝統的な子ども観が見て取れるものの、〈養児防備老〉という子ども観に注目すると、「子供は老後の面倒をみてくれるから」と答えたのは9.1％しかなく、日本の調査結果とほぼ同じ値である。

出生コーホート別にみても、「子供は老後の面倒をみてくれるから」という回答は、1940年代後半生まれで２割弱の回答があるが、それ以降の生まれでは１割を切り、1960年代後半生まれでは6.3％しかない。子どもを老後の備えとして考える子ども観はほぼ消滅していると言える。

「子どもが好きだから」が最も多いが、〈図２－２〉から分かるように出生コーホート別では違いは見られず、「愛情を注ぐ対象としての子ども」、すなわち子ども＝消費財という新しい子ども観の表れとは考えにくい。

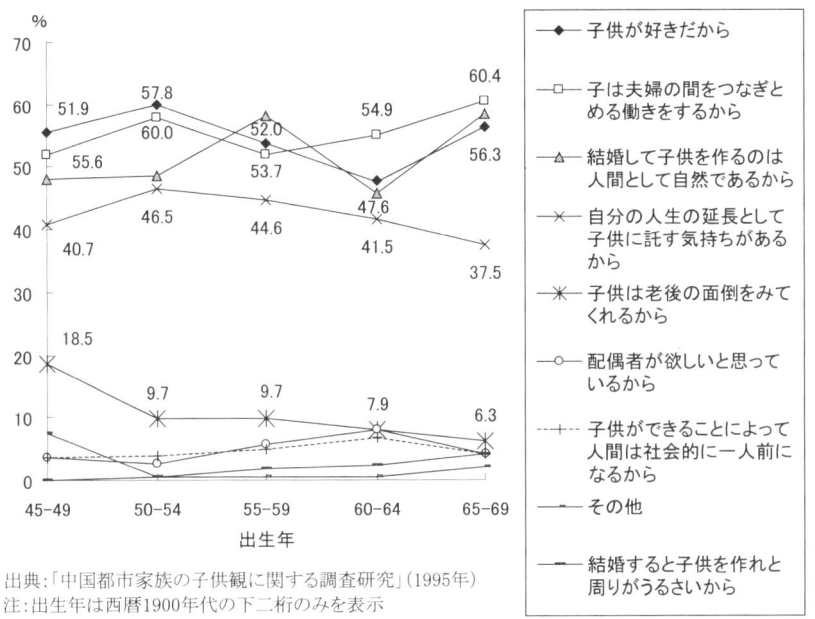

図2-2　出生コーホート別子どもがほしい理由（1995）

凡例：
- 子供が好きだから
- 子は夫婦の間をつなぎとめる働きをするから
- 結婚して子供を作るのは人間として自然であるから
- 自分の人生の延長として子供に託す気持ちがあるから
- 子供は老後の面倒をみてくれるから
- 配偶者が欲しいと思っているから
- 子供ができることによって人間は社会的に一人前になるから
- その他
- 結婚すると子供を作れと周りがうるさいから

出生年（45-49、50-54、55-59、60-64、65-69）別の主な数値：
- 51.9、57.8、52.0、54.9、60.4
- 55.6、60.0、53.7、47.6、56.3
- 40.7、46.5、44.6、41.5、37.5
- 18.5、9.7、9.7、7.9、6.3

出典：「中国都市家族の子供観に関する調査研究」（1995年）
注：出生年は西暦1900年代の下二桁のみを表示

▼社会貢献より家族重視を期待

　次に、子どもに望む生き方から子ども観について考察する。

　1995年の上海調査から子どもに望む生き方をまとめたものが〈図2-3〉である。「家族と円満に明るく暮らす」「社会に貢献する」「本人の思いにあった生活をする」という回答が多い。

　出生コーホート別にまとめたものが〈図2-4〉である。出生コーホートによって大きな違いが見て取れるのが「社会に貢献する」である。この項目は、1940年代後半生まれでは63.0％も選択されて第1位であるが、1960年代後半生まれでは29.2％しか選択されず第3位になっている。つまり、家族や本人の思いを重視することは変化していないが、社会貢献は期待しなくなってきているということである。

図2-3　子供に望む生き方（1995年）

あなたは、お子さんに、将来どのような生き方をしてほしいと思いますか（○は2つ）

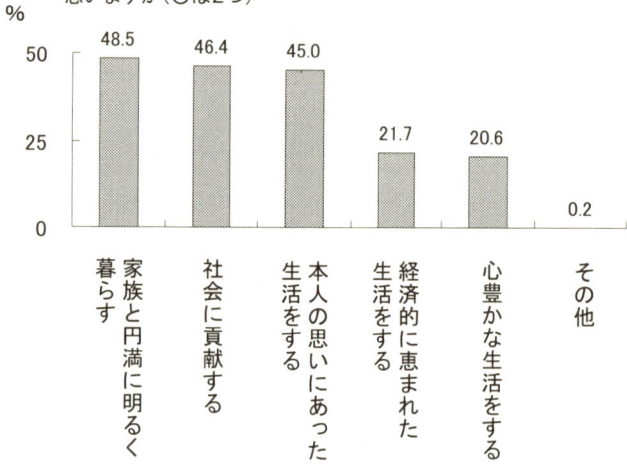

| 選択肢 | % |
|---|---|
| 家族と円満に明るく暮らす | 48.5 |
| 社会に貢献する | 46.4 |
| 本人の思いにあった生活をする | 45.0 |
| 経済的に恵まれた生活をする | 21.7 |
| 心豊かな生活をする | 20.6 |
| その他 | 0.2 |

N=817
出典：「中国都市家族の子供観に関する調査研究」(1995年)

図2-4　子供に望む生き方（出生コーホート別）（1995年）

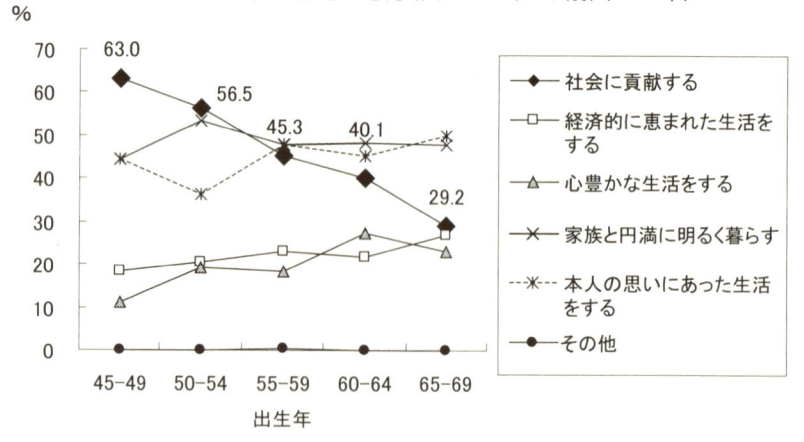

社会に貢献する：45-49: 63.0、50-54: 56.5、55-59: 45.3、60-64: 40.1、65-69: 29.2

凡例：
- 社会に貢献する
- 経済的に恵まれた生活をする
- 心豊かな生活をする
- 家族と円満に明るく暮らす
- 本人の思いにあった生活をする
- その他

出生年：45-49、50-54、55-59、60-64、65-69

N=772
出典：「中国都市家族の子供観に関する調査研究」(1995年)
注：出生年は西暦1900年代の下二桁のみを表示

第2章　現代中国の家族

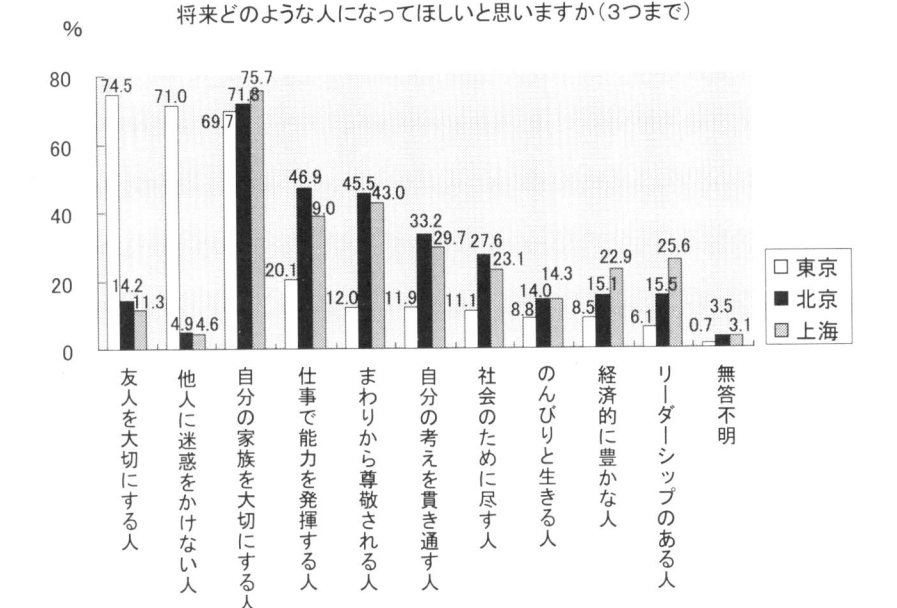

図2-5　子供に望む生き方（2005年）

将来どのような人になってほしいと思いますか（3つまで）

出典：「幼児の生活アンケート・東アジア5都市調査」ベネッセ（2005年）
注：母親の回答のみ

　同様の質問が2005年のベネッセ調査にある。東京、北京、上海での調査結果のみを取り出したのが〈図2-5〉である。東京では、「友人を大切にする人」が74.5％で第1位で、「自分の家族を大切にする人」は69.7％で第3位、「社会のために尽くす人」は11.1％で第7位であった。北京、上海ではどちらも「自分の家族を大切にする人」が第1位でそれぞれ71.8％、75.7％で、「社会のために尽くす人」は、北京は27.6％で第7位、上海では23.1％で第6位、「友人を大切にする人」は、北京で14.2％、上海では11.3％でどちらも第8位であった。

　以上のように、家族を重視する点、社会貢献を余り重視していない点は日中で一致しており、友人を大切にする、他人に迷惑をかけないということについては、大きな違いが出ている[52]。

75

1995年調査との比較で考えると、最も大きく変化しているのは社会貢献で、1940年代後半および、1950年代前半生まれの母親の半数以上が子どもに望む生き方として選んでいたのが、1960年代後半では３割弱になり、平均の生年が1973年になる2005年調査の母親たちでもやはり２〜３割しか選んでいない。そして、家族の重視は2005年調査においても同じであった。

　この傾向について、調査結果を分析した北京師範大学教育学院の張燕は、北京の母親が子どもの将来に寄せる期待は妥当で、北京では人格や道徳心、社会的責任や功績を重視する傾向を反映していると述べている[53]。同様にこの調査結果を分析した華東師範大学学前・特殊教育学院の朱家雄も、家族を大切にする人が多いのは儒教思想の影響だと述べている[54]。

　しかし、時系列で見て、家族や個人の生活への関心には大きな変化がみられず、社会への関心のみに大きな違いが見られるということは、若い世代ほど家族や個人の生活への関心が相対的に大きいということになる。前述のように、家族・親族といった人間関係はそのまま社会関係の一部としてとらえられていたとするならば、社会貢献と家族・親族重視とは密接に結びついているはずである。にもかかわらず、社会貢献のみが軽視され、家族重視に変化がないとするならば、ここで重視している家族は、以前の家族とは異なり、社会との距離に開きがあることになる。すなわち、この相対的変化は家族を社会的なものからプライベートなものとして感じるようになったという、いわゆるプライバタイゼーションと考えられる。そして、このような子ども観は、社会関係の一部としての家族ではなく、プライベートな場としての家族が必要となってきたことを表している。

### ▼高学歴希望は親のエゴ

　子どもに高学歴を求める理由から子ども観について考察する。

　1995年の上海調査から子どもに高学歴を希望する理由をまとめたものが〈図２−６〉で、出生コーホート別にまとめたものが〈図２−７〉である。「質の高い教育が受けられるから」「よい仕事につけるから」「社会に貢献してほしいから」という理由が上位を占めている。

図2−6 高学歴を希望する理由（1995年）
なぜ子供に高学歴を希望するのですか（○は2つまで）

| 理由 | % |
|---|---|
| 質の高い教育が受けられるから | 50.4 |
| よい仕事につけるから | 41.8 |
| 社会に貢献してほしいから | 40.5 |
| 父母に高学歴がなく、子供に希望を託すため | 22.7 |
| 所得が高い仕事につけるから | 21.4 |
| まわりの子どもには負けたくないから | 7.5 |
| よい結婚相手を見つけるため | 1.5 |
| 高学歴は体裁がよいから | 0.9 |
| その他 | 0.7 |
| 高学歴は希望しない | 0.0 |

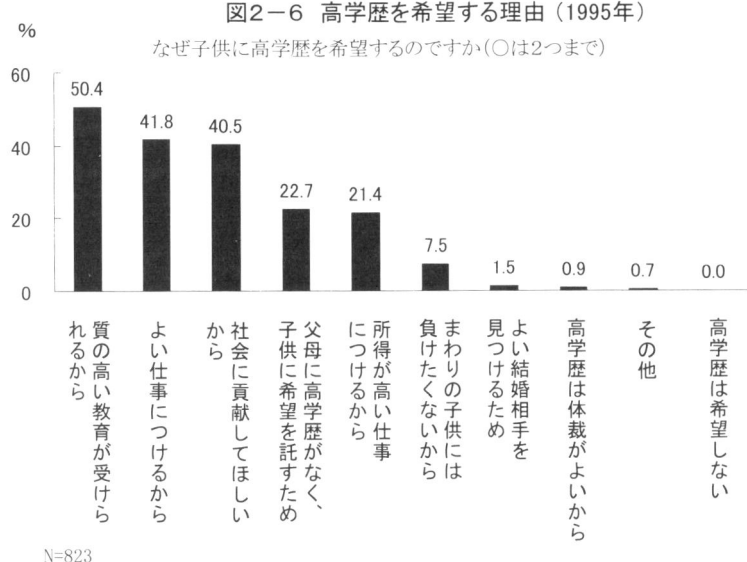

N=823
出典：「中国都市家族の子供観に関する調査研究」（1995年）

　出生コーホート別にみると、ここでも「社会に貢献してほしいから」は減少傾向にあることが分かる。1940年代後半生まれで51.9％もあったのが、1960年代生まれでは37％前後に減少している。他方、比率は多くはないが、「まわりの子どもには負けたくないから」という親のエゴとでも言うべき理由が、1940年代後半生まれでは3.7％しかないのに対して、1960年代後半生まれでは14.6％になっている。家族による教育投資の目的が、公的なものから私的ものへと変化しつつあることを予想させる。

▼自己犠牲型から夫婦生活重視型へ
　最後にライフスタイルから子ども観について考察する。1992年の子ども服調査（大阪）と1995年の上海調査からライフスタイルについての回答をまとめたものが〈図2−8〉である。どの質問でも肯定する回答が多い。1992年の大阪調査と比較すると「自分を犠牲にしても、子供の事を考えるほうだ」以外は、ほぼ同じような比率である。

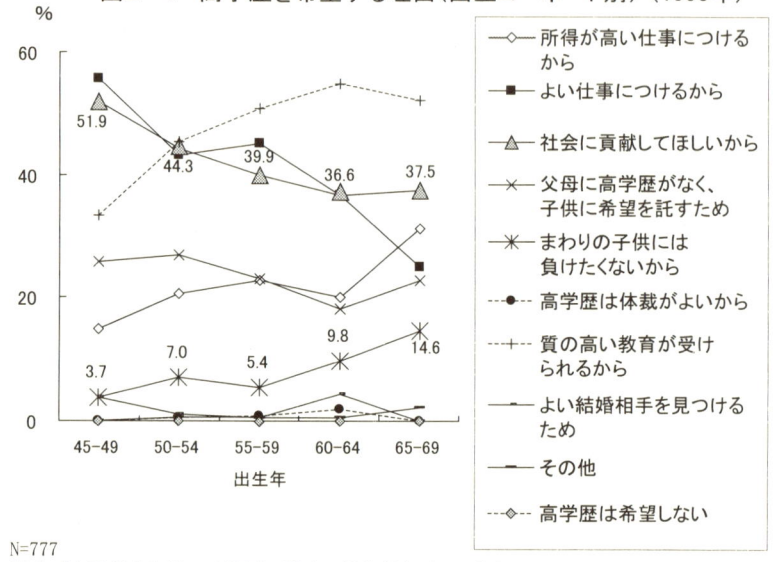

図2-7　高学歴を希望する理由(出生コーホート別)（1995年）

凡例：
- 所得が高い仕事につけるから
- よい仕事につけるから
- 社会に貢献してほしいから
- 父母に高学歴がなく、子供に希望を託すため
- まわりの子供には負けたくないから
- 高学歴は体裁がよいから
- 質の高い教育が受けられるから
- よい結婚相手を見つけるため
- その他
- 高学歴は希望しない

データ点（よい仕事につけるから）：
- 45-49: 51.9
- 50-54: 44.3
- 55-59: 39.9
- 60-64: 36.6
- 65-69: 37.5

その他の値：3.7、7.0、5.4、9.8、14.6

出生年

N=777
出典：「中国都市家族の子供観に関する調査研究」(1995年)
注：出生年は西暦1900年代の下二桁のみを表示

図2-8　ライフスタイルと子ども観（1995年）

以下の質問に同意しますか

| 質問 | 大阪 | 上海 |
|---|---|---|
| 自分を犠牲にしても、子供の事を考えるほうだ（上海N=809　大阪N=646） | 60.4 | 80.0 |
| なるべく、夫婦二人だけの時間を大切にしたい（上海N=793　大阪N=641） | 55.2 | 52.2 |
| 子供の事も考えるが、夫婦二人の生活も大事にしたい（上海N=821　大阪N=650） | 87.1 | 96.3 |
| 自分達（夫婦）の生活より、子供の生活を第一に考える（上海N=813　大阪N=642） | 66.4 | 72.2 |

出典：「中国都市家族の子供観に関する調査研究」(1995年)　「子供服調査」(1992年)

第2章　現代中国の家族

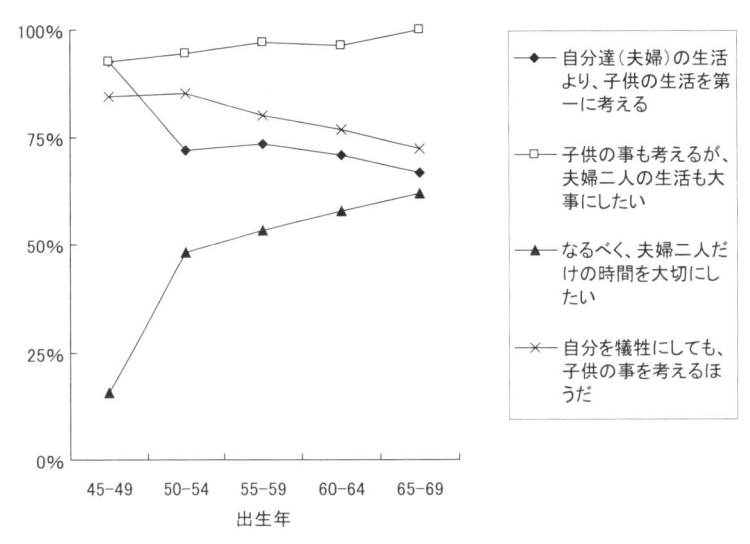

図2-9　出生コーホート別ライフスタイル（1995年）

凡例:
- 自分達（夫婦）の生活より、子供の生活を第一に考える
- 子供の事も考えるが、夫婦二人の生活も大事にしたい
- なるべく、夫婦二人だけの時間を大切にしたい
- 自分を犠牲にしても、子供の事を考えるほうだ

出典：「中国都市家族の子供観に関する調査研究」（1995年）
注：出生年は西暦1900年代の下二桁のみを表示

　出生コーホート別に「はい」という回答の比率だけをまとめたものが〈図2－9〉で、年齢との相関をまとめたものが〈表2－1〉である。上海の調査結果は、「自分達（夫婦）の生活より、子どもの生活を第一に考える」以外は年齢との有意な相関がみられる。「子どもの事も考えるが、夫婦二人の生活も大事にしたい」「なるべく、夫婦二人だけの時間を大切にしたい」が年齢が若くなるほど選択され、「自分を犠牲にしても、子どもの事を考えるほうだ」は年齢が若くなるほど選択されない。つまり、自己犠牲的な育児より、夫婦優先の育児が優勢になりつつあることが分かる。

表2-1　ライフスタイルと年齢の相関

|  | 年齢との相関 | 有意確率（両側） |
| --- | --- | --- |
| 自分達（夫婦）の生活より、子供の生活を第一に考える | −0.032 | 0.368 |
| 夫婦の事も考えるが、夫婦二人の生活も大事にしたい | 0.077 | 0.032 |
| なるべく、夫婦二人だけの時間を大切にしたい | 0.129 | 0.000 |
| 自分を犠牲にしても、子供の事を考えるほうだ | −0.082 | 0.023 |

出典：「幼児の生活アンケート・東アジア5都市調査」（2005年）

大阪とは違いの見られた自己犠牲的な考えも減少傾向がみられ日本型に近づいており、この傾向は2005年調査でよりはっきりした。ベネッセ調査でもほぼ同様の質問項目があり、これをグラフにしたものが〈図2－10〉である。2005年調査は二者択一方式なので単純な比較はできないが、この図から、上で確認した傾向がはっきり読み取れる。

　このように、子どもより夫婦を優先するという子ども観の強まりは、自己愛の高まりを表しており、自己愛家族への移行を伺わせる。

図2－10　ライフスタイルと子ども観（2005年）

子育てに関するAとBの2つの意見のうち、
あなたのお気持ちに近いほうはどちらですか

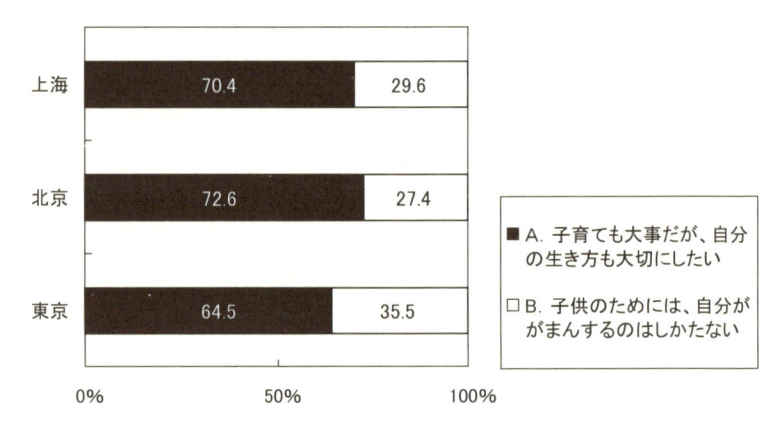

| | A | B |
|---|---|---|
| 上海 | 70.4 | 29.6 |
| 北京 | 72.6 | 27.4 |
| 東京 | 64.5 | 35.5 |

A. 子育ても大事だが、自分の生き方も大切にしたい
B. 子供のためには、自分ががまんするのはしかたない

出典：「幼児の生活アンケート・東アジア5都市調査」（2005年）

# おわりに

　生きていくのに精一杯だった時代に培われた、血縁関係をベースにした人間関係を重視する考え方は、子ども観にも明確に表れていた。しかし、産業化や都市化、そして産業社会から消費社会へと変容していく中で、親にとって生産財や老後の保険であった子どもは、ただ親のわがままを押しつけられる消費財へと変容していく。

　日本では、子どもに対する考え方が、生産財としての子どもから、愛情を注

ぎ、その成長を楽しむ、ペットのような子どもへと変化し、さらには親のナルシシズムを満たすための、まるで着せ替え人形のような子どもへと変化したようにも思えるが、中国では、生産財としての子どもから、一足飛びに着せ替え人形のような子どもへと変化しつつあるのではないかとさえ思わされる。日本と同じような子ども観を生み出した自己愛家族は、高度消費社会を精神的に生き残っていくためには適応的かも知れないが、急激な変貌を見せる中国の都市部の家族は、日本の家族が経験した変化と同じプロセスを踏襲するとは限らない。今後、中国家族がどのような変化をするのか、注視し続けなければならない。

［1992年大阪調査は、平成3年度文部省科学研究費補助金（奨励研究）研究課題番号03851044「消費社会の変容とナルシシズムに関する社会学的研究」（研究代表者：富田英典）、1995年上海調査は日本証券奨学財団の研究調査助成を得てなされたものである。］

注

1）改革開放以降の家族問題については鈴木未来「改革開放以降の中国における家族問題」『立命館産業社会論集』35（2）　1999年、1990年代以降の中国の家族社会学の動向については飯田哲也「中国の家族社会学の新しい動向」日本家族社会学会『家族社会学研究』　1998年が詳しい。なお、中華人民共和国で社会学が発展し始める1930年代、および社会学が回復された1979年以降の家族研究の動向をまとめたものとしては牛黎濤「中国における家族研究の回顧と展望」日本大学社会学会『社会学論叢』　1999年、1949年以降の中国の家族社会学の展開と課題については鈴木未来「現代中国における家族社会学の展開と課題」『立命館産業社会論集』34（4）　1999年を参照のこと

2）富田和広「家族愛と家族イベント」（財）兵庫県長寿社会研究機構『（財）兵庫県長寿社会研究機構研究年報』1号　1996年

3）富田英典・富田和広「上海のブランド子ども服―日本との比較―」ファッション環境学会『ファッション環境』6巻1号2号合併号　1997年、富田和広「中国の消費文化とブランド消費」日本消費者行動研究学会『消費者行動研究』6巻1号　1998年を参照のこと

4）L.イーストマンは、中国において1400年以降の人口の急増、特に18世紀の著

しい増加は、漢族がそれまで定住していなかった地域への植民を促し、移住民は、先住民族に対する防衛、開拓、水利灌漑設備の建設、維持のために協同することが必要となり、政治・経済的に依存し合わなければならないために、自主独立ではなく、他者への依存性という中国人の性格を強化することになったと述べている（Eastman, L. E., *Family, Fields, and Ancestors: Constancy and Change in China's Social and Economic History 1550－1949*, Oxford University Press, 1988（上田信・深尾葉子訳『中国の社会』平凡社　1994年）訳書13－27ページ）。また、中国では、子どもは成長すると家産を分割し、別々の経済単位として生活するが、この家産の均分による個々の家族の分裂の傾向を克服するために宗族が形成されるとも言われる（同上訳書　32ページ）。

5）先行研究においては，必ずしも同族と親族という用語が使い分けられているわけではない。ここでは、参照した文献の用語をそのまま用いているが、どちらもリネージの意味で捉えてよい。

6）福武直『福武直著作集　第9巻　中国農村社会の構造』東京大学出版会　1976年（初版1951年）　96ページ

7）清水盛光『支那家族の構造』岩波書店　1942年　567ページ

8）同姓村落（同族村落）や同姓の比重の大きい村落が少ないという意味。

9）分裂とは、竈を分け、住居を別にするという意味。

10）仁井田陞『中国の農村家族』東京大学出版会　1978年（初版1952年）　10－17ページ

11）福武　前掲書　241－244ページ。

12）現在は、権利は弱まり調停役になっている（陳鳳「祖先祭祀の実態にみる宗族の内部構造――中国山西農村の宗族の事例研究」日中社会学会『日中社会学研究』10号　2002年　108ページ）。

13）上田信「危機状況下の同族集団－浙江省の同姓村における細菌戦被害を通して」吉原和男・鈴木正崇・末成道男編『〈血縁〉の再構築―東アジアにおける父系出自と同姓結合』風響社　2000年　87－96ページ。調査は1998年だが、調査の内容は1940年代のことが中心である。

14）同上論文　87-90ページ

15）石田浩『中国農村の歴史と経済』関西大学出版部　1991年　626ページ

16）同上書　627ページ

17）同上書　641－642ページ

18）劉応傑「中国農村社会的家族和親族」中国社会学院社会学研究所『社会学研究』

5　1988年　87ページ。なお、近年、中華人民共和国における血縁観念の強さが生み出している社会問題については潘允康『在亜社会的沈思』中国婦女出版社　1989年（園田茂人監訳『変貌する中国の家族――血統社会の人間関係』岩波書店　1994年）を参照のこと。

19）宋建華「中国の親族制度家族観と一人っ子政策」教育と医学の会『教育と医学』42（7）　1994年。潘も同様の指摘をしている（潘允康『在亜社会的沈思』中国婦女出版社　1989年（園田茂人監訳『変貌する中国の家族――血統社会の人間関係』岩波書店　1994年））。李小慧は、1985年から山東省の農村で調査を行い、農村にある〈院 yuan〉と呼ばれる地縁・親族組織は、文化大革命を経て、1970年代末に生産責任制が導入されると復活したと述べている（李小慧「小特集　山東省小高家村　親族組織――院」社会学研究会『ソシオロジ』32（3）　1988年　41ページ）。鈴木は、2000年の瀋陽市農村部での調査から、家族生活で人的ネットワークを活用した事例を報告している（鈴木未来「現代中国における家族問題の一考察――中国瀋陽市農村部の家族生活調査をもとに」『日中社会学研究』9　2000年）。

20）牧野巽『家族論・書評他　牧野巽著作集　第7巻』御茶の水書房　1985　4ページ

21）仁井田　前掲書　15ページ

22）同上書　82－93ページ

23）福武　前掲書　126－127ページ

24）同上書　370ページ

25）同上書　122－30ページ

26）庚欣「中国社会における家庭とその近代における変遷」『NIRA政策研究』11（8）　1998年　15ページ

27）中国家族は定義そのものが難しい。王崧興は、中国人の家族集団の不明確さは、結合の範囲が常に状況によって選択されていることに基づき、関係はあるが組織はないと結論づけている（王崧興「IV　漢民族の社会組織」竹内卓二編『日本民俗社会の形成と発展――イエ・ウジ・ムラの源流を探る』山川出版社　1986年、「漢人の家族と社会」伊藤亜人・関本照男・船曳建夫編『現代の社会人類学1　親族と社会の構造』東京大学出版会　1987年）。これらを乗り越えるには「家族圏」という概念が有効であろう。「家族圏」については以下を参照のこと。坪内良博・前田成文『核家族再考』弘文堂　1977年

28）仁井田　前掲書　196－198ページ

29) 費孝通『生育制度』商務印書館　1947年（横山廣子訳『生育制度——中国の家族と社会』東京大学出版会　1985年　308ページ）、福武　前掲書　109ページ、仁井田　前掲書　164ページ、木山徹哉「『解放』前中国における子ども観とその変革過程——1920年代を中心にして」教育史学会『日本の教育史学』27　1984年　71ページ、　松戸庸子「家族意識・社会意識の構造—豊かさを希求する家族戦略の地域比較」石原邦雄編『現代中国家族の変容と適応戦略』ナカニシヤ出版　2004年　195ページなどを参照のこと。一方で〈望子成龍〉（子どもに大きな望みを託す）とも言われるが、多くの階層にあてはまることではない。しかし中華人民共和国では、一人っ子政策が実施された後は、〈望子成龍〉という考え方が強まっていることは十分に予想される。

30) 加地伸行・笹川直樹・平木康平・河田悌一・岩佐昌暲『世界の子どもの歴史9　中国』第一法規出版株式会社　1984年　2－13ページ

31) 農業で生活できなくなるまで細分化されることもあったという（仁井田　前掲書　107－108ページ）。

32) 富田和広『現代中国社会の変動と中国人の心性』行路社　1993年　116－117ページ

33) Baudrillard,Jean,*La Societe de consommation:ses mythes,ses structures*（Perface de J.P.Mayer）,Gallimard,1970（今村仁司・塚原史訳『消費消社会の神話と構造』　紀伊國屋書店　1976年）、Lasch,Christopher,*The Culture of Narcissism*, W.W.Norton & Company,1979（石川弘義訳『ナルシシズムの時代』ナツメ社　1984年）などを参照のこと。

34) 中野収『ナルシスの現在—自愛と自虐の倫理』時事通信社　1984年、富田和広「現代青少年のナルシシズム」関西大学大学院『人間科学』32号　1989年などを参照のこと。

35) Baudrillard　前掲書

36) Riesman, David, *The lonely crowd : a study of the changing American character*, Yale University Press, 1950　（加藤秀俊訳『孤独な群衆』(1961年簡約版の邦訳)　みすず書房　1964年）

37) 同上訳書　126ページ

38) Lasch　前掲書および、Lasch,Christopher, *The Minimal self — Psychic Survival in Troubled Times —*, W.W.Norton & Company, Inc, 1984（石川弘義・山根三沙・岩佐祥子訳『ミニマルセルフ—生きにくい時代の精神的サバイバル—』時事通信社　1986年）を参照のこと。

第 2 章　現代中国の家族

39) 同上訳書　6ページ
40) 中野　前掲書　191〜193ページ
41) 同上書　189ページ
42) 富田和広「現代青少年のナルシシズム」関西大学大学院『人間科学』第32号　1989年
43) 富田　前掲論文　1996
44) 鐘家新「中国都市における一人っ子を溺愛している親たち―『一人っ子政策』を背景として―」社会福祉研究所『母子研究』13　1992年　41−42ページ
45) 富田・富田　前掲論文、富田　前掲論文　1998。
46) Riesman　前掲書
47) Dawkins, Richard, *The Extended Phenotype :The Gene as the Unit of Selection*, 1982（日高敏隆・遠藤彰・遠藤知二訳『延長された表現型』紀伊国屋書店　1987年）訳書　517ページ
48) 同上訳書　517ページ
49) 同上訳書　372−373ページ
50) ここで用いているデータは北京・上海などの大都市の調査結果であり、中国家族を代表しているわけではないが、中国の新しい家族像を予見する上で重要あると考えられる。
51) 20歳以下は20歳、41歳以上は46歳、それ以外は中間値を用いて計算。
52) この結果を分析した北京師範大学教育学院の張燕は「友人を大切にする人」の順位が低いのは問題だとしているが（張燕「北京の結果と分析」『幼児の生活アンケート報告書・東アジア5都市調査　幼児をもつ保護者を対象に』Benesse教育研究開発センター　2005年　121ページ）、同じくこの結果を分析した華東師範大学学前・特殊教育学院の朱家雄は、「他人に迷惑をかけない人」の回答が少ないのは、社会関係も家族関係の延長と考える中国特有の文化では、「人に迷惑をかけるのはお互いさま」なのであると述べている（朱家雄「上海の結果と分析」『幼児の生活アンケート報告書・東アジア5都市調査　幼児をもつ保護者を対象に』Benesse教育研究開発センター　2005年　139ページ）。
53) 張燕　前掲論文　121ページ
54) 朱家雄　前掲論文　139ページ

（富田　和広）

# 第3章 都　市
―― 基層管理体制の変動とコミュニティ形成

## はじめに

　1990年代の中国の変動を解き明かす糸口として、「単位システム」の変化が挙げられよう。「単位」とは「所属する職場」を意味し、社会主義中国において社会管理を実施するための特殊な組織形態であった。「行政機関単位」と、物の生産を行う「企業単位」、教育、文化、医療などのサービスを提供する「事業単位」という3つのタイプに分けられた単位は、中央政府と共産党の中央委員会を頂点とした、「上級単位」「下級単位」の連鎖からなる巨大なピラミッド構造に組み込まれていた。

　計画経済下の中国では、単位は政治的な動員と社会的コントロール、そして人、物、財、情報のすべてを中央集権的に管理するための、不可欠かつ基本的な道具であったといえよう[1]。都市部生活者のほとんどは、国営もしくは集団所有（集体）の単位に所属し、住居、医療、娯楽、子どもの教育と就労、老後の面倒など生活の全般にわたって、在職中と退職後を問わず、単位に依存していた。福利厚生が充実した単位に所属することは、都市住民にとっては最大の目標であった。結婚の届け出、子どもの就学、病気での入院、ホテルの宿泊でさえも、単位の紹介状無しではできなかった。単位の所属者は全方位的な福利サービスを単位から保証されると同時に、プライベートの生活に至るまで管理されていたのである。

　しかし、改革開放後、特に1990年代に入ってからは、国営企業の改革[2]に伴い、このような単位システムが大きな変革を迫られるようになった[3]。改革によって、福利サービスを提供する機能と構成員を行政的に管理する機能が単位から分離するようになり、これらの機能を新たに担える存在が求められるこ

とになった。そこで注目されたのが、住居ベースのコミュニティである。

中国の都市コミュニティに関する研究のほとんどは、行政が画定した「社区」と呼ばれる地理的範囲を対象としている。しかし、都市部のコミュニティは、「社区」という形式だけではなく、「小区」というもう一つの顔をも持っている。それぞれの含意については次節で明らかにしていくが、本章では、中国におけるコミュニティ形成と住民自治の可能性を探るためには、「小区」の発展に目を向ける重要性を示唆していきたい。

## 1．「社区」と「小区」：都市部の二つの顔

### ▼ 「社区」

「社区」は、費孝通が1920年代に"community"を中国語に訳した訳語であるとされ、1980年代後半から中国政府の政策で使われるようになり、2000年以降、「社区建設」の政策が大々的に推進されるようになった。都市における「社区」を理解するには、中国独自の「街居制」に触れなければならない。「街居制」の「街」は「街道弁事処」という政府の末端機関を指し、「居」は、街道弁事処の管轄下に置かれる住民組織の「居民委員会」を指す。人口密度に応じて100世帯から1000世帯の間に一つの居民委員会が組織され、定年退職者を中心としたスタッフたちが、党と政府の政策を宣伝し、街道弁事処から委託された任務を遂行すると同時に、「単位」に所属していない少数の「閑散人員」（組織に入っていない個人）を管理していた。すなわち、単位システムから落ちこぼれた部分を、街道と居民委員会がフォローするという体制であった。また、古くからある住宅以外、都市における住宅の大部分は、単位が建てた集合住宅を構成員に配分したものであったため、単位によって居住地である「街居」が決まるといってよい。

単位システムの転換を受けて、1980年代、居住地の組織である街道弁事処と居民委員会が、新たな福利サービスと社会的コントロールの担い手として提示され、「社区服務」（社区サービス）政策が登場した。「社区服務」とは、街道や居民委員会を中核とした「社区」内において、社区自身の手で構成員の需要を

満たすこと、及び社会問題の解決と予防を主な目的とし、多種多様な社会サービス活動を展開する事業である。都市における社区服務事業には、高齢者、障害者、児童を対象とした「特殊社区服務」と、家事の援助、住民の利便を計るためのサービス、文化的需要に応えるサービス、治安を守るための活動などの社会公益活動である「一般社会服務」が含まれている[4]。1989年に制定された「中華人民共和国都市居民委員会組織法」においては、社区服務事業は居民委員会が核となって遂行されるべき事業として位置づけられ、1993年には民政部[5]より「全国社区服務示範城区標準（社区服務モデル地域規準）」が公布され、全国的に統一された社区服務事業の規準と要求が明確にされた。その後各地で居民委員会を中心に、社区経済を発展させて活動資金を確保する試みや、社区内の住民代表大会によって居民委員会のスタッフを選挙する試み、さらに社区内に居民委員会が業務を遂行する拠点、そして住民が活動する拠点としての「社区服務センター」を建設するなど、社区服務を中心とした社区づくりの動きが活発化の一途を辿った。

　「社区」の含意がさらに明確化されたのは、2000年に民政部が「在全国推進城市社区建設的意見」（全国において都市社区建設を推進する指針）を公布してからである。居民委員会の機能を明確にし、強化するために、それまでの居民委員会を合併させ、1500世帯から2500世帯に一つの「社区居民委員会」に改組し、さらに住民選挙制度を強化し、公募制も併用するなど、居民委員会スタッフのレベルの向上を図った。同時に、それまでの社区服務諸事業を元に、社区環境事業、衛生保健事業、治安事業、社区党支部の組織化等を総合した「社区建設」事業を打ち出したのである。

　「社区」の地理的範囲と社区事業の方向性はすべて行政によって画定されたものであるため、「行政型社区」と呼ぶことができよう。それに対して、単位システムの転換と関連するもう一つの変化は、「小区」の出現であり、都市住民にとってのコミュニティを考える場合、行政型社区のみならず、新たな集合住宅形態である「小区」にも注目しなければならない。

第 3 章　都　市

▼　「小区」

　「小区」とは、外観が類似した建物がある程度広い面積内に規則正しく建てられ、内と外の区別が明確である「団地」だと理解してよい。小区の建設は必ずしも90年代以降からではないが、中国政府の第 9 次 5 カ年計画（1996－2000）において、都市部の住宅建設投資が国家の重点項目として掲げられるようになり、都市部では大規模な不動産開発が急ピッチで進められ、古い住宅がどんどん解体され、従来の「単位」を中心にした集合住宅でも、住居者の流動化が進んだ。

　中国の都市住宅制度の改革は1978年にまで遡るが、1990年代の半ばまでは、改革の成果が大きいとは言えなかった。改革前、単位から勤務年数や組織における地位に従って分配された住居は、たとえ単位の所属者が亡くなってもその子孫が住み続けることができた。78年以降、国営企業の集合住宅の払い下げと新築住宅の分譲が行われ、また同時に高所得者向けに「商品房」（分譲住宅）の開発を促進する取り組みも行われた[6]。しかし、劉敬文によれば、1980年代に次々と消費ブームが起こっていたにもかかわらず、都市部住民の住宅支出には大きな増加が見られず、消費支出全体のわずか6.8％（中には消費支出 2 ％を占める燃料費も含まれる）を占めるにとどまっていたという。そしてそのパーセンテージが2000年になるとようやく10％台に上ったという[7]。

　1998年 3 月に、朱鎔基首相が就任記者会見において、重点的に行う改革の一つとして住宅制度改革を挙げている。それを受けて、1998年 6 月に、「全国都市住宅制度改革・住宅建設工作会議」が開催され、住宅の商品化、住宅建設の加速などの方針が確認された[8]。2000年以降の都市における大規模団地の開発ブームのきっかけが、この会議だと言えよう。

　2000年以降に建設された小区の特徴として、以下の 4 点を挙げることができる。

1 ．全体を囲む塀と警備用のゲートが設けられた「ゲーテッド・コミュニティ」形式が主流であること
2 ．規模が大きいため、同じ小区内でも建設の時期にずれがあり、できあがっ

た建物の販売、入居が開始してもなお別の建物が建設されることが多く、小区への入居に時間差が生じていること
3．「箱売り」（内装は一切せずに、コンクリート打ちっ放しの状態）で販売が行われることが一般的であり、内装材料の生産と販売、内装工事が一大産業に成長していること
4．小区の自治組織として「小区業主委員会（所有者管理組合）」が開発業者と不動産管理会社によって組織され、小区の公共事務に当たっていること

　社区を「行政型社区」と呼ぶならば、小区は「契約型社区」[9]である。小区は市場ベースであるのに対して、社区は行政ベースであり、地理的範囲も社区のほうが広く、小区を管轄下に収めようとしている。しかし、小区形式の主流化は、民政部が打ち出している社区政策以上に、中国の都市における地域社会の様相を一変させる可能性がある。なぜならば「契約型社区」の場合、住民自治の土壌が豊富であり、逆に行政管理だけでは決して運営していけないことが明白だからである。小区は社区と同様、中国の都市における変動を考察するための不可欠な視点である。

## 2．コミュニティ形成と住民自治に関する問題提起

　中国的なコミュニティが都市部において形成されるとすれば、社区と小区がそれぞれどのような形でコミュニティを規定する要素となるのだろうか。政府が「社区建設」政策において盛んに提唱している「社区自治」は、いかなる土壌で、どのような条件があれば実現可能となっていくのだろうか。2節以降ではコミュニティ形成と住民自治の中国的意味を検討した上で、具体的な事例から考えていきたい。
　コミュニティ形成の意味については日本でも多くの研究がなされている。湯浅赳男は文明史的アプローチからヨーロッパにおける古代および中世の都市コミュニティ、中世イスラムのコミュニティ、近代化とコミュニティとの関係、そして東アジア（中国と日本）における地域社会やイエについて考察し、コミ

ュニティ形成のキーワードとして、テンニースのゲマインシャフトからヒントを得て、「自発性・共同知・共同性」を挙げている（湯浅 2000）。田村正勝編（2003）は、地域コミュニティの「再生」には「支え合う」ことと、「参加」による政策制定と実施の重要性を強調している。松野弘は地域社会形成について、主に政策活動と市民活動の視点から考察し、「参加・協働・自治」をキーワードに、市民主導型のまちづくりを主張している。このように、「コミュニティ」という言葉への理解として「住民による共同、与え合う・支え合う関係」が強調されており、コミュニティ形成の方法として住民本位の「参加・自治・行政や企業との協働」が望ましいとされている。

　中国では、住民による自治の促進は、「社区自治」という形を取り、2000年以降民政部が特に力を入れているプロジェクトとされている。住民の「自我管理、自我教育、自我服務、自我監督」（「4つの自我」と略される）がスローガンとして提示され、具体的には、陳偉東によれば、「外部の力による強制的な関与と介入を媒介することなく、社区内の各種利害関係者が民主的な協議と協力によって社区の公共事務を処理することに慣れている状態、かつ社区を自我教育、自我管理、自我服務、自我監督の秩序に導いていく過程」を指すと言う。アメリカのコミュニティ自治について、前山総一郎は「地区コミュニティでの自己決定を、公共計画・事業で達成する仕組みと権利」と定義していることから[10]、中国で言う「自治」は、「公共事業の意志決定に関する仕組みと権利」よりも、「公共事務の実施を共同で行う状態と過程」に重みが置かれていると言えよう。

　実際には、自治に対する様々な理念的、実践的制約が存在するのは言うまでもない。例えば北京行政管理学院教授で、法学博士である候且岸は、「市民自治の実現には、様々な防御措置を導入することによって少数者の多数者に対する統治の傾向を牽制することが必要である」と述べ、自治に当たっては制約的な権力の存在が必要だと主張している[11]。しかし、中国で提唱されている住民自治は単に行政のご都合主義に利用されたものにすぎないと決めつけるのは速断すぎるであろう。前記の陳は、「4つの自我」の含意について、社区成員が外的な圧力なしで、自発的に社区の公共事務に協力するような「行動様式」

「生活様式」もしくは「習慣」が重要であると強調している[12]。すなわち、「自治」の権利を保障した制度づくり[13] という視点のみでは、自治の可能性を見逃す恐れがある。制度の問題としてではなく、実際に居住する人々の行動様式、生活様式に深く関わる問題として考える必要があろう。

　行動様式、生活様式、もしくは習慣としての自治について考えるならば、「社区」という行政が制度を施行する場だけではなく、増え続けている新たな集合居住地である「小区」にも注目しなければならない。契約型社区である団地の自治から「自治の習慣」が育てば、行政型社区の自治の可能性も拓けていくと考えられるからである。団地内自治の萌芽を、吉林省長春市の事例で考察してみよう。

## 3．小区における隣人関係の形成と自治への可能性

### ▼　「水郷人家」の概要

　長春市は中国東北部にある中規模の都市で、人口は750万ほどである。不動産開発は90年代前半から始まっていたが、2002年以降は不動産開発が過熱しており、街の地図が確定できないほどである[14]。不動産開発の政策づくりを担当する市政府の担当者によれば、長春市では開発業者に対して開発面積の条件を設けており、面積4万平米以下は開発できないようになっているという[15]。現在、住宅街はごく一部の「開発待ち」の地域を除けば、市内全域に大規模団地の開発がほぼ行き渡っている。以下で取り上げる団地はその中の一つであり、市内を流れる唯一の川「伊通河」沿いに建設された「水郷人家」という団地である。

　「水郷人家」は長春市の東南部に位置しており、行政区としては「長春浄月旅行経済開発区」に属する。位置的には市街地のいちばん外れであるが、「水郷人家」の周囲には「銀湖柳苑」「園丁花園」「シンガポール城」「水岸春城」「富奥花園」など多数の新築団地が広がっており、新築団地のみで構成された地域だと言える。道路などのインフラもすべて新しく整備されており、各団地において、道路に面した建物の1階と2階部分が洒落た店舗の集まるショッピング街

となっている。そこからおよそ2キロ西に行くと、市政府の新しい建物が建てられる予定地があり、将来的には第二の中心街となることが期待されている。

「水郷人家」の開発を手がけたのは地元の不動産会社「長春市宇龍房地産開発有限公司」であり、2003年に開発が始まり、3期に分けて開発を進めているため、2005年8月現在はまだ建設中である。販売センターの情報によれば、2003年（第1期）の開発面積は2.4万平米であり、4棟の建物が建てられた。入居開始は2004年1月であり、2005年8月時点の入居率はほぼ80％、130世帯であるという。2004年（第2期）の開発面積は3.9万平米、11棟であり、2005年1月から入居可能となっているが、同年8月の入居率は40％、大体100世帯であるという。2005年（第3期）開発分は1万平米であり、筆者が調査した当時は工事の最中であった。従って、2005年8月の時点で住民はほぼ230世帯であり、世帯主の年齢は60〜80歳がほぼ2割、40〜60歳がほぼ6割、20〜40歳がほぼ2割となっている。

団地では建物の建設と同時に緑地や池、児童遊園、住民会館などの施設・設備も整備された。建物内の間取りのタイプが複数用意され、同一建物内でもタイプの異なる部屋が用意されている。建築面積が60〜80平米は「小戸型」（小さいタイプ）と呼ばれ、80〜100平米は「中戸型」（中ぐらいのタイプ）、100〜140平米は「大戸型」（大きいタイプ）、140〜240平米は「別荘型」と呼ばれている。多様な間取りのタイプが揃っていることから、若い世代も高齢者世代も、また金銭的に余裕のある人もそうではない人も、それぞれ手頃な物件を見つけることができ、年齢層も家族構成も生活背景も異なる人々が団地に集まることができた。

写真1　「水郷人家」の風景——建物と建物の間の緑地

一号棟の北側から撮影した写真。団地内の建物の外観が類似していることが分かる。緑地の中央に児童遊園があり、団地内の子供たちの遊び場となっている。遠くに見える高い煙突は、この地域全体に熱を供給する会社のもの。その手前に建設中の建物に使用されるクレーンも見える。

▼　新築団地内の近隣関係が形成・促進されるきっかけ：
「情報の非対称性」の存在

　筆者は2004年8月に初めて「水郷人家」を訪れ、団地の地理的な特徴や建物及び構内の特徴を把握した。その時点ではまだ入居世帯数が少なく、むしろ物件を見に来る購買客のほうが多かったという印象である。2005年8月14日から9月4日の3週間、筆者は「水郷人家」1号棟に入居した知人宅にホームステイをし、団地内の近隣関係の形成と展開を中心に参与観察とヒヤリングを行った。まず、今回の調査で得られた最も興味深い発見から述べていきたい。

　現在分譲中の他の団地と同じように、「水郷人家」の物件も、内装を一切しない状態で分譲されている。壁紙も床板も、キッチンの棚もトイレの便器もなく、玄関のドアはあるものの各部屋のドアはない。基本的な電気と水道の工事はできているが、コンセントの位置は自由に変えられ、洗面台の場所も洗面室の内部なら自由に決められる。要するに、住宅の「箱」だけを売るのである。

写真2　売り出される物件の内部
筆者がホームステイした部屋の隣室。左の写真に見える窓は、リビング側の南向きの窓。座っている男性は内装工事関係者で、これから内装工事に入る予定。壁に電源のコンセント、トイレやバスルームには水道管などの基本設備は入っているが、それ以外は何もないコンクリートの箱である。

　長春市でこのような「箱売り」（中国語では「毛坯房（モアオピファン）」という）形式で団地の部屋を分譲する方法の先頭を切ったのは、大連の不動産業者が開発し、一時期は長春市内で最も高級な団地として注目されていた「長春明珠」だという。その後、他の不動産業者も追随し、今はすべての団地がこのような形式で分譲されている。その理由について、不動産業者は「90年代初期に開発した団地では簡単な内装を済まして売り出したが、コストの関係で最も安い内装の材料しか使うことができなかった。するとほとんどの入居者はその内装が気に入らず、すべて外してもう一度やり直すようになっていた。新しい建物なのに、入居が

始まると公共階段や廊下は外された内装の建材で埋め尽くされていた。その痛い教訓があって、徐々に内装なしで分譲するというのが常識になってきた」と語っている。

　内装や建築材料について全くの素人である住民たちが、購入後自分の手で自分の家を好きなように内装していく。そのニーズに応える形で、現在長春市内には5ヵ所の内装材料専門の大型店舗があり、小型店舗は数知れないほどである。大型店舗に足を運んでみると、広々としたフロアに例えば床板だけを扱う店が何十軒も並んでいる、あるいはトイレや洗面台、浴槽だけを扱う店が何十軒と並んでいる、といった光景が眼に飛び込んでくる。様々なメーカーの商品を、様々な店が、それぞれ違う値段で売り出している。工事をする人に関するまとまった情報もなく、内装の素人にとっては、まさに「謎」だらけの世界である。新築団地に入居することとは、すなわち内装に関するありとあらゆる情報を自分たちで、できるだけ効果的に収集しなければならないことを意味する。難題は次から次へと襲ってくる中で、ほとんど唯一の頼りは、「経験者から有効な情報を得る」ことである。

　前記のように、団地の開発は段階的に行われており、入居の時期が分かれている。また、入居開始後も一斉入居はほとんど見られず、各家族の事情によって入居の時期の差がかなりある。筆者がホームステイした家族が入居したのは2005年8月上旬であったが、建物は第1期に分譲されたもので、2004年1月から入居可能になっていた。すぐ隣に住む家族は2004年4月に既に入っていたし、上の階の2世帯はこれから内装工事に入ることなどから見ると、第1期入居者（入居率8割）のうち、それぞれが違う時期に入居していることが分かる。

　入居時期の差によって、同じ入居者同士の間に「内装情報」に関する盛んなコミュニケーションが生まれる。先に入居を果たした住民は団地内で内装を始めようとする「新住民」を見かけると、「今度ここに入るのか」と声をかけ、話題がすぐに内装に移る。自分の家の内装工事で余った材料を「新住民」に無償で提供し、自分が内装していたときの苦労や経験、教訓を話す。そしてなによりも種別ごとにどこのメーカーやどこの店が信頼に値するのかについての意見を述べる。新住民も先に入居している住民を見かけると「今度○○号室に入

る者です」と声をかけ、話題はまたもやすぐに内装。情報交換が終わると「先住民」と「新住民」の間の「相互訪問（見学）」が始まる。新住民は先住民の家の内装を参考にするために先住民の家を訪ね、先住民は新住民にアドバイスするために、コンクリートを打ちっ放しの家を訪ねる。このような情報交換を中心としたコミュニケーションは同一建物内の範囲を超えて行われていた。

**写真3　先住民が新住民の家を訪れる様子**
筆者がホームステイした部屋より2階上の部屋。内装工事の最中にある。右側の男性はこの部屋に入る予定の「新住民」、左側の女性はこの建物にすでに住んでいる「先住民」。壁やライトのデザインと配置についてアドバイスしているところ。

「内装の必要性」「情報の必要性」、そして「入居時期の差」という3つの要素が、明らかに団地住民の間のコミュニケーションのきっかけとなっている。

▼　新築団地内の近隣関係が形成・促進される条件：
　　人間関係構築に対する積極性

さらにユニークなのは、いったんコミュニケーションが始まると、それが「内装」にとどまらなくなることである。定年退職した者同士が、互いにどんな仕事をしてきたのかについて話し、家族の話をし、家を購入した経緯や金額まで話す[16]。そしてそのうちに趣味の話になると、「今度一緒にやろう」という方向に行くことが多いように見受けられる。入居開始から1年あまりであるが、1号棟の1階の空いている車庫を利用して、定年退職した人たちが3つの麻雀卓を囲むようになり、天気が許される限り、毎日のように行われている。朝の太極剣も、最初は3号棟の趙さんが一人でやっていたが、いつの間にか10人以上の集まりとなっている。いつも夕食が終わる頃になると、団地の一角では持ち運べるテープレコーダーが置かれ、軽快な音楽が流れ出す。すると特に約束もないのに自然に人々が集まり、ダンスの輪を作る。そのような光景が、この団地の日常となっている。

## 第3章 都　市

　「内装」をテーマとした情報交換が、近隣関係が形成される糸口であるとすれば、内装の段階が終了した後にも人間関係が保持され、さらに多様な展開を見せるようになった理由はどこにあるのだろうか。筆者は、対人関係における中国人的な特徴、すなわちオープンさと積極性に注目したい。団地内の人々の会話を注意深く聞くと、収入や経歴などの個人的な情報が包み隠さずに話に登場し、趣味の話になると熱く語り、積極的に相手も誘う。

　「人間関係優先主義」は費孝通以来、中国社会の人間関係と社会構造を分析するキーコンセプトとなっている。園田茂人（2001）は、自己からの距離（親疎の度合い）によって行動様式を変える中国人の行動原理を「差序格局」と説いた費孝通の理論と、人情と面子によって自己を中心とした同心円的な人間関係のメカニズムを示した黄国光の理論を引用し、「家人」「熟人」「外人」に対して、それぞれ「欲求原則」「人情原則」「公平原則」に準じて、「面子」が立つように資源の交換を行う中国人の「行動文法」（園田茂人、01年）を、「関係主義」と定義している[17]。首藤明和は中国農村部での調査に基づき、「差序格局」によって社会的規範が主観的人情や面子によって相対化されるため、外部社会との交渉の不確実性が常態化する状況を指摘し、その不確実性を縮減させる構造として「包」（まるごと面倒を見る）の構造に位置づけられる仲介人の存在と役割を論じ、丸ごと面倒を見ることのできる仲介人が人間関係網の中心になると述べている[18]。胡必亮（2004）は「関係共同体」の理論的枠組みで分析し、それによれば「関係共同体」とは、物理学の「場の理論」を元にしており、関係する主体同士は、磁石のようにくっつき、その周りに「磁場」が形成される。関係共同体はまさに「社会的な磁場」だという[19]。関係共同体は制度的に保証されるものではなく、むしろ非制度的な存在であり、その範囲を規定するのは、当然血縁、地縁（同郷）、業縁（同業者）などが挙げられる。しかしこれらの絆が存在しない場合（新築団地はこのような場合に当たる）、「積極的な関係づくり」の行為が規定要因となると胡は分析している[20]。中国語には古くから「拉関係」や「套関係」という言葉があり、その意味は、そもそも特に関係のない人に積極的にアタックし、つながりを作ることである。

　「関係がなくても、関係を作りたい、つながりを持ちたい」、このような社

会的な性格が新築団地内の隣人関係が維持され、展開されていく重要な条件だといえよう。

　無論、「近隣人間関係網」形成のキーパーソンの存在を忘れてはならない。水郷人家では3人のキーパーソンがいる。64歳の李さん（男性）は長春市医薬公司の社長まで務めた人であり、制度的なリーダーではないが、強いリーダーシップを発揮している。新住民が遠出して内装の材料を買いに行かなければならない場合、李さんに頼めば車を出してくれる「先住民」を紹介してくれる。70歳の于さん（男性）は長年共産党の幹部を務めた人であり、筆者のホームステイ先のご主人の話を借りれば「人の気持ちをよく察する人で、ちょっと内気だが、とても穏やか」な性格だという。李さんのように目立った存在ではないが、住民同士のトラブルや衝突を未然に防ぐ役割を果たしている。同じく70歳になった張さん（男性）は長年解放軍のミサイル開発に携わる軍人であった。退役後は長春市の水道局に勤め、重要な職場を任されていたという。熱心で責任感が強く、夕食後のダンスタイムの発起人でもある。自分の家の植物に水をやる際には、いつもついでにバルコニーがつながっている隣家の植物にも水をやる、そんな張さんである[21]。

▼　非組織的、非制度的近隣関係

　この事例の考察で最後に指摘したいのは、水郷人家においては、住民たちは制度や組織に頼ることなく、「非組織的」「非制度的」なつきあいを楽しんでいることである。

　大規模な新築団地では、「物業管理会社」（団地内の公共的な設備の維持修繕を行う会社）が主導する形で、入居者による「業主委員会」（所有者管理組合）が作られ、団地内の公共事務の運営に携わっている。業主委員会を設立するには、建設が終了し、団地への入居がすべて済んでいなければならないという条件があるため、2005年8月の時点においては水郷人家ではまだ設立されていなかった。既に設立された団地の状況を見ても、業主委員会が実際に動きを見せるのは、物業管理会社との間にトラブルがあった場合に限るのがほとんどであり、日常的な団地内の公共管理は、むしろ物業管理会社がイニシアティブを取って

いると言える。清掃や植栽などの物理的な環境の管理のみならず、祝日になるとイベントを企画・実施するなど、団地の公共文化づくりを担う物業管理会社も多い。

2005年8月の時点では水郷人家は入居世帯がまだ少なかったため、物業管理会社によって「組織された」イベントはなく、業主委員会も設立されておらず、「制度的な問題解決の手続き」も決められていなかった。問題が発生したときには、入居者同士の情報交換とコミュニケーションによって解決が図られ、祝日の形式的なイベントではなく、日常的な娯楽と交流の場を自分たちの手で作り上げていた。

このように形成された住民たち「自前」の近隣関係は、業主管理委員会が設立されてからも崩れなかった。2005年6月に非公式な「業主小組」(所有者小組合)が物業管理会社の呼びかけでできたが、そのリーダーに選ばれたのが、上記の李さんと于さんであった。2006年6月に業主委員会が正式に成立してからも、日常的な娯楽と交流は何一つ変わらなかったのである。

## 4．自治の習慣づくりと自治の制度づくり

▼　自治の習慣づくり：小区自治の可能性と課題

上記の事例から小区における住民自治の「習慣づくり」の可能性が見いだせよう。郭毅ほか(2003)では、ブルデューとコールマンによるソーシャル・キャピタルの議論をサーベイした後に、次のように指摘している。「人間関係のネットワークに対する人々の依頼とそれを活用する程度は、遙かに制度設計者の想像を超えている。人間関係の力はもう一つの『見えざる手』として、多くの場合制度の有効性に影響を及ぼしている」[22]。小区という実生活の場からの自治の発信は、自治の制度づくりにも影響を及ぼしていくことが期待されよう。

しかし、小区自治の成功事例は、まだ個別のケースにとどまっており、一つの潮流をなしているとは言い難い。上海と北京などの大都市では、家を購入してもコーディネートから施工までを一任する内装業者に依頼する人が多く、隣人間のコミュニケーションのきっかけをつかめないでいる。また、団地間でも

差が大きく、隣人の顔を知らない団地も多い。その場合は、制度的な参加づくり、ネットワークづくりの取り組みの重要性が提起されよう。行政的に関与しやすい行政型社区においても、住民の切実な利益に基づいた契約型社区においても、習慣づくり、仲間づくり、人づくり、雰囲気づくりなどのインフォーマルなコミュニティづくりと、コミュニティ形成のための制度づくり、組織づくり、箱モノづくり、ルールづくりといったフォーマルなコミュニティづくりを同時に進めていくことが肝要だと考えられる。

長春市の事例では、自治にとって望ましいと思われる小区内の仲間づくり、人づくり、雰囲気づくり、参加の習慣づくりの可能性について見てきたが、制度づくりと組織づくりの可能性については、北京の社区の事例を簡単に紹介しておきたい。

▼　自治の制度づくり：社区自治の実現に向けて

前述のように、公式に住民自治の制度づくりと組織づくりが進められているのは、「社区」においてであり、その担い手は「社区居民委員会」である。しかし、社区建設事業の唯一の担い手とされる社区居民委員会は、自らの組織の性格をどう位置づければいいのかとまどう局面に直面してきた。制度上、居民委員会は住民自治を実践し、かつ住民にサービスを提供する住民自治組織と規定されているが、実際には「千本の糸が一本の針に通される」と喩えられるほど、行政の様々な部門から多様な要望と協力要請の集中砲火を日常的に浴びている。北京市東城区和平里興化社区居民委員会もそのような問題を抱えていた。そして解決策として考案されたのが、社区居民委員会の機能を一部分化させ、新たに「公共服務社」（公共サービス会）を設立することであった。

筆者がこの事例を知ったのは、「社区参与行動」という草の根ＮＧＯの代表宋さん（30代後半の女性）からである[23]。2005年8月、筆者は宋さんとともに公共服務社を訪ねた[24]。

2004年6月に成立した公共服務社が設立されたきっかけは、住民に体系的かつ柔軟なサービスを提供できるようにするためであったという。社区居民委員会は政府に依頼された仕事をこなすだけでなく、街道弁事処から派遣された

「協調員」(協力委員)[25]の仕事にも協力してあげなければならず、実質上最も末端の、超過重負担の政府機関と化していた。このような状況を打開すべく、興化社区居民委員会が考えたのは、住民にサービスを提供する機能を居民委員会から分離させ、それを専門的に担う公共服務社をつくることであった。

　社区の中にはもともと特定の技能を持った定年退職者やレイオフ者がたくさんいて、中には小さな店を構える人もいた。電化製品の修理、自転車の修理、電気配線の修理、散髪、料理屋など、みんなばらばらに自分の商売をやっていたが、これらの個人や小さな店を「公共服務社」に登録し、横のつながりを持たせようとしたのが、公共服務社である。社区居民委員会からスタッフが1人派遣され、公共服務社のチーフとなった。あっという間に50人以上の会員が集まり、組織が正式に発足することとなったのである。

　公共服務社の事例は、過重負担で動く社区居民委員会がいかに自治の制度づくりと組織づくりを進めることができるのかについて、一つのヒントとなるであろう。民政部門から注目が集まったのも、その可能性への期待によると思われる。この事例を聞きつけた民政関係者は、「これは新しい取り組みで、先進事例になる！」とすぐに駆けつけ、設立大会に参加し、組織の定款づくりにまでタッチしたという。しかし、民政部門の熱心さが逆にこの設立したばかりの組織にとまどいをもたらしたと宋さんは分析している。

　「せっかちなんですよ、民政の人たちは。とにかく早く成果がほしいということで、設立大会の当日に市長まで来て、ちゃんとした事業プランを出せばすぐにでも資金の援助をすると約束したんです」と宋さんは振り返る。だが、問題は組織をどう位置づけるか、組織の構成をどうするかという点で、民政部と社区居民委員会との思いにずれが生じたことである。「社区としては、住民の自組織(自発的組織)として位置づけ、社区居民委員会とは別の位置づけにしたかったようですが、民政部はそれを許しませんでした。社区党組織の指導の下、そして社区居民委員会の管理の下に置かれる組織として位置づけるべきだと指示したのです」(宋さん)。組織の構成についても、民政部の意向で社区服務を実施する住民だけで構成するのではなく、街道から派遣された6人の協調員もメンバーに入るようになり、住民が「社区服務」を行い、「協調員」が

「政務服務」(行政サービス)を行うという2本柱の服務社が誕生したのである。本来は純粋に自発的な住民組織に、行政の職員である協調員も入り、また社区居民委員会はそれに対して責任を負わなければならないこととなった。行政は自治を唱えながらも、すべてをお膳立てしようとする傾向があることを宋さんは指摘し、「行政命令からプロジェクトの委託へ」という発想の転換の重要性を主張している。

社区居民委員会と民政関係者だけが社区事業のすべてを担う場合、明らかに社区居民委員会は民政部の担当者に対して、自由に意見や不満を表明しにくく、結局は行政を喜ばせるために仕事をすることになりかねない。「公共服務社」のような自発的組織が社区事業に加わることが、制度的に、組織的に自治を発展させていくことにとって不可欠であろう。

## 終わりに

以上で1990年代以来の中国都市部の変動を、コミュニティ形成と住民自治の可能性という視点から、主に小区を対象に考えてきた。長春市の事例を通して、団地の物理的条件、人間関係優先主義的な生活態度、熱心なリーダーの存在により、住民間の連帯感や日常生活でのつながりが増えることを明らかにし、住民自治に向けての「仲間づくり、人づくり、雰囲気づくり、習慣づくり」の重要性を強調した。自治のもう一つの側面である制度づくり・組織づくりに関しては、北京市の社区の事例を通して、社区居民委員会の機能分化の必要性、自発的組織が社区事業に加わる必要性を主張し、制度づくりと組織づくりは行政任せでは実現しないことを示唆した。

小区と社区の性質の相違から、自治の習慣・雰囲気づくりと制度・組織づくりについて、それぞれ異なる方法が求められよう。小区では、日常生活に根付いた人々の連帯と共同性の意識の形成を目標に、それをサポートするための制度・組織づくりを目指す。社区では、制度的・組織的自治をベースにしながら、行政主導を避ける工夫をし、住民参加の意識を育てていく。小区で自治の習慣を身につけた住民たちが、社区の自治に参加していく、という発展型が望まし

いと考えられる。

　しかし問題は、自治の政策において小区と社区は区別されておらず、小区は行政上、社区の管轄内に収められていることである。増え続けている小区に、社区の行政的管理と干渉が追いつかない現状はあるものの、フォーマルな意味におけるコミュニティは社区だけである。住民自治の政策に小区を明確に位置づけ、社区との関係を再考し、「管理本位」から「サポート本位」へと転換していく行政の役割が求められよう。

　日本では、コミュニティ形成の問題と住民自治の問題は多くの場合、制度と組織の枠組みで論じられている。松野弘が戦後日本の地域社会形成の基本的視点についてまとめており、それによれば、歴史的に「農村社会の近代化の過程と行政過程を描いた構造分析」→「近代的地域社会の形成のためのコミュニティ政策論」→「現代的都市コミュニティ形成のための都市コミュニティ論と地方行政の社会過程分析」→「市民自治型の地域形成のための基盤づくりである参加のまちづくり論」→「市民自治型の地域社会形成のためのパートナーシップ型まちづくり論／協働論」という視点の変化が見られるという。[26] この流れから分かるように、いずれの段階においても注目点はほとんど政策、制度、そして各種組織の間の関係にある。

　中国都市部のコミュニティ形成と自治への可能性に注目することによって、我々は自治へのアプローチの多様性に気づく。日本では、地価に大きく左右された不動産価格の均質性と収入源の単一性に基づくコミュニティ住民の均質性、開発業者がほとんどすべてを用意してくれるため住民はただ住み込めばいいという状況があり、加えて一斉入居が一般的である。その結果住民同士にコミュニケーションの必要性、必然性がなく、人為的な組織化を図らなければコミュニケーションが全く生じないような状況がつくり出された。また、個人的な事情を話したがらない、他者に対しても立ち入らないことを常識とするシャイな国民性、ほかの人がやらなければ自分もやらないという横並び意識、そしてすぐに公式な制度や政策、組織に頼りたい社会的な心理。これらの物理的な要因と文化的な要因に、今まで以上に注目しなければならないのではないだろうか。制度づくりと組織づくりはもとより、住民の日常生活において、連帯を育て、

自然な参加形態を促進していく「習慣・雰囲気づくり」の工夫は、日本においても中国においても同様に求められるであろう。

注

1）何海兵「我国城市基層社会管理体制的変遷：从単位制、街居制到社区制」「我が国の都市社会管理体制の変遷：単位制、街居制から社区制へ」（中国社会科学院主催「中国社会学ネット（http://www.sociology.cass.cn）」より、2006年7月7日参照）。
2）1992年の「全人民所有制工業企業経営メカニズム転換条例」により、国営企業は経営権を民間に手放し「国有企業」となり、翌1993年には会社法（公司法）が成立し、「大をつかみ小を放つ（抓大放小）」の方針に従い、多くの中小国有企業が民営化された。90年代の改革により企業において「政治と企業経営との分離（政企分開）」がほぼ実現され、中国では先進資本主義国と同様の企業制度ができたと考えられている。
3）単位システムの変化は、単に個人が単位の管理から自由になったことを意味するのではなく、単位間において所有する資源の格差が急激に拡大した結果、単位への個人の依存がそのまま個人間の大きな格差をもたらしているという議論もある。
4）王剛義・趙林峰・王徳祥編『中国社区服務研究』吉林大学出版社 1990年、112ページ
5）住民の管理や福利厚生を担当する中央官庁。下部組織として地方の各レベルに民政局、民政科が設置されている。
6）90年代半ばまでの住宅制度改革に関しては、白英力（1998）の博士号取得論文（九州大学）において詳しく論じている。
7）劉敬文「国民消費意識の変化と消費革命」中藤康俊編『現代中国の地域構造』有信堂 2002年22〜50ページ
8）佐野淳也, 2000,「内需拡大策の側面を強める中国の住宅制度改革」による。http://www.ri.o.p/research/pacific/monthly/2000/200008/AM200008china.tml(2005.9.26参照）
9）王暁燕はこのような新しい団地を「契約型社区」と呼び、その特徴として、1．構成員が複雑であるという「異質性」、2．団地の運営が外の資源（主に物業管理会社を指す）に依存しているという「依存性」、3．利益の衝突が起きやすい

という「衝突性」、4．構成員と団地との関係は契約によって保証されているという「契約性」、5．非公式の団体が団地の運営において重要な役割を果たすという運営方法の「多様性」、6．自発的な参加と互助活動なしでは発展しないという「参与性」を指摘している（王暁燕「契約型社区的生成和発展」（「契約型社区の生成と発展」）北京社会科学院編『城市問題』2001年、23ページ）。

10）前山総一郎『アメリカのコミュニティ自治』南窓社 2004年、15ページ

11）候且岸「自治理念与城市社区自治的評価体系」（「自治の理念と都市社区自治の評価体系」）北京行政管理学院編『北京行政学院学報』2001年第1巻、10〜12ページ

12）陳偉東『社区自治──自組織網絡与制度設置』（『社区自治──自発的組織のネットワーク化と制度化』）中国社会科学出版社 2004年140〜142ページ

13）すでにある制度として、例えば社区組織の選挙の制度や、社区の権限と上層行政機関との関係に関する規定などがある。

14）地図が刊行されてもすぐに古くなり、「地図が違う」ことが「ご愛嬌」とされる。バス路線に至っては、「変動が大きいため、各自バス停で確認するように」と、「長春市区交通旅遊図」に注意書きが書かれるほどである。

15）2004年8月、筆者のインタビューによる。対象は男性50代、市政府不動産開発弁公室の主任である。

16）同じタイプの部屋でも、購入の時期や経緯によって価格が異なることがある。

17）園田茂人『中国人の心理と行動』ＮＨＫブックス 2001年、186〜193ページ

18）首藤明和『中国の人治社会──もう一つの文明として』日本経済評論社 2003年、99〜102ページ

19）胡必亮『関係共同体』人民出版社 2004年、11〜12ページ

20）同注19）、14ページ

21）2006年8月、筆者がこの団地を訪れたときに、張さんの働きかけにより、一号棟2階で北側のベランダの整備が実現していた。意見がまとまらないという理由で整備されていない棟もある。

22）郭毅・朱楊帆・朱熹「人際関係互動与社会結構網絡化──社会資本理論的建構基礎」（「人間関係における相互作用と社会構造のネットワーク化──ソーシャル・キャピタル理論構築の基礎」）中国社会科学院編『社会科学』2003年第8巻、64〜74ページ

23）宋さんは5年程前からそれまで勤めていた中国で最も有名な草の根ＮＧＯ「地球村」を退職し、社区自治の具体的な手法を開発・実践するための活動を立ち上

げた。現在は街道や社区居民委員会のスタッフの研修業務を行う傍らで、自治に関するいくつかの実践活動をも手がけている。その一つが、興化社区の「公共服務社」である。

24) この事例については李妍焱「社区建設事業の主体に関する考察――一極集中から多角化への可能性」日中社会学会編『日中社会学研究』第12号、175～197ページでも述べている。関連部分を修正・加筆した上で本稿に載せた。

25) 「協調員」はそれぞれ労働局、計画出産委員会、共産主義青年団、教育、文化スポーツなどの専門部署の命を受け、社区で各自の分野で住民に行政サービスを提供し、それぞれの活動を展開する仕事をしている。本来、協調員は社区居民委員会の負担軽減のために社区に来ているわけであるが、居民委員会の中では「上から来た人」という意識が未だに根強く、逆に協調員の仕事に合わせて人員の配置を決めたりしている。従って、「モノが言いにくい」「振り回される」ことで、居民委員会側が不満を抱くことも多い。

26) 松野弘『地域社会形成の思想と論理――参加・協働・自治』ミネルヴァ書房 2004年、11～27ページ

※本研究は文部科学省科学研究費若手研究（B）による研究成果の一部である。

引用文献（中国語文献は原題の通り掲載している）

陳偉東, 2004,『社区自治――自組織網絡与制度設置』中国社会科学出版社.
顧駿, 2001,「行政社区的困境及其突破」北京行政管理学院編『北京行政学院学報』2001(1): 12-4.
郭毅・朱楊帆・朱熹, 2003,「人際関係互動与社会結構網絡化――社会資本理論的建構基礎」中国社会科学院編『社会科学』2003(8): 64-74.
候且岸, 2001,「自治理念与城市社区自治的評価体系」北京行政管理学院編『北京行政学院学報』2001(1): 10-2.
胡必亮, 2004,『関係共同体』人民出版社.
李妍焱, 2006,「社区建設事業の主体に関する考察―――極集中から多角化への可能性」日中社会学会編『日中社会学研究』12: 175-197.
劉敬文, 2002,「国民消費意識の変化と消費革命」中藤康俊編『現代中国の地域構造』有信堂: 22-50.
前山総一郎, 2004,『アメリカのコミュニティ自治』南窓社.
松野弘, 2004,『地域社会形成の思想と論理――参加・協働・自治』ミネルヴァ書

房.
首藤明和, 2003,『中国の人治社会――もう一つの文明として』日本経済評論社.
園田茂人, 2001,『中国人の心理と行動』NHKブックス.
田村正勝編, 2003,『甦るコミュニティ――哲学と社会科学の対話』文真堂.
王剛義・趙林峰・王徳祥, 1990,『中国社区服務研究』吉林大学出版社.
王暁燕, 2001,「契約型社区的生成和発展」北京社会科学院編『城市問題』99: 21-4.
湯浅赳男, 2000,『コミュニティと文明――自発性・共同知・共同性の統合の論理』新評論.

(李　妍焱)

# 第4章 中国都市の貧困層問題

## はじめに

　長い間、中国の都市における貧困問題はあまり重要視されてこなかった。その理由は個人や家族の原因により生活難に落ちた一部の人々が普通は役所や勤め先につくられた救済のネットワークに助けられていたからである。ところが、計画経済から市場経済への転換の過程において、経済体制の変化、都市住民間の経済的収入の格差の拡大および深刻なインフレの持続、さらに社会保障体制の不備により、中国の都市における一部の住民は、生活水準の低下、または相対的な剥奪を感じるようになっている。以前の社会救済体系はもはや新しい時代に適しなくなっている。そのために、都市住民の貧困問題は顕在化し、中国農村の貧困問題とともに、社会の注目を浴びている。本章では、そのような貧困問題の実態と原因について論考し、解決の方向を探ることを狙いとする。

## 1．1990年代以後の中国の都市における貧困状況

　世界銀行の提供したデータによると、1980年代の末までに、中国の都市における貧困人口は減少の傾向にあったが、90年代に入ってからは、貧困人口は逆に顕著な増加傾向に転じている[1]。90年代中期以後、中国都市の貧困層の変化は、主として次のように現れている。

▼都市の貧困人口の継続的増加
　貧困を研究するにあたって、われわれは、貧困を絶対的貧困と相対的貧困の2つに区別するのが普通である。絶対的貧困人口とは、その地域の最低水準の

第4章　中国都市の貧困層問題

生活を維持することができず、社会的救済を必要とする人口を指している。1991年、民政部（性質はやや異なっているが、日本の旧厚生省に相当、訳者注）の救済対象となっている孤児、未亡人、重患者と身体障害者、並びに都市貧困家族などの人口は合わせて1660万人で、都市と鎮（農村の小さい町、訳者注）の全人口の5.4％を占めていた。

　ところが、1990年代以後、一部の企業、とくに国有企業と集団企業の収益の悪化は、数多くの社員の生活難および都市貧困人口の増加をもたらした。全国総工会（中国全国労働組合、訳者注）の資料によれば、1992年、中国において約700余万人の社員の実際の生活レベルは貧困状態に置かれ、その扶養人口（平均して3.03人）を計算に入れると、貧困家族の総人口は2000万人を超え、都市と鎮の総人口の6.2％を占めていた。1994年になると、全国の貧困社員数は、1200万人に増え、その扶養家族を入れると、貧困人口は約3300万人に達した。

　また、中国社会科学院の朱慶芳研究員の研究によると、1995年末まで、会社から賃金が1ヶ月以上支払われていない社員数は1000万人で、年金の支払い停止あるいは減額された定年退職者は151万人で、国家労働部の公表した登録失業者は520万人であった。以上の3種類の人数は合計1671万人で、もし彼らの扶養家族を入れれば、2890万人になる。さらに民政部の救済対象となっている身寄りのない老人、身体障害者および孤児などの190万人の弱者をもその計算に入れれば、その人口は、実に3080万人にも達することになる。しかし、その数字は、まだ550万人の休業者（会社の経営不振で職場から「一時」離れる会社員であるが、生活費が若干支給されている。訳者注）を含めていない。1997年から1998年までの間、中国の都市と鎮における貧困人口は、少しも減ることなくずっと約3000万人ぐらいであった[2]。

　21世紀に入ってからも、都市の貧困人口は、全体的には減少していないが、前世紀と違っているのは、一部の貧困層が「都市最低生活保障ライン」を保障されるようになったことである。2002年1月に「都市最低生活保障ライン」を保障されている人口は1235万人であった。2001年の年末に都市の貧困者数は3100万人であると推測される。言い換えれば、保障されている人数は全体の40％にしか達していないということである。しかも、ここで言う貧困者とは都市

の戸籍を有する都市住民を指すものであり、もし都市戸籍を持たずに、都市で生活している農民工を統計に入れれば、実際、都市の貧困人口は、さらに数倍増えるであろう。

相対的貧困人口とは他の人々と比較して収入の低い人口を指している。普通、都市住民の平均収入より50％以上低い人を相対的貧困人口とするのである。国家統計局の関係資料によると、1990年、中国の都市には貧困家族（家族の1人当たりの月収は60元以下）が大体7.38％であったと推測されている[3]。また、中国人民大学社会調査センターが1994年全国サンプル調査を行ったが、その調査によれば、その年の都市住民1人当たりの月収は224.14元であり、それに基づいて計算すれば、貧困ラインは122.04元で、その調査で明らかにされた相対的貧困家族は調査されたサンプル数の22.7％であった。また、同じ年に北京市は、都市部の8つの区を対象にサンプル調査を行っている。その資料によると、調査された39.8％の人は自分の収入が中より下のレベルで、18.1％は下のレベルであると答えた。これらの数字は、きわめて高いように見えるが、上述した貧困状況を考えれば、決して「理解できない」「信用できない」ものではないであろう。

### ▼都市貧困人口の構成の変化

目下、大量の失業者、休業者（または長期休業）、経営難に陥った企業の一部の社員と一部の定年退職者は、すでに都市貧困層の主体となり、これらの人々は都市低所得者全体の88％を占めている[4]。それ以前、都市貧困層の主体は、ほとんど労働力の喪失者、身寄りのない弱者およびまともな収入のない人びとで、これらの人びとの貧困は、主として個人、または家族の原因によってもたらされたのである。この3種類の貧困者数は相対的に安定していて、社会に与える影響は比較的に小さく、また当時の都市貧困層における比率も次第に縮小しつつあった。

現在の都市の貧困層の主体は、主に社会構造の変化によって引き起こされたものであり、社会経済体制の転換および産業構造の調整の過程では避けられない現象でもある。もちろん、政策実施の一部の不当性も、地域間の社会経済発

第4章　中国都市の貧困層問題

展の不均衡を起こして、新しい貧困層の地域的分布を形成している。社会経済体制の転換の加速および産業構造の調整の進展に伴い、上述した都市の新しい貧困層は、今後比較的に長い間さらに増加していくであろう。これらの人々の貧困状態を解決して、彼らを新しい社会経済構造の中に組み込ませることは、社会システムの変化の成否に関わるだけではなく、未来の中国の社会構造のあり方にも影響するものである。

### ▼都市貧困層の貧困度合いの増加

　2001年に実施した全国の43,640戸を対象にした都世所帯のアンケート調査によれば、調査された5％の貧困家族（国家統計局の定義に基づいて区分する）の1人当たりの年収は2464.8元で、全国平均の6859.8元より1.7倍低く、もっとも高い年収の家族より5.13倍低かった。貧困家族の多くは、収入よりも支出の方が多いため、借金を頼りに生存を維持している。2001年、貧困家族の食品消費支出の割合（エンゲル係数）は49.3％で、全国平均より11.4％高く、もっとも高い年収の家族より20％高かったのである。そのために貧困家族の食品消費の量は少なく、質は低く、また栄養は著しく不足している。貧困家族の主な食品の消費量は、全国平均より低く、特に肉類、家禽、鶏卵、水産物および乳製品などの高タンパク質の食品の消費は、全国平均より62％以上も低い。貧困家族の耐久消費財の購入も少なく、彼ら1人当たりの耐久消費財の年間購入金額は平均して33元で、全国平均より6.6倍低く、もっとも高い年収の家族より24.3倍も低いのである[5]。

　社会保障制度の不備および国有や集団企業の急速な増収増益が不可能な状況のもとで、都市における多くの新しい貧困層の収入はなにも保証されていない。失業者や休業者はもちろんのこと、定年退職者の年金も目減りしている。彼らのほとんどは、職に就いた時、無料待遇の医療保険とその他の厚生福利を享受していた。しかし上述したように、中国の数多くの都市ではサラリーマンの最低労働賃金保障制度および市民最低生活保障制度がすでにつくられているが、実際、本当に保障されているのは、貧困層の一部分に過ぎない。そのために、これらの制度が整備され、その機能が十分発揮されるまでには、まだかなりの

道のりがありそうである。

　一部の商品、特に食品などの日常生活の必需品の価格高騰および求人率の低下の厳しい状況のもとで、都市の貧困層の生活条件は益々悪化の傾向にある。都市の新しい貧困層にとって、再就職を通じて収入を手に入れる機会はあまり多くはない。特に国有企業や集団企業が集中し、新しい産業が増設されることの不可能な地域においては、失業者や休業者の再就職は極めて厳しく、その中でも、多くの女性休業者の再就職は男性よりもさらに厳しいものである。多くの失業者と休業者は、仕方なく少ない救済金、または少ない生活補助金を頼って日々の生活を過ごしている。関係諸機関の調査などによると、女性休業中の売春者数は上昇傾向にある。瀋陽、丹東、阜新および鉄嶺などの都市では経済収入の減少や企業の賃金の不払いなどの原因によって、離婚した女性休業者の比率も上昇している。都市貧困層の貧困度合いの増加は、すでに潜在的な一大問題になっている。実際、各地で起きた社会の安定に不利な事件の多くは、多かれ少なかれ貧困問題に関わっている。

### ▼都市貧困層の利益の相対的な損失

　中国の都市住民の平均収入の急速な増加と対照的に、都市貧困層の利益は相対的に損なわれており、これによって彼らの不平不満の感情は高まっている。国家統計局の公表した資料によれば、1990年から2001年までの間、中国の都市住民家族の一人当たりの年収は、1522.79元から6907.08元に増え、その増加率は353.6％であり、年間増加率は32.1％であった。しかしそれと同時に、貧困層家族の１人当たりの年収はあまり大きくは増えていない。1990年から2001年までの間、貧困層家族の１人当たりの年収は859.92元から2497.32元に増えたが、その増加率は190.4％にすぎず、年間増加率は17.3％であった。したがって、貧困層の収入の増加は、全国の平均増加率の約半分である。言い換えれば、彼らの経済状況は平均との格差がますます拡大しているということである。さらには貧困層の実際の生活水準が下がる時もある。彼らは、社会と経済の発展のメリットをまったく享受することができないか、または一部しか享受することができないため、反抗心が起きやすく、社会の統合や社会的安定性を脅かし

ている。

## 2．都市貧困層の貧困原因に関するマクロ的分析

### ▼産業構造の変化

　以上に見てきたように、失業者や休業者の増加に伴って、都市における貧困者数は増加の傾向にある。都市貧困層の貧困原因は、マクロ的に分析すれば、社会構造の面において起きた比較的大きな社会変化、例えば市場経済への転換などを挙げることができる。

　中国の国有企業の多くは、大体1950年代につくられたものであり、当時国民経済の発展水準は比較的低く、産業構造も比較的遅れていた。またそれらの企業のほとんどは、採掘、鉄鋼製造、圧延、金属加工、紡績、化学品製造および機械製造などの基幹産業に集中していた。1990年代に入ってからは、中国の産業構造は大きく変わり、商業、サービス業、金融業、情報産業およびハイテク産業が中国の産業構造に占める比率が急速に高まっている。例えば、中国のGDPに占める第三次産業の比重は、1970年代の15％足らずから2001年の34.2％に上昇した。産業構造の急激な変化のもとでは、多くの国有と集団の企業は、この変化に適応しきれず、依然として従来の本業だけを守っている。その結果、経営はますます悪化している。したがって、国有企業の衰退は、ただ管理体制だけの問題ではなく、産業構造の変化にも大きな原因がある。目下、生産停止、半ば停止、また休業人数のもっとも多い企業のほとんどは、上に指摘したような衰退した産業や業界に集中している。

### ▼就職体制の変化

　1980年代以後、中国の就職体制は、計画体制から市場体制に変わっている。この大きな社会構造の変化および構造変化の不均衡により、古い体制は、すでに無くなったが、新しい体制は、まだつくられていない。その他にまたいろいろな原因もある。そのために、都市における失業者と休業者は急速に増加して、都市の貧困層問題を引き起こしている。

目下、中国の都市における失業者と休業者の総数に関する推測は沢山あって、統一した結論には達していない。全国の休業者数は1750万であるという言い方があれば、それよりもっと多いという言い方もある。多くの研究者は、1998年の都市の失業登録者数は全就業者人口の3.3％であると考えている。これに対して、筆者は中国人民大学の姚裕群教授とともに、全国の失業者と休業者に関する調査に基づいて、三種類に大別している。すなわち、第一種類の登録失業者は全体の31.6％で、第二種類の休業者（会社は生産停止に陥ったが、本人はまだ会社との繋がりを保っている）は57.4％で、第三種類の待業者（新卒者）は11.0％であった。登録した失業者数が全体の31.6％だったので、これに基づいて、1998年の全国の休業者と待業者を含めた失業者の総数は1912万人であると推測されたのである。いずれにしろ、失業と休業の問題は、失業者数と失業率のどちらから見ても極めて厳しいということである。
　そこで失業問題と就業体制の変化との関連を説明する前に、まず中国の都市における就業体制の変化過程に触れておく必要がある。建国初期から「文化大革命」が勃発するまでに、中国の都市は、国家統制型の就業体制をしだいに形成させ、労働力は、ほとんど国家によって統一的に配属されていた。そのために、その時代において失業問題はほとんど存在しなかった。しかしながら、各職場は余剰人員や効率低下の問題を抱えており、また低賃金制度を実施していた。この制度は、実際、文化大革命の中ですでに危機を迎えていた。1968年毛沢東氏の呼びかけのもとに、多くの都市の若者は農村に「下放」された。このやり方は、都市の余剰労働力の増大と失業危機の爆発を遅らせる一時的な弥縫策にすぎなかったのである。したがって、都市の失業問題は、計画経済の時代に早くも現れていたのであるが、直ちには爆発しなかったのは、このような政治的に強い手段で隠していたことによるものであった。
　文化大革命終結後、多くの知識青年は、都市に戻って就職を待っていた。こんな膨大な待業人口に対して、国家は、彼らの就職をすべて解決する能力をすでに持たなくなっており、そのことによって、自由労働市場が生まれた。国家は、待業者が自分で職を解決することを奨励した。自営業と自由職業の誕生および自分で職を探すというこうしたやり方を奨励することは、労働力が自由に

労働市場へ流れるルートの形成を促進した。もちろん、国家は、当時の国有企業に対して比較的に強い権限を継続して持っていた。都市の待業青年の就職の圧力を和らげるため、国家は、国有企業により多くの社員を取るように通達したりした。しかしこのことが、実際には潜在的な危機を孕むことになった。その後、1980年代と1990年代の市場競争のなかで、この潜在的な危機はついに爆発した。そのために、目下国有企業が余剰人員、多くの部署および効率の低下問題を抱えており、さらに大量の失業者と休業者を出していることは、国有企業が当時就職難の圧力を緩和させることによって、「社会に貢献した」ことにも関係しているのである。

周知のように、労働力の市場化のメカニズムは、3つの部分から構成されている、すなわち、その一は労働力の企業へ流れるメカニズムであり、その二は労働力価格の市場決定のメカニズムであり、その三は企業の求人が国家経済の状況に影響されるメカニズムである。以上の3つの面において、中国における労働力の市場化のメカニズムは、3つともまだ十分に機能しているのではなく、労働力の企業へ流れるルートはまだ多くの非市場化要素に阻害され、労働力の価格は、まだ市場に決定されておらず、さらに企業の求人も多くの人為的な要素に妨げられており、市場によって決定されていないのである。目下、現れた大量の失業者と休業者は、決して労働力市場の発展した結果ではなく、労働力市場のメカニズムがまだ成熟していないことによって引き起こされたのである。目下の研究とそのデータは、いずれも中国の都市における失業が基本的には構造的失業であり、全体として労働力需要不足型の失業ではないことを証明している。また都市の失業と休業の問題を解決する方策は計画経済の体制に逆戻りするのではなく、労働力の市場化の改革をさらに推し進めなければならないことをも物語っている。

### ▼単位体制の変化

1949年以後、中国の都市は、しだいに単位体制を形成させていった。単位体制のもっとも大きな特徴は単位組織とそこに所属するメンバーとの権利の交換関係である。単位のメンバーは、単位内に数多くの権利を享受し、例えば賃金

表1　失業と休業の原因

| 辞めさせられた失業者（全体の79.9%） || 自分で会社を辞めた者（全体の20.1%） ||
| 原　因 | % | 原　因 | % |
|---|---|---|---|
| 企業の生産停止休業整頓 | 28.6% | より高い収入を求める | 35.2% |
| 企業の採用取消し閉鎖と破産 | 11.4% | 元の会社の仕事や待遇に不満 | 27.9% |
| 会社のリストラ | 32.0% | 将来性がない | 17.1% |
| 契約期限の満期 | 4.7% | 元の会社の複雑な人間関係 | 8.1% |
| 契約期間中の解雇 | 8.8% | | |
| その他 | 14.5% | その他 | 11.7% |
| 合　計 | 100 | | 100 |

とボーナスのほかに、単位から住宅、医療、低価格の食堂・商店での消費および子どもの就学などの福利厚生である。他方では、交換として単位は個々のメンバーに対して多くの管理権を有し、例えば結婚、子どもの出産および離婚などは、単位の許可を必要としていた。このメンバー達が単位内に多くの福祉と権利を享有する体制は、1949年から経済改革までの中国の都市社会に平均主義的経済モデルを実現させ、この平均主義的経済モデルは、また相対的な意味において都市の住民を貧困集団に落とさなかったのである。

　経済改革後、特に1990年代に入ってからは、単位体制は市場経済の大きな衝撃を受けている。その中で、まずもっとも大きな衝撃は単位の終身雇用制度の変化であろう。就業体制は、計画経済から市場経済への方向変換に伴って、失業と休業はしばしば見られるようなった。〈表1〉は、1998年に筆者と姚裕群教授が失業と休業に関して行った全国の調査データである。〈表1〉に見られるように、失業と休業は、辞めさせられるものと自ら辞めてしまうものという二種類に大別できる。この二者の中では、辞めさせられる方は多く、全体の79.9%を占めている。〈表1〉に挙げた、辞めさせられた理由は、企業の生産

停止、休業整理、企業の採用取り消し、閉鎖、破産、リストラ、雇用契約の満期および契約期間中の解雇などである。これらの理由は、終身雇用制度が単位ではすでに終焉し、単位はもはや社員の永久的な避難港ではなくなったことを証明している。それと同時に、少なからぬ社員は、自分で会社を辞めている。言い換えれば、社員の観念も変わり、ある単位だけに終身留まりたくないという観念が生まれたことをも見逃してはならない。自分で辞職を選んだ圧倒的に多くの人たちの理由は、より多くの収入を求め、または元の単位の仕事と待遇に不満を感じたことである。したがって、単位体制の変化も、人びとに多様な就業の機会を提供している。

その次に、単位が社員に与える福利厚生の恩恵が、次第に減少していることを指摘することができる。例えば、住宅体制の改革は、社員の福利住宅を無償配分から住宅商品に変え、単位内の食堂、商店および招待所（宿泊施設）などの福利施設も市場経営に変えられている。多くの経営不振や赤字経営の企業は、すでに社員に世間並みの賃金や福利厚生サービスを与える能力すらもなくなっている。目下、中国の東北地域、中部地域と西北地域において給料一時停止の企業が相当ある。

さらには伝統的な単位の吸引力が大いに低下し、その単位に就職する若者がますます少なくなっていることを指摘しておこう。これに対して、新しい市場体制を取り入れた外資系企業と私営企業は、収入が高いので、若者の多くはそこに就職したがっている。そのために、全体的に見れば、単位体制は衰退しているといえよう。

最後に指摘したいのは、都市にはいかなる単位にも属していない都市住民も現れていることである。例えば、自由職業者、自営業、株売買者、切手売買者および都会になんら先の見通しなく流れてくる農民工などである。

## ▼都市の社会保障体制の変化

市場経済の導入は、中国の都市における社会保障制度を単位内の保障から社会の保障に変えようとしている。いま問題となっているのは、一方では以前の単位保障はすでにぼろぼろになっており、または部分的に解体しているにもか

かわらず、他方では社会保障制度がまだ築かれていないことである。

　ぼろぼろになった単位の保障制度については、すでに前の項の〈単位体制の変化〉のなかで述べたが、そのような状況のもとでも単位の保障制度は、まだ単位の定年退職者の年金と医療費の支出を抱えている。中国の都市における絶対多数の国有企業と集団企業は、1950年代につくられ、すでに数十年の歴史を有しているので、数多くの定年退職者を抱えている。これらの定年退職者に支払う年金も、実は企業の収益から支出されているので、単位にとっては大きな負担となっている。それが原因で、単位の定年退職者の保障はいまでは大きな問題となっている。

　目下の改革の方針としては、新しい社会保障体系は、単位内のものではなく、社会的なものでなければならないことになる。いままで都市の年金医療に加入している勤労者は、全国の従業者数の単に50％だけであり、失業保険への加入者は63％で、養育保険への加入者は9％で、傷害保険への加入者数は15％であるにすぎない。そのために、新しい保障体系は、まだ都市の人口をカバーしていない。この体系からカバーされない部分の弱者集団は貧困に陥り易いのである。現在、中国の都市における社会保障は、法の不備と資金の不足の問題を抱えている。資金の面において、一部の鎮の最低生活の保障資金さえも解決されていない。

▼収入分配の仕組みの変化

　上述したように、経済改革以前、中国社会で実施したのは平均主義的経済分配政策であった。1949年から1976年までの収入の分配政策の狙いは、個人間の収入の格差を縮めることにあり、その方針に沿って、その期間には、数回にわたって高給取りに対して減給を行っている。それと同時に、厳しい配給制度をもつくった。これにより、生活必需品がほぼ公平に都市住民に配分されていた。経済改革後、中国は、経済効率の優先政策を実施し、「一部の人々を先に豊かにしよう」というスローガンを打ち出した。1970年代の終わり頃から、勤勉者への奨励と怠け者への懲罰という制度が各企業で導入されはじめた。また、1980年代の半ばに「利潤から税金へ」の改革および1980年代の終わり頃から

1990年代の初め頃までの「営業利益の請負制」の実施により、企業の賃金分配の自由権は拡大され、それと同時に、企業間や同一企業内の社員の所得の差も拡大している。

　他方、私営企業、外資企業、合弁企業および香港、マカオと台湾の企業は数多く進出した。これらの企業の分配制度は、中国の伝統企業とまったく異なっている。経済体制の改革および市場メカニズムの導入は、国民に発展の機会を与えているが、同時に競争によって引き起こされた貧富の差を広げている。現在、中国にはすでに年収百万元の階層、さらには千万元と言われる階層が現れ、彼らの年収はサラリーマンに比較すれば、まるで天と地の差である。億万元の年収と対照的に、貧困層も現れている。したがって、都市の相対的貧困問題は、特定の分配仕組みによってもたらされたのである。

### ▼戸籍制度の変化

　経済改革以前、戸籍制度、配給制度および人民公社管理体制などの制限により、農民の都市への出稼ぎは許されなかった。そのために都市には貧困農民の問題はもちろん存在しなかった。1985年、中国共産党中央委員会と国務院が正式に「農民が都市で商店や工場を開設し、サービス業を起こして、労務を提供することを許可する」という通達を出した。それ以来、数多くの若い農民は、農村を出て都市への出稼ぎをしている。目下、各都市に流れている農民工は、9000万人から1億余人までの間であると推測されている。

　農民工は、都市で特殊な労働力の市場を形成し、その市場の労働力の価格は、都市戸籍を有する市民より安い。都市で働いている農民工は、医療保険などの社会保障を受けていないのが普通である。そればかりではなく、農民工の就労は極めて不安定で、職を失ったり、解雇されたり、都市で職に就いていなかったりする農民工の比率はかなり高い。そのためにかなりの農民工は、都市に入った後、大抵は一時的に貧困に陥ることを経験しており、また少なからぬ農民工は、貧困のため犯罪に走っている（これについては第8章でやや詳しく取り上げられている）。農民工の犯罪比率は比較的高く、北京や上海の統計によれば、2つの都市の人身傷害罪の75％は農民工が起こしたものである。また農民工の

集中する地域はスラム街になりつつあることをも指摘することができる。そのように大きな社会問題の1つであるにもかかわらず、今までの都市貧困層の研究は、ほとんど農民工を研究対象から除外し、この階層の社会保障を無視している。

### ▼計画経済から市場経済への変化

　以上で述べたように、中国の社会構造のもっとも大きな変化は、計画経済から市場経済へ変わったことであり、この変化は後に社会構造のいろいろな面の変化をも引き起こしているのである。都市において、市場経済への変化によってもたらされた貧困問題は、すでに若干示唆しているように、主に国有企業に現れている。国有企業は一連の改革を行ってからは一応市場経済のレールに乗せられてはいるが、国有企業自身の管理メカニズム、または政府の国有企業に対する制御のメカニズムはまだ市場に適応していない。そのために1990年代の半ばから多くの国有企業は経営不振に陥り、多くの失業者と休業者を出している。労働部門の不完全な統計によると、1996年6月まで、全国で破産、生産停止および生産の半分停止の企業は4.2万社に達しており、651万人の社員に影響が及んでいる。その他に隠れた失業者はまだその統計には入れられていない。例えば、給料停止や給料一時停止の社員は統計からはずされ、実際の失業問題は統計よりさらに厳しいものである。1990年代の終わり頃から2000年までの間、失業者の再就職率は年ごとに低下し、例えば、1998年の再就職率は50％で、1999年は42％に、2000年は35％にそれぞれ下がっている。それに加えて、大学の新卒者の就職も難しくなっている。したがって、21世紀の就職の情勢はより厳しくなろうとしている。2003年まで、中国の国有企業の余剰人員はまだ全体の3分の1も占めている。今後の改革に伴って、これらの余剰人員も失業者や休業者の列に流れていくであろうと思われる。以上で見たように、都市の貧困問題の解決は、決して簡単なものではない。

## 3．都市貧困層の貧困に関するミクロ的分析

　ある個人、またはある集団の貧困は、実は多くの原因によってもたらされたものである。以上のマクロ的な原因のほかに、ミクロ的な原因もある。ミクロ的な原因とは個人または家族の原因を指している。
　〈表2〉に見られる2001年の中国の都市における貧困家族の状況は、もっとも収入の多い家族と比較すれば、次のような差が見られる[6]。〈表2〉に示されるように、都市の貧困家族の人口は多数存在しており、逆に就職者率は低い。したがって、就職者の扶養人口が多いことになる。そのために、生活への圧迫は大きく、常に支出が収入を上回っている。しかし、国家の都市住民への手当ては、通常の勤務をしている人に与えられることになっている。その結果、就労者が多く、収入の高い家族は多くの手当てを受け取ることになり、就労者数が少なく、収入の低い家族は逆に手当が少ないのである。

表2　中国の都市住民の家族状況の比較

|  | 平　均 | 最低収入世帯 | 最低収入の中に特に貧困の世帯 | もっとも収入の高い世帯 |
|---|---|---|---|---|
| 調査個数（戸） | 43,840 | 4,384 | 2,192 | 4,384 |
| 1世帯の平均就職者率（人） | 3.10 | 3.51 | 3.57 | 2.64 |
| 1世帯の平均就職者率（％） | 53.23 | 43.87 | 42.58 | 60.60 |
| 就職者の平均負担数（人） | 1.88 | 2.28 | 2.35 | 1.64 |
| 1人当たりの平均年収（元） | 6,907.08 | 2,884.70 | 2,497.32 | 15,219.98 |
| 1人当たりの平均消費支出（元） | 5,809.01 | 2,690.98 | 2,450.91 | 9,834.20 |

都市住民の貧困を引き起こすもう1つの原因は、家族成員の戸籍の種類である。一部の農民戸籍から都市戸籍に変わった家族、および都市戸籍と農村戸籍半々の家族は貧困に陥り易い。農民戸籍から都市戸籍への変更には2種類ある。その1つは、国家の重点プロジェクトの建設や都市の拡大に農地が徴用されたための戸籍の変更である。これらの新しい都市住民に対して国家は補助金を与えているが、金額はそれほど多くはない。さらに彼らの補助金の使い方にも問題があるため、生活はかならずしも改善されていない。

　もう1つは、一部の幹部や職員の家族が関係のある政策に合致しているための戸籍変更である。この2種類の都市戸籍への変更の家族は、一部の農地、またすべての農地を放棄したため、農業で生計を立てることができなくなってしまう。また農民から都市住民になった彼らは、教養や技術のレベルが高くないので、都市の生活と生存の競争に適応せず、職業、特に高い収入の業種に就く機会をつかむことがまったくできない。そのために、彼らの多くは、往々にして収入のない待業者となって貧困に陥っている。都市戸籍と農村戸籍半々の家族とは、農村で妻子を持ちながらも自分一人だけが都市で働いている家族を指している。この家族は、都市での生活費がかかると同時に、農村の生活も必要とするので、生活への圧迫は非常に大きい。以前の調査によると、上述した人たちは、都市のサラリーマンの貧困層の約三分の一を占めている[7]。

　都市の家族成員の健康状況と家族文化も、生活状況と密接に関わっている。関係のある資料によれば、貧困層のなかに、戸主、または他のメンバーが重病にかかっているため、貧困に陥った家族が少なくない。また家族文化については、冠婚葬祭に無駄なお金を使ったり、一人っ子政策の違反で罰金を取られたり、法に触れて刑務所に送られたり、投機取引に手を出して損をしたり、さらに悪い生活習慣を身につけて享楽に走ったりするようなことが挙げられる。実際、これらの貧困原因は、さらに貧困を引き起こす悪性循環的なものにもなるのである。

## 4．中国の都市における貧困の解決策

### ▼一般的に考える

　戦略から言えば、中国の都市における貧困問題を解決する抜本的な対策としては、中国の農村の貧困問題の解決策と同じように、人口の増加を抑えて、生産力を大いに発展させるということである。世界銀行の新しい発展レポートによると、中国の一人当たりのＧＮＰは約1000米ドルであり、一人当たりのＧＮＰが2000米ドル以上に達した先進国と比べれば、その開きはまだ大きい。また先進国の国民生活と比較すれば、中国国内の高所得層の生活もたいしたものではない。簡単に言えば、中国の国民所得は全体的に高くなく、それを一人当たりで分配すればもっと低くなる。これに対して、平均主義の分配方法で貧困を解決しようと主張する人がいるが、これは中国の現状に合致するものではない。

　他方、われわれは、市場経済という環境とその大原則のもとに貧困問題の解決策を研究しなければならない。そのために、都市の貧困問題の解決案は、国家、企業、または社会のなんらかの団体に貧困層の生活や貧困層の就職を全部任せて解決してもらうのではない。過去のような強い行政手段で、強制的に企業により多くの社員を採用することを通して貧困を解決する方法も、今日ではすでに通用しなくなっている。われわれがいまできるのは、主として貧困層自身の素質を高め、就職の環境を改善し、労働力市場のメカニズムを機能させ、貧困者自身で職を選択して、自分で貧困を解決することである。それと同時に、収入分配政策の調整と改善を通じて、社会保障制度をつくり、またその制度を健全なものにすることである。

　具体策としては、現段階において都市の貧困層の拡大を抑え、貧困問題を緩和させて、貧困の負の影響を無くすために、次のようなことをしなければならない。

▼都市の最低生活ライン保障制度の改善

　2000年1月まで、中国全国の668の市と1689の地方政府所在地の鎮は、すべて都市住民生活最低ライン保障制度をつくっている。それまでに、中国の都市における社会保障は、単位ごとにつくられたもので、これに対して、近年つくられた都市住民生活最低ライン保障制度は、ついに単位の壁を壊して、都市住民全員を保障対象にするのである。しかし、目下、この制度は、主として次の三種類の人びとを保障している。すなわち、第一は、職に就いておらず、生活費の出所がなく、労働力が喪失し、また誰にも扶養されていない都市住民であり、第二は、家に働いている人がいるが、扶養家族数が多く、また所属する会社の経営悪化により収入が減って、貧困に陥った都市住民であり、さらに第三は、災害に遭った都市住民と長年にわたって認定された都市の特別貧困家族である。都市住民生活最低ライン保障制度の実施により、収入が生活最低ラインより低い都市住民はみな救済対象になっている。もちろん、会社の経営不振、生産停止、生産の半分停止、または会社の破産によって貧困に陥った会社員とその家族も救済の範囲に入っている。

　都市住民生活最低ライン保障制度は、統合的なシステムである。この制度の中国での設立は、まだ一連の付帯的措置を必要としている。なぜなら、これは都市の末端組織の協力、各地域の保障ラインの設定、救済資金の調達と管理および関係のある医療や年金保障制度の改革などに関わっているからである。

▼社会保障を中心とするネットワークをつくる

　その基本目標は次のような一体化、社会化、動態化および多元化である。一体化とは、所有制の壁を壊して都市範囲の一体化を実現し、社会保障が本当に社会を保障するようにすることである。社会化とは、元の単位保障制度を徹底的に改革して管理サービスの社会化を実現し、社会保障は社会によって運営するようにすることである。動態化とは、経済状況の変化に基づいて社会保障の水準を絶えず適当に調整し、社会経済の発展に連動させ、保障金額を固定してはならず、また、その金額を過度に高く引き上げたり、または低く引き下げたりして社会経済の発展を妨げないことである。多元化とは、調達資金のルート

を多元化し、すなわち国家、集団と個人の三者が合理的に負担して、ともに責任を負うことである。こうすれば、社会成員の基本的生活需要は、社会保障制度によって保障され、また社会経済の良性循環の機能も働くことになるであろう。

　社会保障体制の改善の面において、都市における退職老人の保障体制の改革は、特に重要である。近年、多くの経営不振および多額の損失を出している企業は、すでに彼らの年金の支給を一時停止したり、または完全に停止したりしている。元の単位保障は、もう今日の社会に適しておらず、単位保障は、早急に都市年金保障に変えなければならない。目下、都市年金の改革は、各地の実情に基づいて多様な年金制度を試行しなければならない。すなわち、一部の単位体制がまだ健全に存続している地域に対して、引き続き単位体制の優越性を発揮し、単位体制が崩壊している地域にたいして、逐次に統一した年金保障制度をつくって、以前の各単位の分散した年金保障を政府の統一管理下に一元化させることである。統一した年金体制の管理の面において、年金政策や資金管理を統一し、立法の過程を通して年金のための税金を徴収し、また資金の使用に対する監督機構をも作らなければならない。

　その他に、退職者の再就職は、彼らの収入や生活の質を高める上で大変重要なもので、有能な退職者の再就職のルートを拡大しなければならない。

## ▼生産的な就業を拡大し、労働市場を改善すること

　社会経済をより早く、均衡的に発展させ、就業機会の地域間の均衡を保たせると同時に、第三次産業、特に社会サービス業と家庭労務サービス業の迅速な発展に力を入れなければならない。統計によれば、アメリカの社会サービス業と家庭労務サービス業の就労者は35.5％であるのに対して、中国はまだ3.9％である。そのために、中国におけるこれらの業界の就労の潜在力、特に女性の就労の潜在力が大きい。それと同時に、われわれは、適切に第二次産業をさらに興してより多くの就業人口を増やさなければならない。なぜなら、目下、中国では第二次産業の就労に適している労働力は絶対多数を占めているからである。また長い目で見れば、全産業における第二次産業の比率は今後も逐次に低

下していくが、これは絶対量の減少を意味するものではなく、逆にその絶対量は絶えず増加の傾向にある。そのために、就職希望者に対する訓練（特に休業者の再就職の訓練）および就職の相談と仲裁などに力を入れて、競争の公平性および各種業界の従業員の正当な権利を守らなければならない。さらには、貧困家庭の人も職に就いて貧困から逃れ、またその他の人が貧困に陥らないように、さまざまな支援を行わなければならない。

### ▼家庭文化の建設と生活態度や善導

　貧困の支援は志の支援でもある。支援に当たって、貧困者自身が勉学と仕事に努め、勤勉と節約の精神を養い、家族同士の相互補完の役割を発揮して、ともに難を乗り越えることを励まし、夫婦別居の問題を解決し、同居生活の条件を整えて、長期計画の下に節約するように支援し、また、家族文化の建設に力を入れ家族の社会的保障機能を掘り起さなければならない。これらのことは、本来すべての家族が重視すべきものである。

　最後に、社会保障の付帯措置の改革、収入分配システムの改善、収入格差の拡大のコントロールおよび社会的公平の実現を行うと同時に、マスコミを含むさまざまな有効手段を使って、高所得層の生活様式と消費行為を健全な方向に導かなければならない。贅沢や浪費に反対し、勤倹節約や刻苦奮闘などの精神を提唱し、貧困者への救済を励まし、よい社会風習を形成させなければならない。こうすれば、貧困層の剥奪感はこれにより緩和されるであろう。マスコミは、他人の高消費の真似や見栄っ張り消費などの風習に批判を加えなければならない。要するに、貧困問題の解決は、ただ貧困者自身の問題だけではなく、彼らの置かれた環境を改善しなければならず、また彼らにただよい物質だけを提供するのではなく、その他の社会階層の行為や態度にも注意を払って、ともによい社会環境をつくらなければならない。

注
1）世界銀行『中国90年代扶貧戦略』中国財政経済出版社、1993年
2）朱慶芳「3）城鎮貧困人口特点、貧困原因和解困対策」4）中国の雑誌『社会

科学研究』1998年1月
3）李強『当代中国社会分層与流動』中国経済出版社、1991年
4）[中国城市社会救済制度改革研究]課題組「7）中国城市社会救済現状及改革思路」8）中国の雑誌『社会工作研究』、1995年6月
5）中国国家統計局『中国統計年鑑』、中国統計出版社、2002年
7）江流他『1996―1997年中国社会形勢分析与予測』中国社会科学出版社、1997年
6）呉寒光他『社会発展与社会指 12）標』中国社会科学出版社、1991年

(李　強)

# 第5章 中国の大学改革の進展と大学生

## はじめに

　ほぼ周知のことであるが、1990年代前後に中国は社会主義計画経済体制から社会主義市場経済体制へと本格的に転換した。そのような改革といった社会経済情勢のもとでは、教育とりわけ高等教育（以下では、高校教育等を含む場合には高等教育とし、高校教育等を含まない場合は大学教育とする……訳者）は文化の伝承、知識の創造の担い手をつくるという意味で、中国社会の物質文明および精神文明の建設の中で、その役割と作用はきわめて重要である。したがって、高等教育は政府や社会の諸分野において日増しに重視されるようになっている。そのような状況のもとで、高等教育はかつてない多面的な変化の様相をみせているが、変化・発展のもとで国際化、産業化、情報化の3つの特徴があることを指摘することができる。そのような変化の特徴は我が国において長期にわたる大学改革の進展によってもたらされたと考える。この章では、3つの特徴を簡単に確認し、次いで大学改革の推移をやや具体的に跡づける。そして市場経済の導入にともなう社会構造の変化のもとでの大学生の現状と問題について論及する。

## 1．大学教育における3つの特徴

### ▼高等教育の国際化について

　世界の経済関係が日増しに緊密になっていくにともなって、国際政治関係は日増しに複雑になっており、世界的な知的ネットワークは絶えず拡大し、それぞれの民族の個性が大きく突出するもとで、大学教育における国際的関係もま

すます緊密になっている。いわゆる先進諸国はもとより、いわゆる途上国もまた、大学教育における国際交流・国際協力にますます注目し重要視するようになっている。民族教育体系の新たな構築のために、世界各国の大学教育を参考にして、わが中国もまた、大学教育の近代化を進める過程にある。

　鄧小平が1983年に「中国は教育の近代化を目指し、世界と未来を目指す必要がある」と述べているが、それは３つの内容としてまとめられる。第一には、視野を世界に広げ、わが国にとって有益な科学技術・教育においては、世界中の経験を吸収・理解し、それらを参考にしてわれわれの教育の内容・方法・手段などを制定していくことである。第二には、国家建設において全世界的な視野をそなえた人材を育成することである。第三には、世界にたいして中国への理解を求める、つまり具体的には、世界の平和と発展に寄与するのが中国文化であるという理解を求める必要があるということである。この３つの提起は、中国の教育戦略においては国際的な高等教育を自覚的に開始し、国際化を強力に推進するにあたっての大きな標識としての意味をもつものである。

　中国の高等教育の国際化は、留学生の招致と派遣、科学・技術の交流・協力、国際的に聯合した学習管理、人材の共同育成、図書情報の系統的な国際的ネットワークの確立など多方面にわたって進められている。1978年に中国は、国費留学生の公開選抜試験を全国的な範囲にわたって実施しはじめた。1978年から2004年末までに、いろいろなかたちで出国した留学生数は814,884人、留学から帰国した数は197,884人、留学生として出国して国外にとどまっている数は61.7万人、そのうちで42.7万人は学習、共同研究、学術交流などにたずさわっている。

▼高等教育の産業化について

　1990年代中頃に、大学教育における産業化が教育改革の焦点となった。この問題は社会、家族、個人の発展にとって大きな問題であるがゆえに、各学界から全社会まで大きな関心を呼んだ。

　1985年に、国務院は、わが国の産業別大分類の項目として、教育を第三次産業の中に組み込んだ。このことは中国政府と学界が教育における産業的性格を

公式に認めたことを意味する。その後、教育と産業についての論議が継続的に展開され、教育の「産業化」について正式に提出されたのは1992年である。その後も、教育が産業であるかどうか、あるいは産業化の方向へ進めるかどうかの論議は継続して展開されている状況が続いている。

　中央の教育部が教育の産業化にたいしてきわめてはっきりした態度、すなわち「教育は産業としての性格を有しており、産業化は不可避である」という態度を持っているにもかかわらず、教育の産業化をめぐる論争は一向にとどまらず、しかも定説はないのである。しかしながら、このような時期の中国の大学教育の発展的変化について考えてみると、中国の大学教育は市場機構の一環にすでに組み込まれているという現実があり、教育の産業化は基本的にはすでに進展しつつある、と言えるのではないだろうか。具体的に指摘するならば、学校教育を支える勤務サービスの社会化、計画経済体制下における学校すべてを包含する管理体制の改変にともない、後方勤務サービスの実態が逐次学校から離れて、市場機構に照応するようになった。このことは、学校教育を支える勤務サービスの社会化、集約化、専門化など、経営の高度化をうながした。

　更に言えば、大学における科学技術園の形成と開発が、この時期における中国の高校の改革でも重要だったことを指摘することができる。大学における科学技術園は高校にも作用した。すなわち、科学研究機構が高度な科学技術産業と科学技術研究の成果を集結する方向へと発展したのである。知的資源の開発に依拠して、中国あるいは世界の経済・社会の発展に影響を及ぼすことを、政府もまた重視するとともに支持したのである。さらには、大学教育の費用にたいして学費徴収を実施し、大学教育費用の政府負担の歴史に終止符を打ったのである。

　改革開放政策実施後の中国は、経済体制の改革に付随して、学校は国家財政による充分な資金を得ることができなくなり、自己資金として財源を社会的に獲得せざるをえなくなった。そのような状況の進展のもとで、政府もまた教育の産業化政策を推し進めた。学校が社会的に自己財源を持つことの合法化の過程を意味するということである。

第5章　中国の大学改革の進展と大学生

▼高等教育の情報化について

　高等教育における情報化は、現代における教育技術の智能化の原動力であり、大学教育の系統だった変革と発展を全面的に推進するものである。それは知識経済が新しい型の教育形態の過程に照応することを意味する。マクロの視点から見るならば、それは大学教育機構における管理、教学、科学研究、社会的サービスなどの領域に及ぶことを意味する。他方、ミクロの視点から見るならば、高等教育機関の情報化が施設建設、教学資源建設、人材育成機構の建設、管理制度の建設などを基礎づけることを意味する。これらは多面的に相互影響、相互連関、相互促進、相互制約などとして作用し、大学教育の情報化についての重層的な青写真作成に影響を与えた。

　1990年代はじめから開始されて以降、中国の大学教育における情報化は不均等発展段階の過程にあるが、学校の情報管理系統はすでに確立しており、キャンパスネットワークと多媒体による数学的運用もまた顕著な進展をみせている。とりわけ21世紀に入ってからは、基本的にすでに存在しているハード面のネットワークに基づいて、遠隔教育、VOD視聴覚資料の共同利用、電子図書館等が急速に発展している。

　情報教育の教学方式は教学手段と方法の研究およびその実践を促すことになり、中国の教育改革を一歩一歩進め、発展することに必然的に結びつくのである。

　総じて言えば、1990年代以降、中国の国内外における政治・経済・文化環境の変動にともなって、中国大陸の大学教育は、国際化、産業化、及び情報化（大学教育のネットワークへの組み入れ）の実現に向けて着実に歩み始めたのである。そのような背景のもとで、中国の大学教育では一連の改革が進行し、さらには重大な変化が始まったのである。

　あらかじめ述べておくが、大学生は１つの特殊な社会集群を形成することになり、転換期として絶えず変化する社会環境のなかで、彼らの価値観や思想・意識及び行動様式には時代の烙印が深々と打ち込まれ、往年のようなあり方とは異なる価値観と行動様式へ向かっているという特徴がある。

## 2．中国における大学教育改革の推移

**▼改革の時期区分**

　中国の格言に「流れる水は腐らない、常に使っている戸は虫に食われない」というのがある。その言葉は、万物は絶えず変化し日々新たになるという特有の生命力を持っていることを意味する。したがって社会について言えば、改革はすべてきわめて重要であるということになる。とりわけて瞬時に大きく変化するとも言える最近の世界では、改革にともなう難問とも言える課題が山積しているなかで、改革は社会生活の全分野に浸透するようになった。

　新中国成立以降50年余りが経過したこんにち、大学教育を考えるにあたって、中国大陸の高等教育の歴史的考察にもとづいて改革について考えるならば、大学の歴史は改革の歴史であるとも言えよう。この期間における大学に起こった変化は、基本的には社会環境の変化と密接に関連している。したがって、新中国成立以後の大学教育については次のように時期区分することができよう。

　第1期（1949－1966年）；革命後の新しい管理、改造、発展の時期。
　第2期（1966－1976年）；「文革」の10年、大学教育の破壊を蒙った時期。
　第3期（1976－1990年）；改革開放政策下での大学教育の全面的な調整の時期。
　第4期（1990－現　在）；社会主義市場経済構築過程のもとでの大学教育。
「文革」期の10年を含めて、伝統と現代、東方と西方、国内と国外、新しいものと旧いもの、これらの関係という問題をどのように処理するかが継続して論議されており、改革と発展をめぐる諸問題もまた中国高等教育の一貫したテーマである。

　1）「文革」前の17年
「文革」前の17年の内、1949年から1957年までは社会主義的改造の時期であり、大学教育の基本的性格は「旧きを除き新しきを広める」という言葉に尽きる。この段階の時期における大学教育は、内外の2つの経験を参考にして改革と発展を進めた。1つは、国内の革命戦争の時期における教育経験の継承と発展である。もう1つは、当時のソ連の教育経験を学び援用することである。この時

第 5 章　中国の大学改革の進展と大学生

期の問題としては、伝統的な教育の経験およびソ連以外のヨーロッパ諸国の教育経験を摂取することを拒絶するというスタンスであったことを指摘することができる。したがって、我が国の大学教育には、伝統的教育および国際的教育の継承にある種の断絶を生じさせることになった。伝統的教育とヨーロッパの教育には優れた点が多々あるにもかかわらず、その吸収と援用がなかったことによって、我が国の大学教育の発展に著しく不利な結果をもたらすことになった。

　1958年から1966年までの社会主義全面建設の時期における大学教育は、「旧きを除き新しきを広める」という段階を経て、批判と調整が進行し始めるのである。教育思想におけるいくつかの対立的見解と激烈な論議に充ちていた時期である。しかし、「反右派」「教育革命」「大躍進」などの大規模な政治運動が展開される過程で、高等教育は「旧きを除き新しきを広める」ことの継続を余儀なくされ、教育とは無産階級に政治的に奉仕すべきであること、及び生産労働と結びつくことという以前からのすでに確認されている基本方針に沿って、調整が進められた。それはかの「文革」の前奏曲であった。

　2 )「文革」の10年

　1966年から1976年までのいわゆる「文革期」は、大学教育が「反動」という扱いによって甚だしく破壊された時期である。

　3 ) 混乱の是正、全面改革、未来の展望

　1976年の「文革」終結後、とりわけ1978年12月の中国共産党中央委員会第11期「三中全会」以降、中国の大学教育改革と発展は、「混乱の是正、全面改革、未来の展望」という時期に進んだ。

　この時期はさらに次のような 4 期に区分される。

　　1977年～1982年　　回復・発展の時期
　　1983年～1988年　　加速・発展の時期
　　1989年～1991年　　安定・発展の時期
　　1992年～　　　　　積極的発展の開始の時期

　大学教育改革が無秩序で混乱状態にあったため、1978年に始まった「混乱の是正」策は主に以下のようであった。

1. 教育の確定は社会主義的な近代化建設（「建設」という表現は単に創設するだけでなく発展させることも含意している　訳者注）の重点である。
2. 教師の社会的および政治的地位を高めることを強調するとともに、中国の知識分子の圧倒的多数が労働者階級の構成部分であることを明確にする。
3. 大学教育の科学分類構造および専門構造に関しては、1980年を起点として、政治・法律、財政・経済、そして理工系では繊維・食品などといった専門の比重がまずは次第に増加していき、数年後に文化系が増加していくという経過をたどるなかで、職業学校も若干生まれてくるのである。
4. 成人高等教育を強化し、研究生の育成および留学生教育業務を強化する。
5. 1985年には中国共産党中央は《教育体制改革に関する決定》を公布した。それによって大学改革における入学計画と分配制度についての自主権が拡大したが、さらには私立大学もまた新たな生命力を誇示し始めるのである。

70年代から90年代にかけての20年余りの努力を経て、中国の大学教育の新しい制度的枠組が基本的に構築されるに到った。そのような基礎づけにもとづいて、中国の大学教育改革もまた縦横に発展する方へ向かった。事実と実践の両面からまとめてみると、大学教育における主な改革は、管理・指導体制の改革、学科・専門構造の改革などであり、教育そのものとしては、教育思想、教育内容、教育過程・教育方法という3点における改革である、と言えよう。

### ▼管理と指導体制の改革

我が国における管理・指導体制の改革については、政府と大学との関係の調整、及び学習管理と活力の増強を主な目的としている。

1）大学教育の学習管理体制の改革

計画経済の時期の中国では、大学教育の学習管理は政府が全面的に統括していた。1990年代に入ると、中国では大学教育の学習管理体制の改革が進行し始めた。重点的な改革目標は、大学教育を自主的な学習管理に向かうような法人としての実体を持たせること、政府は大枠において管理すること、学校が社会

に対しては自主的な管理体制をもつこと、といった改革を逐次確立することであった。このような時期には、政府と大学、中央と地方、国家教育委員会（日本の文部科学省に相当　訳者注）に相当と中央の各行政部門などの関係のあり方の調整が進められ、中央と省（自治区、直轄市）両者の学習管理のあり方が逐次形成され、社会の各界の参与のあり方が新局面を迎えることになる。

　政府と学校の関係においては、政治的原則と法律にもとづく大学の権利と義務にしたがって、大学は自主的な教学管理を有する法人としての方向に進むことになった。具体的には、入学定員、専門分野の調整、内部組織の新設、幹部の任免、経費の用途、勤務評定、賃金配分、及び国際的共同研究・交流などが、必ずしも同じでない個別の状況に応じるように、各大学の教学自主権が一歩一歩拡大している。政府の学校にたいする直接的な行政管理、法律の運用、定款、規則、情報サービス、政策指導、必要な行政手段の行使などは、大枠において管理するという方向へと変化している。

　2）大学教育における教員資格管理の改革

　まずは、大学の各部門において大規模な人員整理が進行するのである。2001年からは、各大学で大規模な人員整理がなされた。例えば、中国人民大学では党委員会関連機構でほぼ3割の人員整理がなされて、幹部クラスでも30人ばかりが転職するということに現れているように、幹部間における選別・競争が始まるのである。

　次に指摘できるのは、学校教学と研究組織の管理方式の改革がなされたことである。校、系、教研室から校・院・系という三層管理という組織方式への改革が進行し、独立性の強い教学管理が可能になることによって、教学管理の積極性が喚起されるようになった。例えば、18系統の学科を持っていた西安交通大学が10系統と1体育部に整備され、技術と科学の大学院が52系統から42系統に整備されるといったことが挙げられる[1]。

　3）人事管理と分配制度の改革

　教員の任命制度及び教員間全員の協同制度の改革が進むと、分配制度の改革もまた進行し、教育現場における労働賃金から職務賃金へと移行し、職務評価が導入されるようになった。つまり職務に応じた分配、優れた仕事にはそれだ

けの報酬があるということにほかならない。1999年に清華大学が率先して全員にたいしてそのような方針の制度化を実行した。具体的には、6700人の教職員にたいして、4100人になるような人員整理を敢行し、自主的に管理と分配機構を確立・発展させていった。本部配属人員800人、その他の人員1500人という規模で人員整理を行ったが、そのような改革によって、学科建設、人材育成、研究と管理業務の力量の向上が目指された。このような自主的・積極的な改革は国内外の大学に大きな影響を及ぼした[2]。

4）高等教育における学生管理の改革

第一には、社会主義市場経済体制建設の必要性に応じて、1997年に完了した普通高校の入学生改革ではすべての生徒からの学費徴収が制度化された。

第二には、普通高校の入学定員の拡大。1999年に、共産党中央と国務院は第三次全国教育業務会議を招集し、普通高校の入学定員を大幅に拡大することを決定した。具体的には22万人の増加計画が速やかに進展した。

第三には、卒業生の就業制度の改革。高校卒の就業制度改革と大学の入学定員改革とは呼応して進行した。1990年代に入ってからは、それまでの国家による統一的な入学政策を改めて、国家の指令はマクロなレベルで調整する程度にするとともに、入学者数の統一的な配分制度をも同様に改めた。このような改革の経過にともなって、卒業生の自主的な就業選択が可能になり、「双方からの選択」という方向が制度化されて、就業の自主選択制度へと一歩一歩移行していった。

5）高等教育の財政及び財務管理の改革

まず、大学の財政管理機構における改革については、政府はやはり大枠において調整することになり、異なる学校・学科にたいしてはそれらにおける区別の仕方について一定の基準を示すというかたちで、独自の基金形成を進めさせた。国家及び地方の予算の枠外の教育経費については学校が法律に則って資金を集めることができるとされた。

さらには、大学教育における学費改革が進行する。1992年に、中共第十四次代表大会では、社会主義市場経済体制が明確に提起され、資源配分においては市場機構が基本的な作用を及ぼすことが強調された。我が国はそれまでは無償

の大学制度を一貫して維持してきた。しかし1994年以降、政府は高校の学費制度改革に逐次力を大きく注ぐようになった。全国普通高等学校の一律学費徴収が1997年に開始されたのはまさにそのことの現れである。この時期に「義務教育段階は無償、非義務教育段階では一定の比率で学費を徴収」という考えの道筋を辿った。無償教育から学費の受益者負担への移行が表明され、我が国の大学教育が学費にたいする受益者負担制度へと完全に移行する過程へと進んだのである。

6）高校指導体制の改革

高校の指導体制とは、学校の機構設置、服従関係、権限配分など多面的な体系と制度の総体を意味する。これについては広義と狭義両面を有している。広義には、高校指導体制は学校の外部関係と内部関係の両方を含んでいる。他方狭義には、高校の内部にたいする指導体制を意味する。ここでは主に狭義の指導体制の改革として述べる。

建国以来、我が国の高校指導体制は幾多の改変を経てきている。「文革」期を除いては、我が国では高校にたいして5種類の指導体制が実施されてきた。1950年では校長責任制が、1959年には党委員会指導下での校務委員会請負制が、1978年には党委員会指導下での校長分担請負制が、実施されてきた。具体的には、重大な問題にたいしては、校長と組織の提起を受けて党委員会が決済することとし、学校の日常的な政務は校長の責任とするということである。1981年党委員会指導下での校長分担制が改変され、校長の権限と責任が突出することになる。1987年以降、校長の請負制の試みが圧倒的に多くなる。そして、1989年に中共中央は《党建設強化に関する通知》を発表した。この通知では、「大学・大学院は党委員会の指導のもとでの学長請負制とする。どのような指導体制であろうともすべて党委員会が政治的核であり、思想・政治業務・幹部の管理などを全面的に指導するものであり、同時に、行政指導における独立的責任業務・行政事務を統括する」とされており、高校改革が大学へと及んできたことを意味する。

中国の大学指導体制の変遷は、党政との関係をどの様に処理するか、集団指導と個人責任との関係、指導層と一般人民との関係が継続して論議されてきた

のである。まとめて言えば、党の指導、校長請負、民主的管理、民主的監督などが、中国の高校における指導体制の具体的現れということになるであろう。

## ▼高等教育思想の変化

　教育思想の改革は、教育改革・整備にたいして常に重要な作用を及ぼしてきた。1987年の中共第11期3中全会前後、我が国の教育思想改革はおおよそ以下のような経過を辿る。

　第一次の大転換は70年代末から80年代初めにかけてである。この時期には「文革」期も含まれるが、「智育第一主義」への批判が続いているなかで、徳育と智育を対立させる状況を変える方向に進みはじめ、大学が文化科学的知識をも教授する方向へ進む。

　第二次の大転換は80年代後半である。この時期には、前の時期の知識偏重教育のみが進行したことにたいして教育界では一定の反省がなされ、諸個人の総合的素質を高めることの重要性が強調されはじめた。さらには、学費納入後の教育の公平問題がますます人々の注目するところとなった。

　第三次の大転換は90年代後半である。この時期には、政府は「注入増加が前提、体制改革は鍵、教学改革は核心であり、教育思想と教育観念の改革が先導する」[3] とはっきり提示している。

　第四次の大転換は21世紀初頭である。この時期には、それまでの高等教育の発展観に立脚して、長期的展望として、「量と速度を重く、質と効果を軽く」という観念から、それらの調和的発展の観念へと進んでいる。

## ▼学科と専門構成の改革

　大学教育における学科構造は大学の科学分類構造とも呼ばれている。それは知識の部門分類あるいは専門区分の大きな学科領域及びそれらの相互の関係である。高等教育の専門構造は大学に設置される専門の種類である[4]。

　学科と専門構造の改革は90年代に入ってからはじめて開始されたわけではなくて、我が国では、学科と専門構造の調整と改良は、それ以前からも一貫して進められていた。その目的は、学科と専門構造をその時期における社会の実際

第5章　中国の大学改革の進展と大学生

的必要に応じ、我が国において有用かつ高度な人材をさらに多数育成し、国家建設にさらに大きく寄与することである。

　このようにして、90年代に入ると、大学の学科・専門構造もまた問題点として浮かび上がってきた。1994年以前までの我が国の学科構成は、工科、農科、林科、医薬、師範、文科、理科、財経、政法、体育、芸術の11科であった。90年代前半の我が国はまさに経済・社会・科学技術などの構造的転換期にあった。すなわち、計画経済構造から社会主義市場経済への構造転換、伝統的社会構造から近代的社会への構造転換、伝統的技術構造から先進技術及び高度な新技術への構造転換の時期にほかならない。したがって、市場経済の発展、政治・法律の強化、第三次産業の急速な増大などが、この時期の主要な社会的特徴と言えよう。さらに言えることは、人材育成における構造と規格の要請に変化が生じたことである。これらすべての状況が90年代はじめの専門構造の改革への要請を厳しく提起したのである。

　1994年には、学科構造の更なる合理化のために、我が国は学科構造の調整を大幅に進展させた。すなわち、先に挙げた11科から、哲学、経済学、法学、教育学、文学、理学、工学、農学、医学及び管理学の10科へと調整したのである。

　5年の調整期間を経て、学科構造は一定程度改善されたが、例えば基礎学科と応用学科との配分が照応していないといったようないくつかの問題が、90年代後半期においても依然として存続していた。応用学科の設置が少ないと、社会発展の要請には満足に応えられない。伝統的学科と新興学科の割合という問題も依然として存在している。すなわち、伝統的学科が優勢な地位を占めており、新興学科の地位の劣勢は否めない事実である。新興、相互関連、総合性といった学科の発展は依然として乏しい。さらには、文科、理科及び農科関連間での学科の壁は厚く、横の連携が乏しいこと、これまたこの時期の由々しい問題であった。

　このような問題をめぐっては、縄張り的な狭い専門にとどまっており、新しい専門が増設されても改革はその域を大きく出ていないのである。1997年に我が国では、《博士及び修士の学位授与と大学院生の育成についての学科科目》が新しく公布されたが、その規定では、一級学科を72から88に増やし、下位の

学科を合併・調整によって645から381に減らした。1988年には、国家教育委員会は「専門構造の調整・強化に関して、専科卒業生に求められる部分科目類との矛盾を解消するための通知」を出し、新しく改訂された「普通大学の本科専門目録」を公布した。これは建国以来最大の一次専門構造の調整であり、専門設置における不合理を一挙に解決に向かわせるものであった。新しい専門目録では、哲学、経済学、法学、教育学、文学、歴史学、理学、工学、農学、医学、管理学の11部門とし、71の2級部門、249の下位部門に分類されている。新しく公布された専門目録は専門の主要な学科の配置と下位の学科に対する基礎づけを明確にしたものである。

　1998年度の我が国の普通高校は1022校であるが、これは1995年と比べると32校の減少であった。まとめて指摘するならば、文科及び理科の基礎教育の強化、周辺学科と混合学科の増加、専修科と交叉学科などの増加によって、学科構造が完了したのである。

　最近15年の改革においては、一定の成果を得たとはいうものの、こんにちに到るまでの改革・発展にはいまだいくつかの問題が残っていて根本的に解決されていないだけでなく、改革の過程ではいくつかの新たな問題点も出てきている。例えば高校の増設の如きは専門に関する調整ではほとんど見過ごされる点であり、学校が教学条件の設置のみに過熱化し、資源の浪費をもたらしかねないであろう。高校間の競争は総合性を有する大学間競争よりは激烈であり、しかもそこには特色ある専門、優れた専門、重点的専門が乏しいのである。高校をめぐる白熱化は、資源投入の少ない文系に傾き、投入の多い高度な専門性へは傾かない。例えば応用的な工科があまり重視されないということを挙げることができる。しかしながら、実際的な教学と問題解決を模索していくことによって、少ない資源の有効利用と高い効率を追求する必要があり、科学技術の進歩と社会発展を促進することがわれわれに要請されている。

# 3．階層構成の変化と大学生

### ▼階層分化と教育機能

第5章　中国の大学改革の進展と大学生

　改革以降の我が国の社会的変化を振り返ってみると、その意義がもっとも大きく、したがってもっとも根本的な変化は、社会構造の変化であると言えよう。社会構造の変化の核心は社会階層構造の変化である。階層分化の本質とは人々の間の利益あるいは資源の占有関係である。「20年間というきわめて短い期間に、我が国は経済平均主義が支配的な国家から国際的にも不平等の程度の高い国家へと急速に変化した。このような短期間に貧富の格差の急速な進行とこのような大きな変化は世界には多くは見られないのである」[5]

　1949年以降ほぼ60年、社会政治状況の急激な変動によって、中国における教育の選抜制度および教育機会の配分形態はしばしば大きく変化したが、そのような変化は社会階層の体系的変化と不可分に関連している。

　文化大革命以前（1966年以前）では、水準の高い者は、父親も高学歴で職業の地位もおおむね高かった。しかし、文化大革命の期間では、家庭環境や個人的な教育程度との関連が断絶した。政府は、教育機会の配分や教育方式を労働者と農民の出身に有利に方向づけるよう指導した。労働者や農民の出身そして労働者や農民自身の多くは教育を受ける機会と身分的上昇・職業の地位（国家幹部や知識階層など）の上昇の機会を獲得した。これに反して、いわゆる「階級闘争の拡大」という政治状況のもとで、知識階層と幹部の子女たちは「資産・学術の権威階級」あるいは「官僚的特権階級」という烙印を押されて、「運動期間中」は教育機会の喪失にさらされた。このような状況下では、父母の職業上の地位や経済的地位と子女のそれとの関連が弱化・消失するのは当然であろう。

　1978年になって、我が国の指導政党のイデオロギーと社会的目標の追求に重大な調整がなされることになった。それに照応して教育政策にもまた大きな変化が生じた。経済成長の追求が指導政党の主要な目標となり、人々のあいだの経済的格差の進行が不可避となるとともに、教育が経済成長の促進のための手段であるという論議もなされるようになった。それまでは労働者や農民出身者に階層移動の機会を提供し、階級的格差を除いていくことが教育の主要な機能の1つとされていたのにたいして、この時期に入ると、教育の主要な機能が経済成長のための人材育成であるとされるようになったのである。

計画経済体制から市場経済体制への変化（教育の「産業化」）によって、教育投資の「多元化」が出現した。元来、教育経費は基本的には中央の負担であったが、現在の変化に応じて様々な種類の教育投資が進行している。中央財政では一定の重点校への支出に限られており、経費の大部分は学校や地方財政の負担になってきている。このことが教育における地域格差をもたらし、富裕地域や都市は貧困地域や農村に比べて教育資源を多く有し、教育機会の提供もそのような事情に照応することになるのである。これに加えて、教育経費の一定部分が学校自身の解決に委ねられるので、学費徴収として学生の家族に負担を転嫁すること、したがって学費が絶えず上昇するので、経済的条件の格差が家族の負担を困難にしていること、を指摘することができる。教育の市場化が地域間格差や家庭経済の差異によって学生の教育機会にも不平等をもたらしている、と言えよう。

　1949年から1978年までの期間では、教育機会の配分が平等化の方向に発展しており、教育は階層間格差を縮小させる手段、社会・経済における平等化を促す重要な手段であった。1978年以降の20年余りの間で、教育機会の配分は経済的・社会的地位の有利な家族出身者へ傾斜するようになった。

### ▼大学の学費徴収の推移

　我が国の大学の学費徴収状況については、その推移はおおよそ三段階に分けられる。第一段階は無償段階である。新中国成立から1980年代中頃までは、我が国では一貫して高等教育における学費は無償であった。第二段階は低学費と私費の併存段階である。80年代中頃から地域によっては私費の入学生を受け入れはじめた。1990年に国家教育委員会は「普通高等学校における私費入学生に関する規定」を正式に公布した。それにもとづいて、一部の学校は私費入学生を導入したが、当初は学費の額は30％〜80％といろいろあり、入学生計画も一定していなかった。これ以前の1989年に国家教育委員会第三部委員会が「普通高等学校の学費及び居住費に関する規定」をすでに発表していたが、それによれば、年間学費の額は100元〜300元で、教学経費の3％〜8％に相当する額であった。しかしこのことの意味はきわめて重大であると言えよう。すなわち、

このような分担制度を大学において正式に肯定することによって、大部分の学生が教育経費の一定部分を負担するという2つの制度が併存する局面を迎えたことを意味する。その後私費学生の割合は絶えず拡大し、1993年には入学生のほぼ34％を占めるに到った。この年には、中共中央と国務院の発表した「中国教育改革及び発展要綱」では「高等教育は義務教育ではない。学生は原則上一定の学費を要する」と明言されている。

　第三段階はその延長線上にある。1994年国家教育委員会所属の高校が学費徴収に踏み切ったので、これまでのような部分的な私費学生が消えて統一的な学費制度が実施され始めたが、当初は狭い範囲の先導的試行であった。1989年から1996年までは、多くの高校では国家計画の範囲内で低学費と高学費の併存制であった。1997年には、高校における統一的入学制度に照応してすべての高校に学費制度が実施されるようになった。このことは、我が国における無償教育の論議の歴史を踏まえて、師範、農、林、地鉱、石油など少数の専門を除くことで決着がついたことを意味する。15年間にわたる高等教育における学費制度は、このようにして、若干の違いがあるにしても、学費の上昇へと進む傾向を示している。1997年頃からとりわけ大学の学費は急激に上昇していることが、次の表によって明らかであろう。

1995年から2000年までの平均学費状況　　　　　　　　　　単位　元

| 年度 | 1995年 | 1996年 | 1997年 | 1998年 | 1999年 | 2000年 |
|---|---|---|---|---|---|---|
| 平均学費 | 800 | 1200 | 2000 | 3200 | 3500 | 4500 |

出所　1995年～1999年までは、自康寧『教育政策と教育刷新』、振国主編『中国教育政策評論』（いずれも教育科学出版社　2000年）から作成。
　　　2000年は国家計画委員会財政部「2000年度高等学校入学学費業務に関する若干の意見への通知」より、平均値を計算した。

　2001年から現在までの時期は、高等教育の学費制度の導入が安定的に完了した時期である。21世紀に入ると、国家はこの面での法規制定に力を注ぐようになり、教育部は2000年を標準として、いかなる理由であれ新たな徴収項目を設けないよう強調した。しかし実際には、学校によっては標準学費額よりも高くしているので、全体としては10％～30％も学費が上昇しているだけでなく、値

上げする学校が年々増加している。2005年には、大学の学費は平均しておおよそ4000～6000元で、高いところは10000元もする。

　全国の学費平均額は表示したような推移だが、ここ10年間では、大学の学費は6.25倍になり、住居費は1995年の270元程度から、2004年には1000～1200元に跳ね上がっている。日常生活の食費や衣服費などを加えると大学生の1年の生活費は1万元も必要なのである。2004年の都市住民の平均年収は9422元、農民の平均年収は2936元であることを考えると、如何に高額であるかがわかるが、序章に述べられているような貧困県では35年分の収入に相当することを付け加えておこう。高校の標準的学費額も我が国の相対的多数の住民の経済能力をすでに大きく超えている。そのような高学費は多くの家庭にとってはきわめて過重な負担を強いられるものあり、大学進学によって子女を育成する能力がない家庭が多くなっている。甘粛省の2004年度抽出調査では、教育的要因による貧困が50％を占めているという結果も出ている。[6] そこでアメリカと比べてみると、2001年では1人当たりのGDPの20％程度が世界の平均であるが、アメリカの大学の平均学費は5000ドル余り、1人当たりのGDPの15％であるのにたいして、中国の大学の平均学費は3895元、1人当たりのGDPの50％を超えていることを指摘することができる。

## ▼家庭経済状況と大学教育にたいする学費の影響

１）家庭経済状況と高学費の高等教育への影響

　家庭の収入水準が高等教育を受けるかどうかにきわめて大きな影響を及ぼしていることはおそらく容易に推察できるであろう。進学率について若干の数字を挙げておこう。中学から高校への進学率は2000年－29.41％、2002年－36.00％、2003年－37.69％であるが、高校から大学への進学率は2000年－73.17％、2002年－83.51％、2003年－83.43％である。また、2003年の中学から高校への進学率について、都市では77.35％、県鎮では56.51％、農村では8.68％という大きな違いを指摘することができる（県鎮には地方の小都市が含まれている……訳者）。ここにもまた家庭経済状況が色濃く反映している。ここでは具体的に述べないが、都市から農村へいくほど教育施設が貧しくなることをも加えてお

こう。ここで農民はいわゆる最低収入戸に属することが多い。

　すでに述べた高額の教育費が教育機会に如何に大きな影響を及ぼしているかということに関して、やや古いが、１つの調査がある。この調査では、1997年の農村が人口総数の70％強を占めているのにたいして、農村居住民が享受できる高等教育資源が35％にも達していないこと、また高等教育を受けている学生集群が我が国の就業人員の教育水準にははるかに及ばないことなどがはっきりと示されている。[7]

　2004年の呉笛等は、江蘇、甘粛、江西、北京、湖北、湖南、四川などの地域で18の高校・大学の調査を行っている。この調査結果では、良い大学への進学と家庭収入水準の間に正の相関関係があること、すなわち、高収入の家庭の子女が良い学校へ進学する機会が高いということである。ここで特に指摘されているのは月収2500元が１つの分岐点であり、これよりも低収入の家庭では好ましい進学機会がきわめて少ないことである[8]。また、北京、南京、西安などの地域での14の高校・大学の調査（調査対象は13,511名）でも、階層的位置が選別の重要な要因であることが表明されている[9]。このように、大学進学をめぐっては家庭収入の水準が教育機会に深く影響していると考えられるのであり、しかも教育機会の不平等が拡大していると言えるのではないだろうか。

　２）家庭経済状況の大学生にたいする影響

　高校の収入改革前にも、階層分化はすでにはじまっており、学生の家庭経済状況の変化が激しくなり、収入格差は日に日に拡大していった。しかし、当時の大学生が学業を継続するにあたっては、学費が無料だったので、一定の生活費が要るだけであり、家庭の経済状況にたいする影響は比較的少なかった。1990年代に入ると、学費の大改革によって家庭の経済状況への影響が大きくなり、とりわけ経済的な困窮学生を直接産出することになった。

　経済的に貧困な家庭出身の大学生について全国の平均的な状況を見ると、生活費が月額150元以下が「貧困学生」、90元以下が「特別貧困学生」とされている。1999年の我が国の貧困学生は約100万人、2000年には142万人に増加し、2005年には300万人を超えるが、これは学生数のほぼ25％に相当するのである。この貧困学生の割合をやや具体的に若干挙げると、精華大学が23％、北京大学

が30％、上海交通大学と西安交通大学が35％、その他広西師範大学、西南師範大学、青海師範大学などは30数％となっている。その後も各大学で貧困学生が増加しており、しかも急速な拡大によってとりわけ「特別貧困学生」が5％〜15％と増加しているケースが目立っている。

中国扶助基金会の2002年の調査では、高校在学生のうち貧困学生が20％に達し、特別貧困学生が8％を占めており、各種師範学校では貧困学生が30％強、特別貧困学生が15％強という結果が出ている。これについては、貧困大学生の割合がますます高くなり、その数もますます増加している、とされている[10]。

3）生活や学習などへの影響

以上に述べたような貧困学生には生活面における様々な影響が認められる。共青団北京委員会では、「首都における貧困家庭の大学生実態調査」で次のように表明している。経済生活で最も大きな影響は衣・食・住であるが、とりわけ食問題は深刻である。貧困学生の多くは食費を倹約するために、正常な飲食生活を確保することができない有様である。同時に、そのために学習にも影響が及んでいる学生が20％も認められるのである。したがってそのような学生たちは、貧困のために身体的な負担も強いられ、収入獲得のための時間とエネルギーを要する波間に漂うことなるのである。また、広州市における6つの学校での1132名から階層別に抽出した調査によって、貧困学生193名、非貧困学生382名を対比した結果、家庭経済状況、毎月の生活費の総支出（具体的には食費・社交娯楽費・生活用品・学習用品）はすべての点で貧困学生が著しく低いという結果であった[11]。

上に挙げたような関連文献等の多くには、貧困学生の心理的健康状況にも言及されている。具体的には心理的焦燥、憂鬱、人間関係に対する過敏性、劣等感などであり、彼らの心理には「片寄った健康」（中国では不均等発展の状況をこのように表現する　訳者）が多いことが指摘されている。心理面についてより具体的に指摘するならば、4つの面を挙げることができる。

まずは、劣等感と失望感を挙げることができる。特別貧困学生の心理状況はとりわけ由々しい問題である。自己卑下、自己軽視、自己蔑視など自己にたいして完全否定的な態度と感情を有しており、生活面での積極性・主体性に乏し

く、孤独性・自我閉鎖性が顕著である。経済生活の困難によって、彼らの心理には大きな挫折感が形成され、往々にして自己の無力感に苛まれる。そのような心理から、困難に立ち向かう勇気と信念が失われ、逃避と萎縮に向かうのである。そして、人生の理想と生活目標を喪失しがちであり、人生全般にたいして消極的あり、人生全体が鈍色になりがちである。

第2には、他者との交友が難しいことを挙げることができる。自己卑下と自尊心という相反する性格をそなえているのが特別貧困学生の心理的特徴である。彼らは貧困家庭による自己卑下がある反面、自我意識がすでに成熟しており強烈な自尊要求を有している。したがって、他者と自己との関わりにはきわめて敏感であり、情緒的な感性の波動が激しく揺れ動くのである。このような心理的特徴によって、対人関係と集団活動においてはいろいろなレベルでの困難が引き起こされ、彼らの心理の不確定かつ不安定さが現れるのである。彼らは集団と融合したいという願望を強烈に有しているにもかかわらず、往々にして自身の問題との矛盾に悩んで軋轢を引き起こすのである。彼らは周りの環境に適応するという心理的要求を有するにもかかわらず、他者の同情と憐憫を受けることを怖れている。

第3には、心身の病理性を挙げることができる。自身の状況の客観的認識に対して、彼らは一念発起して外的境遇に応じて自己を徹底的に変えるだけだということはわかっている。したがって彼らはそのように努力する能力を充分持ち合わせているにもかかわらず、いざ実際の問題に直面すると、困惑に陥る。というのは、困難な問題が彼らの心理を長期にわたって緊張かつ焦燥の状態に追い込むからである。また他方では、経済的保証がないために、飲食面で常に生理的要求を充分に満たすことができないことを看過してはならないだろう。簡潔に言えば、心的な緊張と焦燥、物質的生活の欠如感の両面において彼らの心身がともに損なわれるということである。

第4には、問題行為の多発を挙げることができる。特別貧困学生の心理的問題は往々にして綜合的問題の現れなのであり、問題発生にににおいては多様な要因が作用しており、状況をさらに複雑かつ深刻にしている。ある調査によれば、対人関係に関する問題を除いては、比較的典型的な問題には学習の失敗、中途

退席、欠席、窃盗が重なっている。統計からも、学業不良、留年、退学が重なっており、経済的困窮問題に陥っている学生に多いことが明瞭に認められる。彼らには中途退席、欠席が頻繁に認められるが、窃盗などの違法行為へ走る状況が発生しやすいと言える[12]。

### ▼政府と学校の改善策

　1987年から、国家教育委員会と財政部は学費援助を必要とする経済的に困難な学生にたいして、一連の継続的な政策と措置を制定した。主な内容は、奨学金、学費貸与、勤労学生補助、学費減免の4項目である。次いで1998年以降、中国人民銀行、国家の財政部、教育部などの諸部門が、国家助成貸与、教育備蓄および教育保険制度を設立した。2001年から開始された国家助成貸与はそれまでよりも条件を緩和したものであった。以後2002年6月末までの貸与申請学生数は累計で112.5万人で、貸与人数は全在学生の12.5％を占めている。2004年6月末では、国家による貸与累計額は52億元、貸与学生数は83万人であり、学校からの無利子の貸与額は約6億元、学生数は23万人であり、商業的借款額は21億元となっている[13]。

　我が国の経済的困窮にある学生への政策体系を絶えず改善していくこと、経済的に困難な学生を援助して学業を全うさせること、勤勉に学習する学生が全面発達することを激励することなどを目的として、国家科学技術教育指導小組の第十次会議は以下のように決定した。すなわち、2002年から全国で普通高校に国家奨学金制度を制定し、中央の財政から毎年2億元を充当することを決定した。具体的には品行方正・学業優秀な経済的困窮学生45,000人に援助し、その中では1等奨学生10,000人には6,000元、2等奨学生35,000人には4,000元とするとともに、学校には学費の減免・免除を要請した。さらには全国の高校でも様々な奨学金が制度化されたことを付け加えておこう[14]。

### ▼存在する諸問題

　政府と学校が貧困学生にたいする援助に多大の努力しており、また一定の成果を上げているにもかかわらず、依然として様々な問題が存在している。

第 5 章　中国の大学改革の進展と大学生

　2003年7月では国家から奨学金を貸与された学生数は申請者の31%で、貸与金額は申請金額の37%にとどまっている。いくつかの具体的な実施例を挙げておこう。江蘇省では2001年1月までに貸与申請が45,490人、申請金額が26,484.24万元であったが、申請金額の30.3%、申請学生数の42.8%が支給されるにとどまっている。国家の尽力によって奨学金貸与業務は急速な進展を見せているとはいうものの、江蘇省全体で9万人の困窮学生（その中の半数は特別困窮学生）が存在する実情に対して、申請人数はほぼ50%、採用人数は困窮学生のほぼ20%に過ぎない。しかも奨学金は主として品行方正、学業優秀という両面を兼ね備えた学生への奨励という意味が強いので困窮学生の比率はきわめて少なく、一般的な奨学金貸与は困窮学生の30～40%で貸与額も相対的に低いのである。すでに確認しているように、奨学金貸与を得た者の中では困窮学生の割合は必ずしも多くなく、せいぜい10%程度である。したがって、事実としては困窮学生に対しては奨学金の獲得機会においても不平等であると言えよう。
　困窮学生の大多数は農村出身であったり経済的条件が劣悪な環境のもとで過ごしてきたために、彼らは小中学校では教育条件において格差にさらされてきており、これまたすでに指摘したように、経済的困難によって精神的・心理的な圧迫を蒙っており、学業に大きな影響が及んでいる。このことが困窮学生の奨学金受給率の低さの大きな要因でもある。
　さしあたりの結論としてまとめると、現在の中国は計画経済体制から市場経済体制への転換過程の真っ只中にあり、階層分化の進展による社会構造の激変が一連の問題を引き起こしているいるとも言えよう。したがって、改革過程にある諸制度の建設と完成による解決を待たねばならないのである。とりわけ市場経済の絶えざる改善、貧富の格差の縮小は重要な問題であり、教育機会の平等化への発展を保証するにはそのような問題の解決が切に求められる。
　以上、大学改革と大学生に結びつく諸問題について述べたが、教育機会に認められる不平等は進学や在学期だけでなく、大学生の進路・就職問題にもかかわるのであるが、この問題についての論考は別の機会にゆずることにする。

注

1) 国家教育委員会発展センター『中国教育録皮本』教育科学出版社　2000年
2) 教育部200年度業務会議における開発教育部長の発言、及び「教育部200年業務要点」に関する通達　http://www.zhnet.com.cn/.
3) 潘懋元「21世紀高等教育思想の転換に向けて」『高等教育』1号　1999年
4) 潘懋元『新編高等教育学』北京師範学校出版社　1996年
5) 李培林等著『中国社会分層』社会科学文献出版社　2004年
6) 呉玲・索志林「高校の学費と教育機会の公平」『黒竜江高等教育研究』2005年10号。
7) 丁小浩「中国高等教育において異なる家庭収入の学生集群に関する調査報告」『精華大学教育研究』2号　2000年
8) 呉笛「家庭収入と進学機会との相関関係の研究」『甘粛科学技術』7月号　2005年
9) 丁小浩　前掲論文
10) 張文芝「貧困大学生の現状と対策を論ず」『西南民族大学学報』8月号　2005年
11) 張東枚・李麗霞・その他「貧困大学生の生活状況と心理的健康状況調査」『中国学校衛生』6号　2005年
12) 李海星「特別貧困学生の心理的健康教育の考察」『中国高等教育研究』11号　2001年
13) 張埼・孟繁華「中国と米国の高等教育学費の比較研究」『比較教育研究』9号　2005年
14) [EB/OL].http.//www.moe.edu.cn/edoas，2003-02-25。張埼・孟繁華「中国と米国の高等教育学費の比較研究」『比較教育研究』9号　2005年
　　具体的に数字を挙げると、2003年では、総額33億元、奨学生数450万人。特別困窮生には総額4億元、奨学生数90万人、学費減免費4億元、減免学生20万人。

(張　海英)

# 第6章　在日中国人留学生の動向

## はじめに

　中国は1978年に改革開放政策を打ち出し、これまで遅れていた国家発展の人材育成の重要戦略として西側先進国への大量の留学生派遣政策を打ち出した。それによって中国青年の出国ブームが始まったが、中国青年の出国ブームが日本に向かった頃、日本は中曽根首相の提言で「留学生受け入れ10万人計画」を発表し、留学（就学）目的の外国人の入国ビザ緩和と留学生受け入れの諸施策を実施した。1984年のことである。こうして中国人就学生・留学生の日本への大量入国が始まるが、以来20年、在日留学生数は2003年ついに目標数の10万人を突破した。中国人留学生は圧倒的多数の三分の二を占めている。しかし、この間、中国人留学生が順調に増加したわけではない。国内外の諸要因に翻弄され紆余曲折を経て今日に至っている。こうした在日中国人留学生をめぐる諸問題を中国における留学政策および高等教育政策と日本政府の留学政策の背景を分析しつつ考察すると共に今後の中国人留学生受け入れの在り方について論じるのが、本章の目的である。

## 1．中国の留学生派遣政策と日本の留学生受け入れ政策

### ▼中国の留学生派遣政策

　1978年12月中国共産党第11回三中全会は、1966年から76年まで続いた文化大革命の階級闘争路線を完全に否定し、経済建設を中心とした改革開放政策を打ち出した。それは今日に続く中国近代化への歴史的転換点である。以来、中国は市場経済体制へ移行し、この路線に基づいて、高等教育における高度人材育

成の抜本的な方針転換が行われてきた。

　中国は建国以来、社会主義国家建設のためにソ連や東欧の社会主義国を中心に留学生を派遣してきたが、「文革」中の 6 年間の中断を経て再開された派遣留学生は、大胆にも政治体制を問わず、先進資本主義諸国の科学技術の習得のために西欧諸国への派遣を中心に行った。「文革」中に遅れた国家建設を早急に取り戻すためには、なりふりかまわない大量の高度人材が早急に必要だったのである。留学生の海外派遣は高度人材のスピード養成に最も効果的であると考えられたのである。

　それを強力に推進したのは改革開放政策を推し進めた最高指導者鄧小平である。彼は1978年 6 月清華大学での講演で「私は留学生の派遣拡大に賛成である。自然科学関係を中心にすべきだ。これは 5 年以内に効果が上げられる。中国の水準を向上できる重要な方法の一つである。10人や 8 人ではなく、千、万を単位に派遣すべきだ」と述べている。鄧小平の指示はさらに具体的で「外国語の基礎の良い高校卒業生から外国の大学に派遣する。今年は 3 、 4 千人で、来年は 1 万人前後である。これは発展のスピードを加速する方法である」と述べている。中国教育部はこの指示を受けて 9 月の全国大学入学統一試験の成績を根拠に西欧諸国に理工系留学生を中心に1750人派遣したと言われる。（王律：2001）

　さらにその方針に従って、翌79年国務院は「出国留学人員工作の改善に関する報告」を発表し、今日に至る大規模な留学生派遣事業を開始した。

　日本留学について見ると、鄧小平の指示が出された78年は 1 人であったが、翌年には151人派遣している。日本と中国の大学入学資格年限の違いから当初は必ずしも多くなかった。これが大幅に増加するのは日本の留学生受け入れ政策が本格化する1983年以降である。

▼日本の「在日留学生10万人受け入れ計画」
　日本は、当時アジア諸国への集中豪雨的輸出によって反日運動にさらされていた。1983年、当時の中曽根首相はアセアン各国を歴訪し、親日家を作る必要性を感じ、世界の先進国並みの留学生受入れ計画を文部省（当時）指示した。

第6章　在日中国人留学生の動向

それを受けて6月「21世紀への留学生懇談会」が開催され、8月に出された「21世紀への留学政策に関する提言」で「21世紀初頭には現在のフランス並み（11万9千人）の留学生受け入れを想定して留学政策を総合的、構造的に推進することを強く要請」されたことを受けて、翌84年6月留学生問題調査・研究協力者会議から発表された「21世紀への留学生政策の展開について」という政策発表で、具体的に2000年に向けて10万人の留学生受け入れ達成をめざす「10万人計画」が明らかにされた。10万人という数値目標は、84年のこの「留学政策の展開について」と題された政策提言で初めて明らかにされた数値である。

表1　2000年までの留学生受入れの見通し（1984年）

| 年度区分 | 前期 |  |  | 後期 |  |
|---|---|---|---|---|---|
|  | 1983（昭58） | 1983～1992（昭58）（昭67） | 1992（昭67） | 1992～2000（昭67）（昭75） | 2000（昭75） |
| 留学生数 | 人 10,428 [国費 2,082] [私費 8,346] | 平均年16.1% | 人 40,000 [国費 6,000] [私費34,000] | 平均年12.1%増 | 人 100,000 [国費10,000] [私費90,000] |

出典：「21世紀への留学生政策の展開について」1984年6月より

84年の「留学政策の展開について」では、日本の18歳人口が増加する1992年までを前期として年平均16.1%増の留学生受け入れを想定し、減少傾向に転ずる93年から2000年までを後期として年平均12.1%増を想定している。私費対国費留学生の割合を9：1として圧倒的多数をアジア諸国からの私費留学生の増大に期待した。

こうした数値目標は、当初実現不可能な空想のように思われた。しかし、1980年代後半には在日留学生数が急増し、1992年4万という前期目標は、1990年に4万1千人となり、2年前倒しで達成された。しかし、その後1995年の5万4千人をピークに在日留学生数は減少に転じ、2000年までに10万人という数値目標の達成は絶望的状況になった。しかし、1990年代後半からの中国人留学生の急増によって、3年遅れの2003年紆余曲折を経て10万人の受け入れ目標は達成された。2005年5月現在では、日本の高等教育機関に在籍する留学生数は

121,812人である。

　78年以降の中国の改革開放政策の中での留学生派遣政策と、84年以降の日本の留学生受け入れ10万人計画は、中日双方に6年間のタイムラグのある留学生送り出し・受入れのプッシュ・プル要因として揺れ戻しを繰り返しながら、今日の日本留学ブームを生み出した。

　現在では、在日留学生の三分の二を中国人留学生が占めるに至っているが、留学生や就学生による犯罪ニュースが大きく報道された2003年以降、日本の入国管理当局は中国人の就学生・留学生の入国を厳しく制限した。2003年12月に発表された中央教育審議会「新たな留学生政策の展開について」と題する答申は、こうした状況を受けて留学生の「質」確保の必要性を強調している。このように日本の留学生受け入れ政策は、10万人計画の達成によって新たな転機を迎えている。

　ここでは筆者が実施してきた1989年・1994年・2004年の3度に亘る留学生調査及び中国と日本における学生調査の結果も利用しながら、在日留学生20年間の動向を特に中国人留学生に焦点をしぼり、送り出し側の中国大陸の政策的背景と日本の留学生受け入れ政策の変化も視野に入れて、今後の日本の留学生受け入れの在り方について、以下に論じる。

## 2．1980年代以降の日本留学ブーム

### ▼日本留学ブーム

　明治以来の近代日本史を俯瞰すると、1980年代から今日に至る中国人の日本留学ブームは2回目の留学潮流になる。最初は日清戦争直後に始まる「黄金の10年」と言われる清朝末期の日本留学ブームである。清国の洋務派官僚の張之洞による日本留学の積極的提唱もあり、1896年13人の清国派遣留学生が日本にやってきたことを皮切りに、1905年の8000人に達する中国人留学生が日本にやってきた。約10年間に約1万5千人の中国人留学生がアジアでいち早く西欧化を成し遂げた日本にやってきたと言われる。(阿部：1990) その中に周恩来・魯迅・郭沫若などの近代中国の指導者になった人も多くいたことはよく知られて

いる。

その後、日中戦争の断絶を挟んで、日中国交回復後1980年代に始まった日本留学ブームは、2回目の日本留学ブームである。今日に至る20数年間の日本留学の潮流もその過程を詳細に見ると集中豪雨的な急増期は2度ある。(第1図参照)

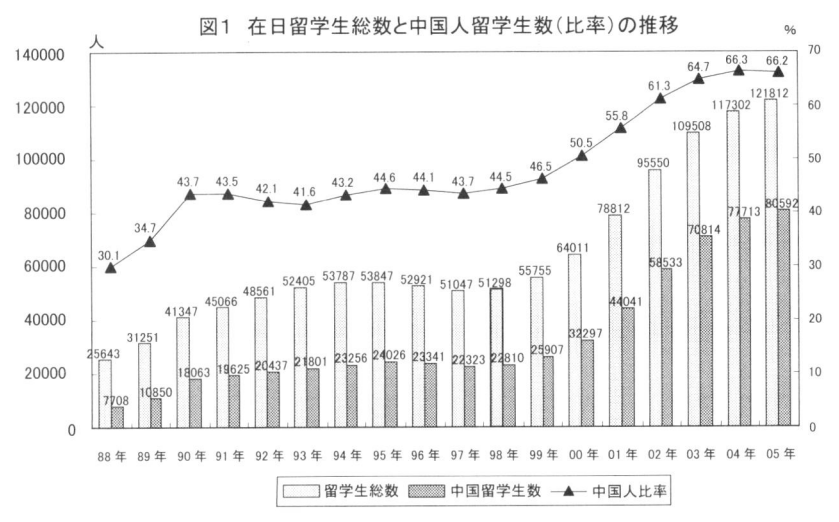

図1 在日留学生総数と中国人留学生数(比率)の推移

【資料】文科省『留学生受け入れの概況』(各年版)より

最初は、1985年から1990年にかけての第1回目の急増期である。中国政府は78年の改革開放政策の当初、国家や各政府機関からの公費派遣の留学政策を主として推進したが、私費留学を奨励する政策が1981年に打ち出された。それが「自費留学に関する報告」「自費留学に関する暫定規定」である。一般には、これが中国政府の私費留学解禁として受け止められている(王律：2001)。しかし、これは大都市中産階級の子弟や幹部の子弟に限られた私費留学であった。そのためさらに1984年「自費出国留学に関する暫定規定」を公布し、中国政府は全面的に私費留学を解禁したのである。改革開放政策から6年目にして中国政府は留学目的の海外渡航の完全自由化を達成したことになる(表2参照)。

中国の若者にとって海外留学など夢であり「高嶺の花」であったが、私費留学自由化によって国民の誰もがアクセス可能な身近な選択肢となったのである。

中国大都市の若者の出国ブームは、こうした私費留学の自由化に始まるが、この留学ブームの主流は当初アメリカ留学となって現れ、次にオーストラリアに向かった。しかし、大挙して押し寄せる中国人留学生の潮流に、これらの国々は入国制限をするようになる。中国の若者が次にその行き先を求めたのが日本であった。

折しも、日本では、アメリカやオーストラリアとは違って1984年に始まる「留学生受け入れ10万人計画」で日本語を学ぶ就学生の入国手続きを大幅に簡素化し始めていた。高卒資格を持ち日本の学校が身元保証人になれば、誰でも日本語学校への就学が可能になり、週20時間以内であれば「資格外活動許可」も不要であった。この手続きの簡素化によって中国の若者に日本への出国ブームが訪れた。1994年までは就学ビザによる新規入国者は100人台であったが、1985年就学生の新規入国は前年比の4.8倍一気に1,199人に増大した。その後も日本入国ラッシュは続き、87年には7千人を超え、78年には2万8千人にも達した。84年から4年間で113倍にも達したのである。(図2参照)

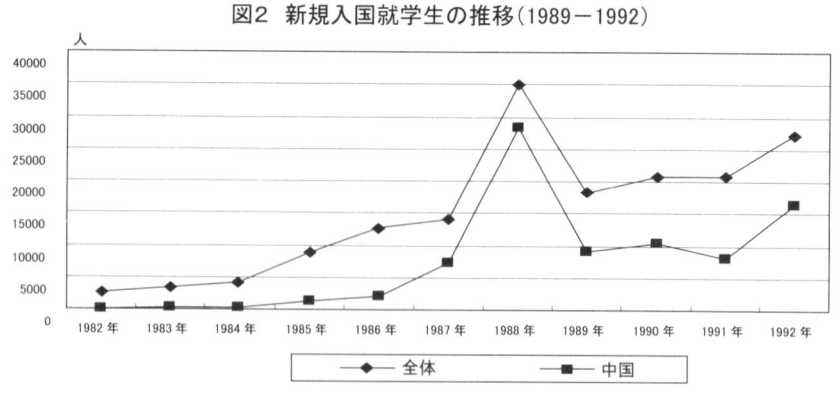

図2 新規入国就学生の推移(1989－1992)

【資料】法務省『出入国管理統計年報』(各年版)より

▼就学生の入国ラッシュ

この中国人就学生の急増によって新規入国就学生に占める中国人比率は、80.5％を占めるに至ったのである。1988年秋、上海総領事館前で発生した上海の若者の日本入国ビザ騒動は、そうした上海の若者の出国ブームを裏付ける象

徴的出来事であった。偽造申請書類を乱発して、大量の中国人就学生を入学させようとした日本及び中国の留学ブローカーの暗躍を阻止するために、1988年秋、法務省は「10.5通達」を出して、入国審査を厳しくし就学ビザの発給制限したことが、日本入学許可書を持ち上海市政府からパスポートの発給を受けていた就学希望の中国青年の不安をかき立て、日本領事館に押しかけ、連日のデモ騒ぎに発展したのである。

この異常なまでの日本入国ラッシュは、「直接的には金儲け主義の悪質な日本語学校及び斡旋ブローカーの存在と就学に名を借りた出稼ぎ目的の中国人の存在との相乗効果によって引き起こされた」(岡・深田：1995) と言える。

在日就学生・留学生を巡る新聞報道等によるメディアの過熱ぶりは、図3「留学生・就学生関連記事件数の推移」に現れている。朝日新聞、読売新聞、日経新聞の記事件数ともに同じような傾向が見られるが、日経新聞に端的に表れているように、1987年から1990年にかけて大きなピークを形成しているのはこうした事情による。

この時期の日経新聞の記事見出しを見ると、

- 「中国人留学生に身元保証の輪―新宿日本語学校が呼びかけ、日常生活の相談も」(87/7/13)、
- 「急増する外国人留学生―公団住宅、門戸を広げる」(87/8/13)、
- 「円高苦の留学生、広がる援助の輪」(87/11/20)、
- 「押し寄せる外国人労働者―バイト留学生、市場に、外食産業に」(87/12/2)
- 「中国人留学生急増のひずみ」(88/11/28)、
- 「福建省の偽装難民、日本での成功話が刺激に―住民証言、帰国就学生、優雅な生活」(89/9/3)、
- 「中国からの就学生、留学生に"変身"相次ぐ―不法就労の隠れミノ？」(90/2/10)、
- 「留学生急増でパンク寸前、『大学院改革』は急務―理科系で『限界』顕著に」(90/8/25)

以上の記事見出しのように、当初は、円高に悩むアジア人留学生の生活苦を日本社会全体が積極的に支援しようとする機運に満ちていたことがわかる。保

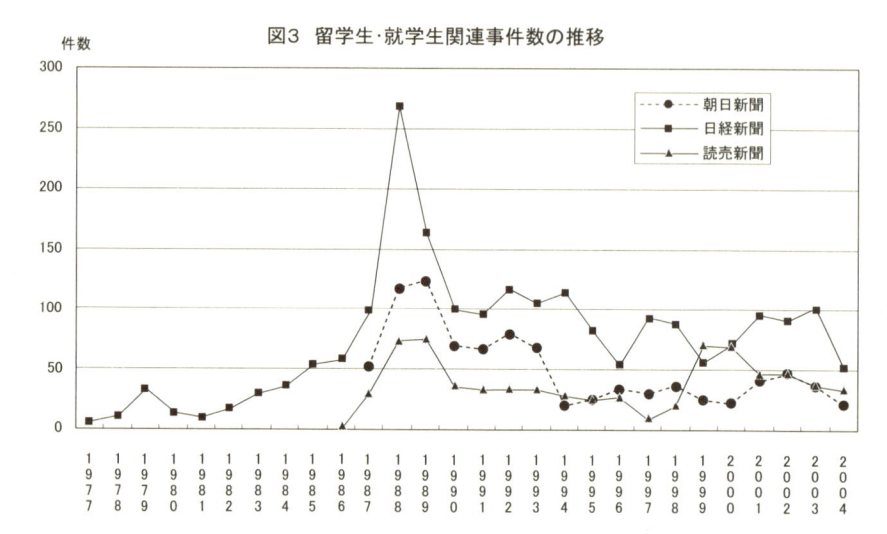

図3 留学生・就学生関連事件数の推移

注)「日経新聞」記事検索は、日経新聞記事データベース「日経テレコム21」により日経新聞の朝刊・夕刊の「見出し」を検索対象にして、「留学生」「就学生」をキーワードに検索。検索期間は1975年1月から2004年12月末まで。「朝日新聞」記事検索は、朝日新聞オンライン記事検索の「聞蔵」により朝日新聞東京本社版の朝刊・夕刊を対象に、「留学生」「就学生」をキーワードに検索。検索期間は1987年1月〜2004年12月末まで。「読売新聞」記事検索は、読売新聞記事データベース「ヨミダス文書館」により読売新聞東京版を対象に、「留学生」「就学生」をキーワードに検索。検索期間は1986年9月〜2004年12月末まで。

証人支援、宿舎の整備、奨学金制度の充実が留学生支援の主要問題であった。大学内では、特に理系大学院に留学生が殺到し、研究室所属学生の半数が留学生という事態を産み出し、担当教員が教育的対応に苦慮するという事態も生まれている。

▼入国制限と10万人計画の危機

1988年在日留学生と就学生の総数は約4万人に達していたが、これまで野放しになっていた悪質な日本語学校に対して、法務省は在留更新や入国許可権限を使って廃校処分をおこなった。それと共に学生管理を徹底させるために日本語学校にも就労を主目的とする就学生の入国は下火になった。

しかし、その後も中国人留学生数の増減は、法務省入国管理局の入国審査の

さじ加減一つで留学生・就学生の新規入国数が変動する仕組みは続いており、必ずしも文部科学省の留学政策が留学生の増減を主導するに至っていない。

1994年5万3000人をピークに在日留学生総数は下降線を辿りはじめ、21世紀初頭までに10万を受け入れる計画はほぼ絶望的な状況になった。

ところが、他の在日留学生数がほぼ横ばいなのにもかかわらず、1998年頃から中国人留学生が急増する。これが中国人の日本留学の第二急増期になるのである。一度は頓挫しかけた政府の留学生受け入れ10万人計画が、曲がりなりにも2003年に達成された最大の要因が、この中国人留学生の急増に負っていることは明らかである。

何故中国人留学生が急増したか。中国が1997年のアジア通貨危機の影響を免れたこともあるが、それは中国人留学生増大の間接的要因に過ぎない。プル要因としては、日本側の入国管理局が入国審査を簡素化したことも大きい。これには10万人計画達成困難を意識した政府の政策的意図も伺える。しかし、1998年以降の中国人留学生の急増の主要因は、これらプッシュ・プル要因が中核的要因ではない。最大の要因は、後に詳細に検討するが、中国の高等教育の大衆化政策の意図せざる結果である。

## 3．中国人留学生、主流の時代へ

在日留学生出身国（地域）の動向を見ると、1983年当初は、中国大陸からの留学生より台湾や韓国からの留学生の方が多かった。その後中国若者の出国ブームに乗って85年頃から90年にかけて急速に中国大陸からの留学生が増大する。就学生レベルでなく留学生レベルで見ると、85年には2,730人（18.5％）に過ぎなかった大陸からの留学生は90年には18,063人（43.7％）、6.6倍増するのである。在日留学生総数に占める割合も、18％台から一気に44％台まで拡大する。第一次急増期である。

それに比較して韓国・台湾からの留学生数の増加があまり見られず、横ばい状態が続いている。その原因の一つは、これらの地域の高等教育のグローバル化が原因していると考えられる。

元来アジア地域からの日本留学には、マレーシアのマハティール首相の「ルックイースト政策」に見られるように、戦後いち早く経済的復興を遂げ、アジアの先進国として台頭した日本に学ぼうというアジア諸国の対日姿勢があったのである。留学生10万人計画もそうしたアジア諸国の要請に応ずる形で開始された。

　しかし、その後の世界経済のグローバル化と共に、共通言語としての英語の国際的地位が向上し、高等教育のグローバル化によって留学先がアメリカ、イギリスのみならず、オセアニアを含む英語圏に集中し、日本留学はアジアの地方留学の一つになったことが挙げられる。

　これらの地域の海外留学熱はますますさかんになっていることを前提に考えると、1997年アジアを襲った通貨危機は、アジア諸国の日本留学熱を冷ます切り札になったと言える。韓国・台湾・タイ・マレーシアを始めとするアジア諸国はこの通貨危機の影響を直接被り、本国からの仕送りが困難な留学生の中には帰国を余儀なくされた者もいたと言われる。

　その点、大陸からの留学生は、元々本国からの仕送りに頼る割合が少なかったために通貨危機の影響も少なかった。こうした経済的要因が、在日留学生の出身国地図を塗り替える外的要因になったことは否めない。

## 4．90年代後半からの中国人留学生の急増の背景

### ▼中国の高等教育大衆化

　前述したように、在日留学生数は通貨危機後の1998年以降二回目の急増期を迎えている。1998年には在日留学生総数は51,298人だった。21世紀までに留学生を10万人受け入れる当初計画の達成はほぼ不可能な状態になっていた。しかし、その後留学生は急増し、5年後の2003年には109,508人になり、一気に10万人計画を達成することになる。5年間に2.1倍の急増である。

　この間に何があったか。一つは先ほど述べたように入国管理局の就学生・留学生ビザ発給制限を緩めたことが一因であるが、もっと大きな背景には中国国内に大きな変化があったということができる。

第 6 章　在日中国人留学生の動向

## 表2　中国留学生送り出し政策の推移

|  |  |  |  |
|---|---|---|---|
| 1978年 | 「改革開放政策」開始<br>鄧小平の談話（6月）<br>教育部通信「留学生派遣拡大に関する報告」<br>米英中心に1,750人の留学生を派遣 | | 学に関する補充規定」<br>自費留学者が培養費を返還することで出国を許可する制度<br>（私費留学の拡大に拍車） |
| 1979年 | 「中国赴日留学生予備校」設立（東北師範大学）<br>この年日本留学生151名（全体の1割）<br>1995年までに2,392名の赴日国費留学生養成<br>「私費留学に関する報告」「私費留学に関する暫定規定」<br>〈私費留学解禁〉<br>大都市中産階級や上層幹部子弟の私費留学実現<br>「出稼ぎ留学」問題発生 | 1991年 | 天安門事件を口実に米国、在米留学生に大量永住ビザ発行<br>カナダ・オーストラリアも同様に中国人留学生保護措置<br>（中国の出国ブーム加熱） |
| | | 1992年 | 鄧小平「南巡講話」発表<br>（留学生の帰国要請） |
| | | 1993年 | 党中央「留学支持・帰国奨励・往来自由」（12文字方針）採択<br>（往来自由は、永住留学生の「来去自由」歓迎策）<br>〈私費留学の政策緩和による留学ブーム主流〉 |
| 1984年 | 国務院「私費卒国留学に関する暫定規定」公布<br>〈専門職の出国解禁〉自由留学時代へ<br>「ポストドクター科学研究流動ステーション」制度の試行<br>〈博士取得者の帰国促進策〉<br>1、2年間の帰国適応期を経て配属する制度<br>住宅手配、家族の戸籍、配偶者の仕事、子弟の学校の世話など<br>2000年までに、13,100人以上の帰国者に利用された。<br>理科系エリートの帰国促進策として有効 | 1996年 | 国費留学選抜管理方法の改革案<br>（国費留学の公平の原則と法制化） |
| | | 1999年 | 「私費出国留学仲介服務の管理規定」<br>（私費留学仲介専門業者の認定） |
| | | 2000年 | 「海外ハイレベル人材の帰国促進に関する意見」<br>（手厚い帰国留学生優遇措置の実施）<br>就職、賃金、研究費、住宅、保険、親族訪問、子女の入学等<br>高級公務員、高級管理職に登用、海外永住権の保有許可 |
| 1985年 | 「中央の出国留学人員派遣方針の更なる貫徹のに関する通達」<br>国費留学生の帰国義務の強化（未帰国者に全額負担） | 【参考文献】<br>1．王律「中国の留学生送り出し政策の沿革と留学ブームの推移」<br>『中国研究月報』2001.10<br>2．杉村美紀「中国における国家発展戦略としての留学政策」<br>『東洋文化研究所』2003.3<br>3．井口泰・曙光「高度人材の国際移動の決定要因」<br>『経済学論究』（第57巻第3号）<br>4．季明編『中国教育行政全書』経済日報出版社、1997<br>5．その他 | |
| 1988年 | 「中国留学服務中心」設置（国家教育委員会）<br>帰国留学生の就職斡旋など／帰国留学生が毎年13％ずつ増加 | | |
| 1989年 | 「国費留学人員の選抜に関する通達」<br>国費留学生選抜を地方主導に変換 | | |
| 1990年 | 「国家教育委員会留学司」の設立<br>留学事業の総合的管理強化<br>「大学及びそれ以上の学歴所有者私費留 | | |

中国政府は、改革開放政策以降、近代化推進の原動力たる高度人材の早期育成のために留学生を大量に海外に送り出す政策を実施してきた。1993年中国共産党が発表した「留学支持、帰国奨励、自由往来」の十二文字方針は、画期的な政策転換だったと言われる。十二文字方針は、従来の留学生送り出し政策の継続を支持すると共に、帰国促進策の推進、さらに国家発展のために人材の自由往来をも認めるという画期的な方針であったのである。中国政府が、国家発展をスピードアップするために海外で学んだ高度人材をいかに大量に必要としていたかがわかる。（表2参照）

　しかし、同時に中国政府は、留学に頼るだけでなく国内で高度人材育成のために、順次改革を進めていた高等教育に関して1998年「中華人民共和国高等教育法」を新たに制定し、国家財政難の中で高等教育の大衆化の方針を打ち出したのである。さらに中国の高等の教育水準を高め、国際的研究水準を目指すために、100の重点大学に集中投資する「211プロジェクト」をスタートさせた。

　中国の大学の学費は、元来社会主義の原則に従って公費負担で無料であったが、徐々に自己負担制度が取り入れられていた。しかし、1997年からは学費を全面的に有償化したのである。政府は高等教育支出を抑えつつ大学入学定員の拡充策を推進するために学費有償化を実施したのである。学生の学費負担は1995をベースにすると5年後の2000年には、8倍から10倍になったと言われる（苑復傑：2005）。具体的に言うと、1995年に600元だった学費が2000年には5000元になっている。わずか5年間に8.3倍に増額されたことになる。それでも大学進学率はこの間に7.2％から11.5％に増大しているのである。（李敏、2003：16）

　急激な学費値上げが、高等教育進学熱を冷ますことなく、昇竜へのチャンスと受け止められ、中国の高等教育進学率は急速に拡大した。（図4参照）

　当初、中国政府は2010年までに大学進学率15％を達成し、マーチン・トロウのいう大学大衆化段階[1]に突入するという目標であった。しかし、中国総合研究センターの調べによると、2000年の大学入学者は220万6千人に達し、2002年に前倒しで目標の15％を達成している。そして2005年には、504万5千人、21％に達している。驚異的な進学率の増大である。（表3参照）

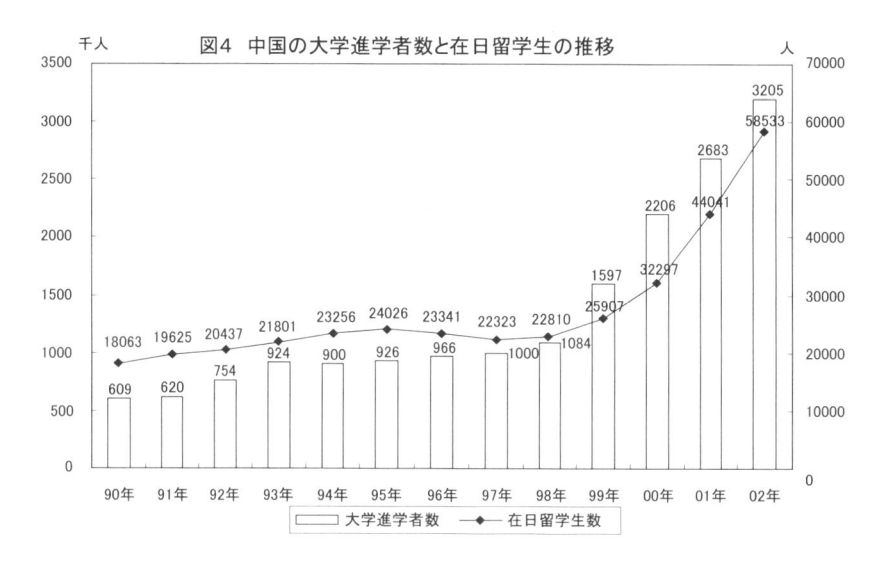

図4 中国の大学進学者数と在日留学生の推移

（資料）『中国教育統計年鑑』（1990－2003）、『2000年全国教育事業統計主要結果及分析』、文科省『留学生受け入れの概況』（各年版）より

表3　中国高等教育機関の入学者・卒業者等の推移（1990-2005）

|  | 1990年 | 1995年 | 2000年 | 2005年 |
| --- | --- | --- | --- | --- |
| 入学者数（万人） | 60.9 | 92.6 | 220.6 | 504.5 |
| 在籍者数（万人） | 206.3 | 290.6 | 556.1 | 306.8 |
| 卒業者数（万人） | 61.4 | 80.5 | 95 | 306.8 |
| 進学率（％） | 3.4 | 7.2 | 12.5 | 21.0 |

（出典）『中国統計年鑑』2003年,2004年、『教育発展統計広報』2005年
中国政府教育部ホームページより

## ▼意図せざる結果として日本留学拡大

　中国経済が高度成長し高度人材の需要が高まっているとは言え、このような大学生の急増は大卒の供給過剰になり、大卒のインフレ現象を招く。如何に経済発展が大きく高度人材需要が拡大しているとはいえ、このように急激な大卒者の増加は、それにふさわしい就職口を確保することを難しくし、教育の投資効果を減衰させるのは必死である。

中国の大学大衆化政策そのものが、高卒者の国営企業への就職難を暫定的に4年間遅らせる意図があったと言われるが、その間に若者の休職者を吸収できるだけの産業発展があれば4年間というタイムラグは有効に機能するが、実際は4年間就職を延期させ余分の教育投資を強いるだけで、大学卒業者の需要を満たすことが出来ず、実際3割程度は就職浪人を産んでいるのが現状だと言われている。

　こうした現実は、就職に有利な有名大学への進学傾向を強化する。重点大学への政府の厚遇政策と相まって、大学間格差はますます大きく拡大することになる。大学への進学競争とその先にある大卒者の就職競争が、大衆の間で激化するにつれて、より有利な教育の投資効果を求めて教育人材は流動化を増すことになる。

　これが海外留学先として日本留学を増大させる最大の要因と言える。国内の大学定員が拡充されて進学チャンスが大きくなれば、多額の費用と外国語修得の苦労をしてまで海外留学する必要はないと考えられるが、こうした大学教育の大衆化が、皮肉にも日本留学者を増大させているのである。

　図4のように中国の大学進学者数の推移と中国人の在日留学生数の推移をまとめて表示すると、この両者の関係が見事に一致しているのがわかる。まさに中国高等教育の大衆化が、意図せざる結果として日本留学の強力なプッシュ要因になったのである。

　また、大学学費の有償化が、大衆レベルで教育＝投資という考え方を拡大したと思われる。大学教育が投資的意味合いを強めると、国内の大学進学費用と海外留学費用との差額が縮小したことにより、双方を天秤にかけ利得計算することになる。当然、海外留学の方が国内進学より数倍の費用がかかるが、海外留学、それも日本留学はアルバイトによって生活費を補填できるメリットもあり、費用対効果を考えると身近な留学先として選ばれ易くなる。

　元来、中国大陸からの二大留学先は、アメリカと日本であった。アメリカは中国からの留学生受け入れを制限しており、特に2001年の9.11テロ以降大変困難な留学先になった。それまで5〜6％の増加を示していた留学生の入国者は、2003年から04年にかけて初めて減少に転じている。それに代わって日本はハー

ドルの比較的低い留学先として注目され、同じ時期在日留学生数は9.7％増加している。中国人の留学先の第一位は2003年以来アメリカから日本になっている[2]。

▼上海・北京から華東・東北へ

さらにもう一つ、在日留学生増大の背景として、その留学生の出身地域の変化にも注目する必要がある。

在日中国人留学生の供給地は、長く上海・北京などの沿海部の直轄市からの留学生が中心であった。近年、その供給地が拡大し、北京・上海などの大都市よりその周辺地域の華東地方や東北地方の出身者の方が多くなっているのである。（図5参照）

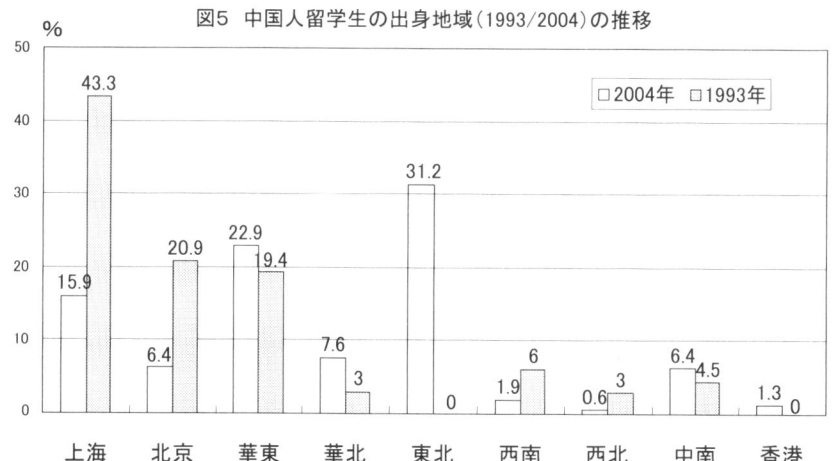

図5 中国人留学生の出身地域（1993/2004）の推移

| 地域 | 2004年 | 1993年 |
|---|---|---|
| 上海 | 15.9 | 43.3 |
| 北京 | 6.4 | 20.9 |
| 華東 | 22.9 | 19.4 |
| 華北 | 7.6 | 3 |
| 東北 | 31.2 | 0 |
| 西南 | 1.9 | 6 |
| 西北 | 0.6 | 3 |
| 中南 | 6.4 | 4.5 |
| 香港 | 1.3 | 0 |

資料）アジア青年文化研究会「在日留学生調査」（1993）及び、坪井研究室「在日留学生調査」（2004）より。（無回答を除く％）

図5をみるとわかるが、1993年調査在日中国人留学生の出身地は上海43.3％、北京20.9％で飛び抜けて多かったが、2004年調査では、上海は東北、華東に次ぐ3位（15.9％）、北京はさらに華北に次ぐ5位（6.4％）になっている。1993年調査では0％だった東北地方が、2004年にはトップに躍り出て、31.2％を占めている。中国人留学生の出身地域の変動ぶりが読み取れる。

上海・北京など早くに発展した大都市部について見ると、全国平均とは異なる様相を示している。先に述べた2005年21%という中国の大学進学率は、あくまでも全国平均である。北京・上海などの大都市では、日本の大学進学率とほとんど変わらない。2003年上海、北京の大学粗入学率（18－22歳人口に占める大学在学定員数）は53%、52%と、すでに50%の大台を越えている。かれらは急速に経済発展する大都市の渦中にあり、北京・上海を離れると成功のチャンスを失うおそれを感じており、わざわざ日本留学するメリットを感じないと言われる。しかし、より高いレベルの成功を目指して英語圏の大学院レベルの留学志向は、これらの地域の若者の潜在意識の中に強くあり、必ずしも衰えていないと言われる。（張栩、2004：88）

　山東省・浙江省・江蘇省などの華東地方は、上海・北京などの都市部に隣接した地域で、上海・北京にやや遅れて経済的に子弟を海外留学させるだけの富裕層が生まれた地域である。そうした裕福な中間層の子弟が一層の昇竜を目指して海外雄飛を試みていると考えられる。この地域の出身者比率は上海・北京のような大きな変動は見られない。

　それにくらべ東北地方の遼寧省・吉林省・黒竜江省の三省の変動は大きい。これらの地域は元来国営工場を中心としての重工業地域であり、人的資源の豊富な地域にもかかわらず倒産・リストラが多く「中国の都市貧民の4分の1は東北にいる」（『東方時報』2003.11.27）と言われるほど失業率は高い地域である。しかし、同時に日系企業や韓国系企業も数多く進出している地域である。こうした企業に厚遇で迎えられるのは、朝鮮族の人たちである。彼らは朝鮮語の他に、日本語を理解する人も多く、日系企業でも使いやすい労働力となっている。貧しく衰退する地域で、比較的チャンスに恵まれた朝鮮族の人たちが、これらの進出企業で働いたり、韓国に出稼ぎに出て得た金を子弟の学費に投資して現状からの脱出を試みている。幸い朝鮮族の子弟の多くは、民族学校で朝鮮語を学ぶと共に、第一外国語として日本語を学んだ人も多く、留学資金を得た朝鮮族の子弟が、日本留学を目指すのは自然の選択である。また、日本の大学や日本語学校からの勧誘もこうした東北地方を中心に行われていることも、この地域からの日本留学が多くなっている要因の一つでもある。

第 6 章　在日中国人留学生の動向

　実際、筆者が在日中国人留学生の出身地域を調べた2004年の調査では、在日留学生の31.2％が東北地方出身者である。朝鮮族か否かを尋ねた質問はしていないが、その内 3 割程度は朝鮮族出身者ではないかと推測される。従って、全体の 1 割程度は朝鮮族の在日中国人留学生がいると推測される。

## 5．在日中国人留学生の虚像と実像

▼勉強しない中国人留学生？
　中国人留学生への偏見や差別は今も続いている問題であるが、1980年代後半の留学生急増期に、日本語学校が不法就労の隠れ蓑として利用され、中国人留学生を不法就労の労働者と同格として見るような一時期があった。その後、日本語学校に出席管理を厳しく求めたために、悪質な日本語学校は影を潜めこうした事態は大幅に改善された。不法滞在の外国人も取り締まりが強化されたために1993年をピークに大幅に減少した。
　その後、2001年に発覚した酒田短期大学事件は、舞台が日本語学校から大学に移ったことを端的に物語った事件として記憶に新しい[3]。日本人新入生の確保が難しい地方の弱小短大が300人を越える中国人留学生を入学させ、通学実態のないままに首都圏でのアルバイトを黙認していた事件である。少子化対策の生き残り策として定員補充の穴埋めに留学生大量受け入れに走った大学は、酒田短大だけではない。2005年 6 月会社更生法の適用申請をした萩国際大学も同じである。
　こうした中小の大学が安易に留学生を受け入れた背景には、文部科学省が10万人計画達成のために後押しした事情もあるが、まじめに勉強するために来日した留学生との間に当然大きな格差を生んでいる。
　こうした事件を通して生まれた中国人留学生に対する負の言説の一つは、「中国人留学生はアルバイトばかりして勉強しない」というものである。
　しかし、この言説は中国人留学生の全体的傾向を表現したものとしては根拠に乏しい。中国人留学生が留学生全体の三分の二という大多数を占めるようになった現在、本当に留学生の全体的な質は低下したと言えるのだろうか。筆者

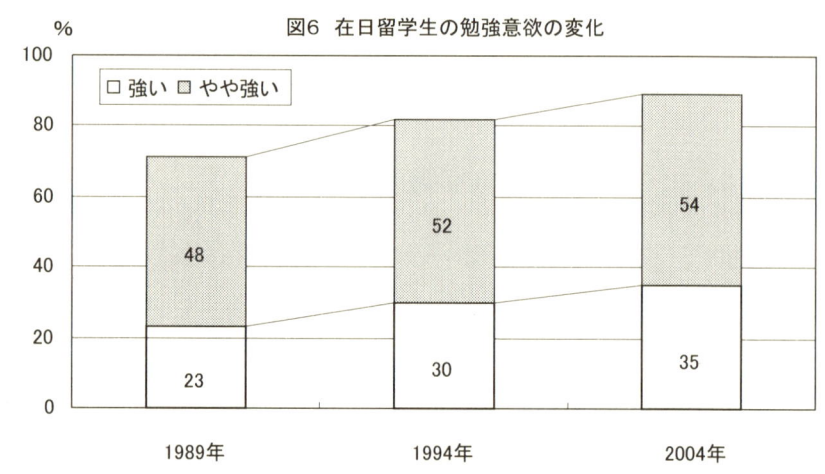

が調べた限りそうした証拠は見られない。(図6参照)

図6　在日留学生の勉強意欲の変化

|  | 1989年 | 1994年 | 2004年 |
|---|---|---|---|
| やや強い | 48 | 52 | 54 |
| 強い | 23 | 30 | 35 |

資料)　アジア青年文化研究会「留学生調査」(1989年)(1993年)
　　　坪井研究室「留学生調査」(2004年)

　図6で例示したデータは、ある私立大学における留学生調査の結果ではあるが、2004年の留学生調査と15年前の1989年の留学生調査を比較すると、留学生の質はむしろ向上している。つまり、留学生の勉学意欲は、この15年間で意欲の「強い」学生は18ポイント上昇しているのである。この理由は、中国大陸からの留学生が多数を占めていることが大きい。

　従来の研究でも、中国大陸の学生の向学心は日本・韓国・台湾を凌駕していたし、その傾向は1990年代後半一層強まっている(坪井、2002:15)。中国大陸の学生の就職競争は、大学大衆化によってその底辺を拡大し、勉学中心の学生文化を拡大させた。それは在日中国人留学生にも共通していると考えられる。

　つまり、彼ら在日中国人留学生の準拠集団は中国大陸の同世代の若者であり、彼らと地位競争しているのである。因みに、調査対象者に占める中国人留学生は、1989年当時中国人留学生はまだ21％に過ぎなかったが、2004年には90％を越えている。

## ▼中国人就学生・留学生は犯罪者？

　もう一つの中国人留学生に対する負の言説は、中国人留学生・就学生による外国人犯罪率が増大しているという指摘である。

　留学生・就学生による外国人犯罪の象徴的出来事は2003年6月「福岡一家4人殺人事件」である。犯人が中国人の留学生・就学生グループの金目当ての犯行だったことが、世間を震撼させると共に、中国人留学生へのマイナスイメージを増幅させた。

　「大衆留学」の時代には、質の低い学生が含まれることは避けがたい。そうした入国者のごく少数が、学業を放棄してアルバイトに励み、不法滞在となって裏社会に生きることになる。彼らはアルバイトとして犯罪に手を染め、検挙されて大々的に報道される。大多数のまじめな留学生や就学生が、こうした元就学生・留学生らの外国人犯罪ニュースの犠牲になっているという構図がある。

　近年の傾向を見ると、外国人犯罪、特に来日外国人の検挙件数は増加してい

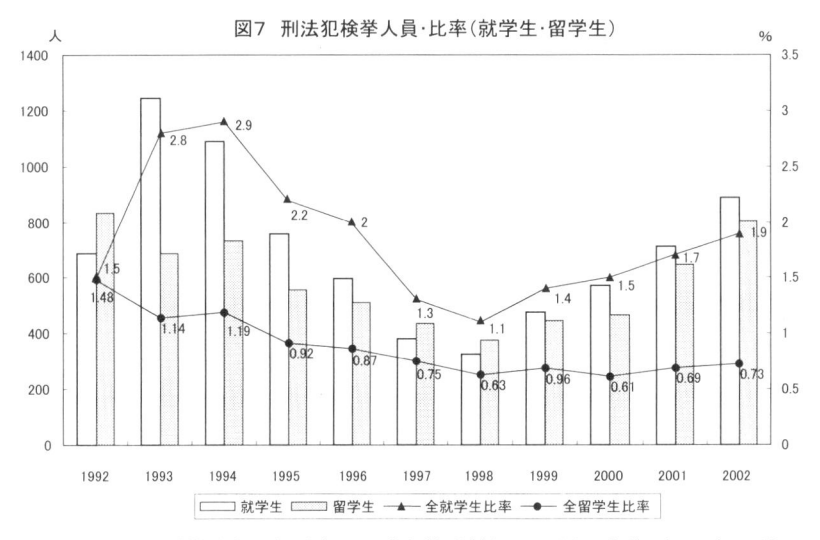

図7　刑法犯検挙人員・比率（就学生・留学生）

資料）中島真一郎「就学生・留学生の刑法犯検挙状況から見る実像」（2004年1月28日）より筆者作成。http://www.geocities.jp/kumstak/s-jituzo.html（2005/12/30）
就学生検挙人員比率（全就学生比率）＝就学生刑法犯検挙人員÷就学の外国人登録者数。全留学生比率も同じ。

るし、その多くは来日中国人であることも確かである。しかし、ニュースで報道されるほど外国人犯罪率は高くなっていないし、留学生・就学生の犯罪も多くない。(図7参照)

　図7を見るとわかるように、留学生の刑法犯検挙人員は、1991年をピークに2002年には3割減少しているし、就学生も1993年のピークと比べると2002年は3割減少している。1998年以降は増加傾向にあるとは言え、ピーク時ほどではない(中島、2004)。この5年間に留学生数自体が5万1千人から9万5千人に倍近く増加した事実にも注目する必要があるし、そう考えると、単純な量的拡大ではなく増加傾向にあるに過ぎず、留学生・就学生の犯罪率の増加ではないこともわかる。

　また、2003年の全刑法犯38万人の内、外国人は1万人にも満たない8700人2.3％に過ぎない。留学生・就学生の摘発件数がこの5年間で2.4倍に増加したというニュースもあるが、全検挙者38万人中0.3％に過ぎない(白石、2004)。

　先に述べたように、在日留学生数の増減は文科省より法務省がその主導権を握っている。2000年法務省はビザ審査を大幅に緩和し、その結果在日留学生が急増した。

　しかし、その後2003年に発生した福岡一家4人殺害事件などの凶悪犯罪や外国人犯罪の報道を受けて、新規入国者の入国管理を厳しく制限した。日本語学校の中には、入学予定者の入国ビザが下りず、学生が集まらず休校を余儀なくされたところも出てきている。2004年4月の在留資格審査では就学生・留学生の申請者の約半数54.2％が入国を拒否されたという。その9割以上が中国人である(『朝日新聞』2004.3.7)。

　日本語学校の就学生問題は、2年後の大学入学者の問題に跳ね返ってくる。大学入学する在日留学生の7、8割は日本語学校出身者である。2006年度以降の大学受験に直接的に反映されて、再び在日留学生が10万人を割り込むことも考えられる。実際、そうなれば政府も再び入国規制を緩めるのであろうが、2、3年のブランクは日本語教育の現場を混乱させるだけである。一端離脱して転業した経験豊かな日本語教師が再び戻ってくる保証はない。

第 6 章　在日中国人留学生の動向

奨学金制度を充実させればもっと勉学に専念できると思われるが、それは別次元の問題である。日本での留学生活は、奨学金制度ではなく制限的アルバイト制度によって維持されていると言ってもよい。その点が欧米の留学制度と大きく違う日本留学の特徴でもあり、それが日本留学の敷居を低くしている要因でもあるので、一概にアルバイトを否定することはできない。また留学生のアルバイトは、生きた日本社会の現実を学び、生きた日本語を学ぶ機会として、日本社会を学ぶインターンシップのような機能も果たしていることも指摘しておかなければならない（浅野、2004）。

## おわりに

▼北京学生調査から

　中国人学生にとって、日本留学はどのようにみられているか、筆者は別の科研費研究グループで2004年中国（北京）学生調査を実施したので、その結果を紹介しつつ、中国の若者にとっての日本留学の意味を改めて考えてみたい[4]。

　調査対象が北京の有名6大学の学生に限定されているので、その点を差し引いて考察する必要がある。その結果の概要は以下のようなものである。

　彼らの卒業後の進路希望は、北京のエリート大学らしく第一位は「政府機関・

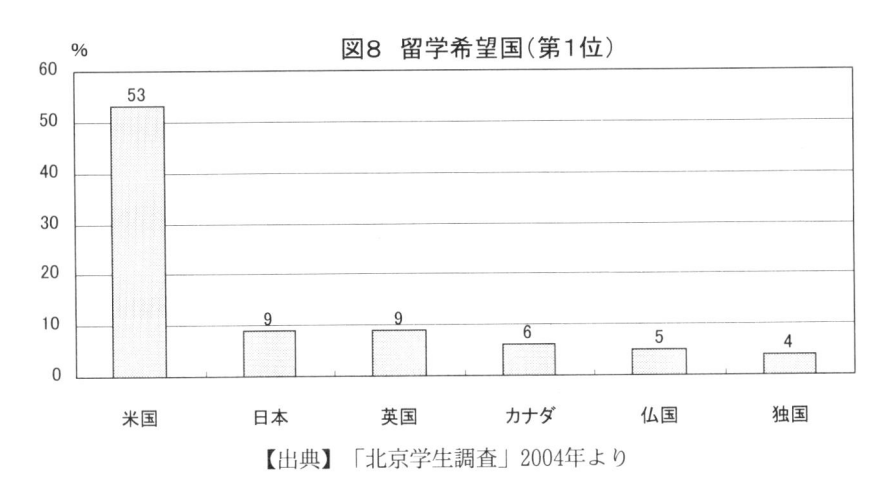

図8　留学希望国（第1位）

| 国 | % |
|---|---|
| 米国 | 53 |
| 日本 | 9 |
| 英国 | 9 |
| カナダ | 6 |
| 仏国 | 5 |
| 独国 | 4 |

【出典】「北京学生調査」2004年より

171

国営企業」(26%)であり、以下「教員・研究者」(16%)、「外国系企業」(13%)が続く。彼らの留学希望も思ったほど強くなく「大いに望む」「少し望む」を合わせても54％に過ぎない。留学希望国の第一位は圧倒的に米国であり53％に達する。日本は英国と同順位の第二位ではあるが９％に過ぎない。(図8参照) しかし、実際の中国青年の海外留学先は、先に述べたように、現在では日本が第１位であり米国は２位になっている。

また、米国留学希望の理由を見ると「視野拡大」などの抽象的理由が多く見られるが、日本留学は「知識・技術の習得」「有利な就職」など実利的理由が多く挙げられていることも日本留学の特徴である。米国留学希望者の大半は英語が「十分できる」(85%)と回答しているが、日本留学希望者で日本語が「十分できる」者は５％に過ぎない。

留学希望者の勉強意欲を比較すると、欧米留学希望者に比べて日本留学希望者の勉強意欲は一段弱いという結果も現れている。(図9参照)(横田他、2005：226－280)

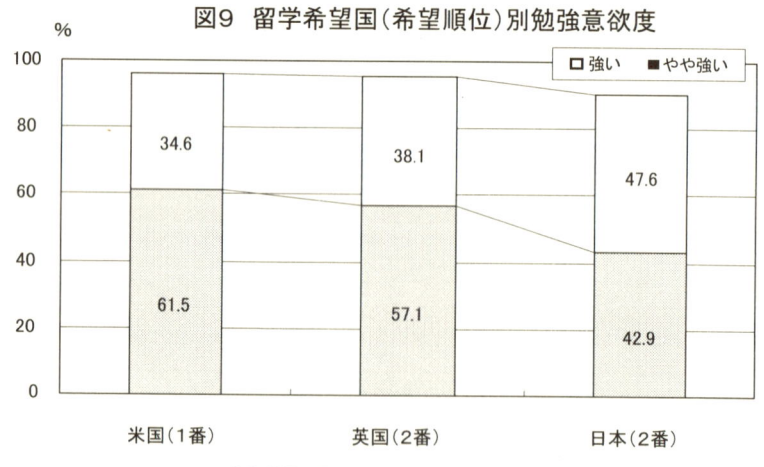

図9　留学希望国（希望順位）別勉強意欲度

| 留学希望国 | 強い | やや強い |
|---|---|---|
| 米国(1番) | 61.5 | 34.6 |
| 英国(2番) | 57.1 | 38.1 |
| 日本(2番) | 42.9 | 47.6 |

【出典】「北京学生調査」2004年より

以上簡単に紹介した調査結果と他のデータや調査資料を付き合わせて考察すると、日本留学と欧米留学では、中国人留学生の志向や目的、それらを目指す主要な社会層が異なっていることがわかる。これまでの考察と北京学生調査結

果を踏まえると、以下のようにまとめられよう。

①欧米留学志向の学生は、大学院留学が主流であり、日本留学志向は学部留学が主流である。

②欧米志向の学生は、上海・北京などの大都市の富裕層出身者が多く、日本留学志向の学生は、大都市近郊の省・市など比較的豊かな中間層出身者及び東北地方の朝鮮族出身者が多い。

③欧米留学志向の学生は、「グローバルな世界」で自己実現を目指している者が多いが、日本留学志向の学生は、日本や中国などアジア圏の「グローカルな世界」での自己実現を目指している。

④従って、欧米留学志向の学生は、国際的な指導者を目指す「エリート留学」が多く、日本留学志向の学生は、アジアの地域指導者を目指した「大衆留学」が多い傾向がある。

以上のような結論を踏まえて、今後日本に求められる留学政策について言うと、日本留学は、欧米留学と同一水準で競争的に論ずるのではなく、アジアなかんずく中国の「大衆留学」先として位置づけるべきであろう。

## ▼大衆留学先としての日本

グローバリゼーションの進行と共に、中国国内の階級・階層格差も増大している。中国国内の同じ大学卒業者でも出身地域や階層によって就職に差があるのが現実である[5]。日本留学は、中国国内の階級差や地域差を解消し、成功のチャンスを均等化する機能を果たしているとも言える。

「日本に求められているのは、一部のスーパー・エリートや富裕層だけに許された、階級的に閉ざされた留学制度ではない。外国人を厳しく規制・排除することで国内秩序を確保しようとする排他的な政策でもない。日本で学び働く大多数のアジア系留学生・就学生は教室でも職場・地域でも多くを学び、日本人と交流するなかで人間として発達を遂げつつある。」（浅野、2004）

筆者はこうした意見と見解を共にする。これからのアジア交流の戦略要因として政治・経済・教育・文化・マスコミなどあらゆる領域で活躍できる高度人材の育成を目指して、日本は中国人の大衆留学先として、今後さらに多くの留

学生の受け入れを図るべきであろう[6]。

　不法就労や外国人犯罪などマイナス面は、異文化交流の輪が拡大化すれば、それ相応に負わざる得ない負の側面である。こうした異文化交流の負の側面を警戒するあまり、入国管理局が交流の蛇口を閉ざすことは時代に逆行する安易な発想である。これらの負の側面を排除する努力こそは、国際化時代には恒常的に求められる努力義務である。日本社会がこうした異文化摩擦をどう回避し解決するか、その摩擦回避の智恵が試されているといってよい。

　高等教育のグローバル化と共に、今後、中国人留学生の主流は韓国や台湾のたどった途である英語圏の大学へ向かうことは避けられない。しかし、欧米留学とは別に、大衆留学先として日本留学はアジア経済圏の将来を前提にすれば、プッシュ要因として日本留学の供給量が小さくなるとは当面考えられない。先進諸国の大学が教育プログラムを海外輸出する制度や海外分校の展開など多様な国際教育プログラムは今後ますます盛んになるだろう（横田他、2005）。つまり、学生の国際移動による留学交流だけでなく、高等教育機関の国際移動によるプログラム交流も盛んになると予想される。しかし、留学交流は、大学キャンパス内の交流だけでなく、その国の文化や生活を背景とした生きた人間交流である。こうした生きた人間による生活交流がもたらす経験の蓄積は、限定的なキャンパス交流の数倍、数十倍の留学価値を産み出す。

　この20年間の日中の留学交流が産み出した高度人材が、いま日本と中国の多方面で両国の架け橋となって活躍している事実を忘れてはならない[7]。この知的・人的交流は当たり前のように受け止められているが、1978年鄧小平による中国の改革開放政策による留学生海外派遣事業の推進、1983年中曽根首相による留学生受け入れ政策の提言が果たした歴史的役割は大きい。

　その恩恵に浴しているのは、海を渡った留学生だけではない。日中双方の政治・経済・教育・文化・マスコミあらゆる領域に多くの有能な人材を供給している。こうした留学交流の意義を正面から受け止めて国際化を推進しようとしている大学は必ずしも多くない（横田他：2006）。しかし、こうした日中留学交流のうねりは、意図的に蛇口が閉じられない限り、今後とも一層大きなものになるだろうし、アジアの経済社会圏の将来を考えると、一層大きな知的交流に

しなければならなない義務があるといっても過言ではないであろう。

注

1）マーチン・トロウは、高等教育の3段階の発展を該当年齢に占める学生在籍率が15％までの「エリート型」、50％までの「マス型」、それ以上の「ユニバーサル型」に区分し、それぞれの機能や特徴の違いを整理した。M.トロウ、天野・喜多村訳『高学歴社会の大学』東大出版会1976参照。
2）2004年中国人の日本留学者総数は77,713人であるが、同年の米国留学者総数は62,523人である。日本留学者の方が1.2倍多い。（参照：米国資料はIIE、"Open doors 2005" Fast Factsより。日本資料は文科省「留学生受け入れの概況」平成16年版より）
3）1961年設立された酒田短期大学は、定員の2倍を超える中国人留学生を不法に受け入れ、そのことが発覚して資金繰りが悪化、2002年に事実上廃校になった。2004年文部科学省は国所轄の学校法人としては初めての解散命令を出した。
4）2004年12月実施「北京学生調査」（科学研究費補助金基盤研究B：代表横田雅弘）。調査対象学生は、北京大学（54）、北京科技大学（52）、中国人民大学（45）、清華大学（43）、北京理工大学（41）、北京外語大学（19）の254サンプル。（横田他、2005参照）
5）金谷譲・林思雲、2005『中国人と日本人』日中出版には、日本留学を目指す中国人のホンネを4つにまとめている。青樹明子2005『「小皇帝」世代の中国』新潮新書には、エリート大学内の貧富の差について紹介している。
6）2003年12月中央教育審議会は『新たな留学生政策の展開について（答申）』を出し、今後、3万人程度の留学生増を予測している。
7）段躍中編1998年『在日中国人大全（1998-1999年）』日本僑報社には、日本の各界で活躍する多くの在日中国人が収録されているが、こうした在日中国人士の中には、日本での留学経験をきっかけにして現在の活躍の場を形成している人も多い。さらに彼らの活躍が日本社会の活性化・日中友好交流・中国を含むアジアの活性化に貢献していることを忘れてはならない。

※ 本稿は「在日中国人留学生の動向と今後の課題」と題して『駒澤社会学研究』38号、2006年3月に掲載した論文を大幅に加筆修正して転載するものである。本稿は元の論文の著作権者である駒澤大学の許可を得て掲載するものである。

なお、本稿脱稿後、日本学生支援機構より2006年5月1日現在の留学生受け入れ数が発表された。それによると117,927人で、過去最高の前年より38,885人減

となっており、1999年以来初めて減少に転じたことになる。本論で予測したように、2003年の「福岡一家4人殺害事件」を契機として、翌年から入国管理局が中国人就学生の新規入国者のビザ発給を厳格化したことによる抑制効果が、2年後に現れたとみることができる。

【引用文献】
青樹明子、2005『「小皇帝」世代の中国』新潮新書
浅野慎一、2004「中国人留学生・就学生の実態と受け入れ体制の転換」『労働法律旬報』2004.5.25、労働法律旬報社
阿部　洋、1990『中国の近代教育と明治日本』龍渓書舎
井口泰・曙光　2003「高度人材の国際移動の決定要因―日中間の留学生移動を中心に―」『経済学論究』57巻3号、関西学院大学
苑復傑、2005「中国高等教育のグローバル化戦略」『IDE』NO.466　民主教育協会
王律、2001「中国留学生送り出し政策の沿革と留学生ブームの推移」『中国研究月報』2001.10
岡益巳・深田博己、1995『中国人留学生と日本』白帝社
金谷譲・林思雲、2005『中国人と日本人―ホンネの対話―』日中出版
白石勝己、2004「緊急アピール、冷静にデータを読もう！―マスコミによる外国人犯罪ネガティブキャンペーンに抗する―」『月刊アジアの友』第424号アジア学生文化協会
段躍中、2003『現代中国人の日本留学』明石書店
坪井健、2002「アジア学生文化の比較研究―1994年と2000年調査を中心として―」『駒澤社会学研究』NO.34、駒澤大学文学部社会学科
坪井健、2006「在日中国人留学生の動向と今後の課題」『駒澤社会学研究』NO.38、駒澤大学文学部社会学科
中島真一郎、2004「就学生・留学生の刑法犯検挙状況から見る実像」
http://www.geocities.jp/kumstak/s-jituzo.html　2005/12/30
張栩、2004「急増する大学生と就職意識」『中国経済』2004.1
李明、1997『中国教育行政全書』経済日報出版社
李泊、1998「中国留学工作20年回顧」『人民日報』（海外版）1998.6.16
李敏、2003「中国高等教育大衆化のインパクト」『未来経営』No.21　フジタ未来経営研究所
横田雅弘・坪井健・白土悟・大田浩・工藤和宏、2005『アジア太平洋諸国の留学生

受け入れ政策と中国の動向』(科研費研究調査報告書：代表、横田雅弘)一橋大学留学生センター

横田雅弘・坪井健・白土悟・大田浩・工藤和宏、2006『岐路に立つ日本の大学—全国四年制大学の国際化と留学交流に関する調査報告—』(科研費研究調査報告書：代表、横田雅弘一橋大学留学生センター

中央教育審議会、2003『新たな留学生政策の展開について(答申)』

文部科学省　各年度「留学生受け入れの概況」

(坪井　健)

# 第7章 生活と文化
——流行り謡から見た現代中国の生活——

## はじめに

　1978年に始まった改革開放政策の実施で中国の社会が激変したのはほぼ周知のことである。この激変は言語や文化の面にも及んでいる。激変に伴う新しいことばが未曾有の勢いで出現している。新語、流行語、外国語の訳語、専門用語、流行り謡など様々なことばが雨後の竹の子のように出現している。本章ではその中の流行り謡を取り上げる。流行り謡は中国社会の激しい変動に伴い、前例にないような勢いで大量に発生している。流行り謡は様々な中国の社会現象を風刺したり皮肉ったりしている。従って、人々に喜ばれ、大衆の間で口から口へと伝播され、広く深く人々の生活に浸透しているのである。
　流行り謡の大量発生や迅速な流布の背景及びその原因については二つほど考えられる。一つは激変している中国の社会では様々な矛盾や歪みの現象が毎日のように起こっているからである。これらの矛盾や歪みの現象に対して、政府や行政の対応や解決はなかなか追いつかないのである。解決どころか、多くの歪みの現象そのものが政治家や役人達によって作られていたのである。庶民はこれらの歪みの現象を非常に憎んでおり、その憎みや不満は大衆の間で日常的に語られ、多くの人々の手により、流行り謡のような形に生成させていたのである。もう一つの原因は、流行り謡が社会の歪みの現象を風刺したり皮肉ったりする手段としては最も適当なものの一つであることにある。流行り謡は大衆的なことばを使い、覚えやすい比喩や単純な繰り返しなどの表現手法で社会の歪みの現象を辛辣に諷刺することができる。そのため印象深く人々の記憶に残るのである。また、流行り謡はユーモア的な側面があるので、伝える側も聞く側も非常に気楽に楽しむことができるのである。この滑稽な大衆的なことばで

表現するのを人々は喜ぶのである。

　ことばは社会を観察する鏡の一つである。ことばを通じて社会を見るのも社会を考察する視点の一つであると筆者は考えている。本章ではこのような視点から中国語の流行り謡を取り上げ、流行り謡を通して、1978年から始まった改革開放政策がもたらした中国社会の歪みの現象や人々の生活の変化などを考察する。いわばことばの側面から現代中国社会の文化や人々の生活の変化などを考察していきたいのである。

# 1．流行り謡の特徴及びその歴史

### ▼　流行り謡とは

　流行り謡とは、中国社会の歪みの現象を風刺したり皮肉ったりする、民間に流行っている韻文形式のざれ歌のことであり、中国語の原文で「順口溜」（shun kou liu）と呼ばれているものを指すのである。この大衆レベルのユーモア的表現形式の「順口溜」はここでは「流行り謡」と訳すことにする。流行り謡は大衆から生まれ、大衆の間で口から口へと伝播される。最初は狭い範囲で流行り、次第に範囲が拡大し、最後に全国にわたる範囲に流行るようになっていくのである。しかし、近年のインターネットや携帯電話の普及などで、流行り謡の伝播形式は大きく変化し、電波による伝播形式は大きなウェイトを占めるようになり、伝播のスピードも格段と速くなっているのである。また、流行り謡は伝播されながら、各地の特徴なども取り入れられたりして、よりよいものになるように改編されていくのである。

　中国語には「歌」「謡」「民歌」「民謡」「歌謡」「謡諺」「順口溜」などのことばがある。これらのことばは、民間に流行っている韻文形式の歌謡のことを指しているのが共通点であるが、それぞれが強調しているところは微妙に違っている。「歌」は曲をつけて歌える字句、「謡」は出まかせに歌い出す、伴奏のない韻文である、と中国語の辞書ではこのように説明している。一方、「民歌」は人々が口頭で創作した歌曲であり、主としてローカル色に富んでいる物を指すのに対して、「民謡」は伴奏なしの韻文で、主として時事や政治に関係する

ものを指しているのである。「歌謡」は主として伴奏なしの韻文を指すのに対して、「謡諺」は伴奏なしの韻文やことわざなどを指すのである。「順口溜」は滑稽味のある「歌謡」「謡諺」などを指すのである。

　この滑稽味のある「順口溜」は日本語に置き換えるときにはなかなかぴったりした訳語が見つからないのである。中国語の辞書の説明を見ても、適切な訳語を与えておらず、意味解釈の形に留めているのである。例えば、『中日大辞典』では、「民間芸術の一種：話し言葉による韻文で、長短まちまち。大変口調がよいのが特徴」[1]と説明している。『中日辞典』では、「民間で流行っている話し言葉による韻文の一種。文句の長さは一様ではないが、非常に語呂がよいのが特徴」[2]と説明している。即ち辞書では、民間に流行っていること、句の字数はこだわらないこと、話し言葉を使用すること、句末に韻を踏んでいること、語呂がよいことをその特徴として挙げているのである。しかし、これらの説明はあくまで構造的な特徴だけを挙げているのであって、「順口溜」で訴えている内容的な特徴は何も説明されていないのがわかる。ここで敢えて内容的な特徴を付け加えておきたい。「順口溜」は内容的には滑稽、風刺、皮肉の趣があるのを特徴として挙げることができる。

　このように中国語の「順口溜」ということばは日本語に置き換えるときに非常に難しい側面があるのが分かる。本章ではこの「順口溜」の訳語として、岡益巳氏の『現代中国と流行り謡』[3]の著書で使われている「流行り謡」の用語を使用することにする。一方、「順口溜」は「ざれ歌」と訳す学者もいる。
では、流行り謡の具体例を一つ見てみよう。

　　　政府改革，幹部缺徳。
　　　（政府の改革が行われたが、役人達の道徳がますます低下されてしまったのだ。）
　　　交通改革，道路堵塞。
　　　（交通分野の改革が行われたが、道路の渋滞がますますひどくなってしまったのだ。）
　　　男人改革，不要堂客。
　　　（男達の改革が行われたが、妻と離婚するようになってしまったのだ。）
　　　女人改革，到処接客。

第7章　生活と文化

（女達の改革が行われたが、水商売に走るようになってしまったのだ。）

　上記の流行り謡は中国の改革を皮肉ったものである。1978年に始まった中国の改革開放政策は中国の社会に大きな変化をもたらし、特に経済面においては世界を驚かせるほど急成長を成し遂げさせていたのである。経済成長率は平均して10％超える年が20年にも達しているである。国民１人当たりの国内総生産も1978年の379元であったのが2003年では9,073元までに成長し、20数年間でなんと24倍も伸びているのである。この急速な経済成長は中国の長年の念願であり、中国にとっては非常に重要な意味を持ち、大いに評価すべきことである。しかし、他方、この急速な経済成長の反面に中国の社会が多くの歪みの問題を抱えるようになってしまったのも否定できない事実である。収入格差の拡大、政治家・役人の腐敗、拝金主義の蔓延、モラルの低下などがその社会問題の典型的な例である。これらの社会の歪みの現象に対し、多くの国民は大きな不満を持ち、流行り謡などを通して風刺しているのである。上記の流行り謡が示しているように、改革が行われていたが、この改革で役人達の道徳や人々のモラルなどがより良くなるどころか、むしろいっそう大きく低下してしまったのだ。国民はこの改革のマイナス面に大きな不満を持ち、流行り謡を作って皮肉っているのである。

▼　流行り謡の歴史

　流行り謡の源流を遡っていけば2500年前に成立した中国の最初の詩集である『詩経』にその原型を求めることができる。『詩経』[4]は「国風」「雅」「頌」の三部から構成されているが、その中の「国風」と「小雅」の篇にすでに周時代の民間の歌謡が収録されており、流行り謡の原型として見ることができるのである。例えば、『詩経・魏風』の中の「伐檀」という謡はその典型的な例である。その一部分を見てみよう。

　　坎坎伐檀兮，置之河之幹兮，（檀を切るよ。川辺に運ぶよ。）
　　河水清且漣猗。（川の水が奇麗よ。）
　　不稼不穡，胡取禾三百廛兮？（田んぼを耕さない人間はなぜ穀物を所有するのよ。）

不狩不猟，胡瞻爾庭有懸貆兮？（猟をしない人間はなぜ庭に肉をぶら下げているのよ。）
　　彼君子兮，不素餐兮！（かれらはただでもらっているのよ。）
　これは紀元前700年以前の魏という国の歌謡である。檀切りの農民たちが、労働もせずに収穫物を占有する支配貴族達に対する不満を表した流行り謡である。現在の流行り謡の原型とも言える。
　しかし、流行り謡が本格的に収集・編纂されるのは宋時代になってからであるとされている。宋時代の周守忠はその先駆者であると言われている。周守忠は1200年前後に《古今諺》一巻を編集していた。明の時代に下ると、楊慎も『古今諺』を編纂した。この書物は1543年の成立で、古代からの古語、古い諺などを300余点収録している。楊慎はさらに古代からの民謡、童謡などの流行り謡を280余点収集し、『古今風謡』という書物にまとめた。清の時代になると、杜文瀾（1815—1881）は春秋戦国時代から明時代までの民謡や諺などの流行り謡を大量の典籍から収集し、100巻からなる『古謡諺』を編纂した。収録された流行り謡は3300余点に上り、調査・採用した典籍は860冊にも達した。流行り謡の集大成と言える。
　中華民国の時代では北京大学教授の周作人らの名人達は1918年2月に民間歌謡収集の計画を作り、《北京大学征集歌謡簡章》という計画書を新聞で発表した。発表して2ヶ月も立たないうちに1,100余点の民間歌謡の投稿が寄せられた。そのうちの148点を新聞で発表した。さらに1920年周作人らは「北京大学歌謡研究会」を作り、『歌謡』という週刊誌も創刊した。創刊のことばのなかで周作人は「歌謡は国民の声であり、歌謡の収集整理は将来における民族詩の発展につながる」と述べている。『歌謡』は97号も刊行した。後に『国学門週刊』に吸収された。
　中国共産党が政権を取った1949年以降は中国では政治運動が優先され、流行り謡の収集整理の作業は停滞していた。それでも1958年に古典の『古謡諺』を再校訂して出版した。また、時代を反映した『紅旗歌謡』も編集されたのである。
　1978年以降は、中国は改革開放政策を実施し、前例のない発展を遂げ、社会

が大きく変化した。この変化を反映する流行り謡も大量に発生し、収集整理の作業も盛んに行われた。1980年代以来、流行り謡と関係する書物が少なくとも次のようなものが出版されている。甘棠著『中国大陸的順口溜（正集・続集）』、中国大陸問題研究所、1988年89年。周一民著『北京俏皮話辞典』、北京燕山出版社、1992年。謝貴安著『中国謡諺文化－謡諺与古代社会』、華中理工大学出版社、1994年。樹建、左愚著『当代順口溜与社会熱点掃描』、中国档案出版社、1994年。岡益巳著『現代中国と流行り謡』、御茶ノ水書房、1995年。余雲華著『口頭禅』、河北人民出版社、1997年。張守常著『中国近世謡諺』、北京出版、1998年。

特に90年代以降のインターネットの普及により、流行り謡の発生・伝承・収集整理は空前の活気を見せている。インターネットでは、笑い話、ユーモア、風刺などの専門ホームページも開設されており、中国政府の代弁者でもある『人民日報』のネットにも「風刺和幽黙」（風刺とユーモア）の項目が設けられるぐらいに変化しているのである。

流行り謡は時代と共に発生し、時代と共に伝承していくのである。どんな時代でも発生するのである。戦争の時代であれ、平和の時代であれ、苦しい時代であれ、繁栄の時代であれ、創作されているのである。ただ、創作の量はそれぞれの時代により大きく変化する。特に収集整理の作業は時代によってかなり増減する。

次に各時代の流行り謡の例を幾つか下記のように簡単に示しておく。

　　運石甘泉口，（石材運搬の人夫が甘泉口に到着すると）
　　渭水為不流。（渭水も流れなくなったのだ。）
　　千人唱，万人鈎。（千人が掛け声を掛け、万人が引っ張りをするのだ。）

秦の始皇帝が、渭水という川の水をせき止めるほど、大量の労働力を動員して宮殿を建造していた。上の例はこのような暴挙を描写する流行り謡であり、始皇帝の無茶な支配に対する不満を表しているのである。

　　以貧求富，（貧しきから富を求めるなら、）
　　農不如工，工不如商。（農は工に及ばず、工は商に及ばない。）
　　刺繍文，不如倚市門。（刺繍をするものは市に頼るものに及ばず。）

司馬遷著の『史記・漢書貨殖傳序』に出てくるものであるが、前漢時代社会の歪みを皮肉るものである。「富を求めるなら、農業をやるよりも工業をやった方が利益はあるのだ。工業をやるよりも商業をやった方が儲かるのだ。女性は刺繡をやるよりも市の飲み屋で男性客をもてなす方が儲かるのだ」という拝金主義社会を批判しているのである。

　　　酒禿酒禿，何榮何辱。（酔っ払いは栄光も侮辱もなし。）
　　　但見衣冠成古邱，（人が死んでいくのを見たが、）
　　　不見江河變陵谷。（川が山になるのを見たことがない。）

『馬氏南唐書浮屠元寂傳』に出てくるものであるが、戦乱で多くの死者が目の前に現れて、未来に対する希望がなくなり、酒飲みの明け暮れをするしかないという五代十国時代の戦乱社会に対する批判を表しているのである。

　　　今年選数恰相当，（今年の募集人数はちょうど適切である。）
　　　都由座主無文章。（座主が決めたものであるが、文章がないのだ。）
　　　案後一腔凍猪肉，（答案が選考されたが、人物が豚肉のようなものだ。）
　　　所以名為姜侍郎。（所以に姜侍郎と名づける。）

中国古代の人材選抜の制度である科挙試験は必ずしも公正に行われ、優秀な人材が選抜されているとは言えない、いわば執行役人による先入観や不正事件の頻発に対する批判を表しているのである。

　　　説鳳陽，道鳳陽，（鳳陽と言えば、）
　　　鳳陽本是好地方，（とても素晴らしいところだが、）
　　　自従出了朱皇帝，（朱皇帝が誕生した時点からは、）
　　　十年倒有九年荒。（十年中に九年が凶作になるのだ。）
　　　三年水淹三年旱，（三年水害、三年干ばつ、）
　　　三年蝗虫鬧災殃。（三年イナゴの災いだ。）
　　　大戸人家売騾馬，（お金持ちの家はロバを売り、）
　　　小戸人家売児郎。（貧しい家は子どもを売る。）
　　　奴家没有児郎売，（我が家は子がなく、）
　　　身背花鼓走四方。（花鼓を背負ってあちこち回るのだ。）

安徽地方の民謡である。鳳陽という地方はもともと豊かなところであるが、

第 7 章　生活と文化

朱元璋が政権を取った明の時代には貧しくなり、生活ができなくなる社会になってしまった。これを批判する流行り謡である。

　　一不要銭，嫌少。（銭が要らない。が、少ないと困る。）
　　二不要官，嫌小。（官位が要らない。が、低いと困る。）
　　三不要命，嫌老。（命が要らない。が、年取ればいやだ。）

　清の時代には政府は役人達の腐敗を防ぐために、「三不要」という信条を制定して貫くように貼っていたが、しかし、実際には貼っているだけで、全く守られていないのである。この現実に対する批判を表しているのである。「三不要」信条の後ろに誰かが皮肉のことば「嫌少、嫌小、嫌老」を書き加えたのである。

　　大総統，瞎胡鬧，（大総統はでたらめをやり、）
　　一幇和尚没有廟。（髪の毛を切り、和尚の頭になった官僚はポストがないのだ。）

　清朝が崩壊し、中華民国が生まれた。役人達は、清の時代の常識の習慣として伸ばしていた男性の長いお下げを切り、新しい時代に大きな期待を抱いた。しかし、働くポストがなく、期待が完全に裏切られてしまったのだ。このような社会に対する不満を表しているのである。

　　広播喇叭吹上天，（有線のラジオはうそを言い続けている。）
　　層層幹部搞試験，（各級の幹部は試験田を営む。）
　　谷子吃了膨張粉，（穀物は膨張剤でも飲んだように、）
　　一畝能産七八千。（一畝は7千斤8千斤も取れる。）

　中華民国政権が中国大陸で崩壊し、中華人民共和国が誕生した。毛沢東を中心とする新政権の指導部が政治運動を優先させ、経済活動を粗末にする政策を実施した。中国の社会は多くの問題が生じた。上級機関に対する役人たちのうその報告、吹聴の報告の風潮が蔓延していた。しかし、言論の自由が厳しく制限されていたため、政府に対する公の批判はなかなかできない時代であった。しかし、そういう時代であっても上記のような風刺、批判の流行り謡が発生していた。悪い社会風潮に対する批判や不満を表しているのである。

　　社員争工分，（人民公社の社員は労働点数を稼ぎ、）
　　幹部套工分，（幹部は労働点数を上乗せする。）

狠人要工分，（傲慢な人は点数を強要する。）
　　　耍頼的送工分。（卑劣な奴は点数をただで記入する。）
　人民公社は毛沢東が強力に推し進めた中国農村部の基礎行政組織であった。人民公社が目指している目標は共に働き、収穫した生産物は共同で分配するということであったが、人間はなかなか理屈通りに正直に働かないのである。うその働きが蔓延していた。上の例の流行り謡はこのような歪現象に対する批判である。

▼　流行り謡の特徴

　流行り謡は次のような幾つかの特徴が見られる。
　1）まず、語呂がよく、音韻も良く踏んでいるのが流行り謡の特徴として取り上げられる。次の例を見てみよう。
　　　這集資、那攤派（pai），（この手の資金集め、あの手の割り当て、）
　　　都是上面表的態（tai）。（すべて上級機関の指示によるものだ。）
　　　這競賽、那達標（biao），（この種の競技活動、あの種の基準達成活動、）
　　　都是農民掏腰包（bao）。（すべて農民が負担しなければならないのである。）
　上の例の点で示しているように、各句の文末で音韻が踏んでいるのである。
　2）1～10の数字がよく使われているのも流行り謡の特徴として数えることができる。例えば、
　　　一等爸爸不説話，（一等のお父さんは、頼まなくても人がやってくれるのだ。）
　　　二等爸爸打電話，（二等のお父さんは、電話だけでことが進むのだ。）
　　　三等爸爸跑断腿，（三等のお父さんは、走り回って初めてことが進むのだ。）
　　　四等爸爸没辦法。（四等のお父さんは、やる手段がないのである。）
　上の例の点で示しているように、「一等」などの1～4の数字が各句に使われているのである。
　3）同じことばが各句で繰り返して使用されるのも流行り謡の特徴として並べあげることができる。例えば、
　　　経営三年当富翁，（経営三年やれば、お金持ちになるのだ。）
　　　行政三年万事通，（行政三年やれば、何でも分かるのだ。）

工会三年一場空，（組合三年やれば、利益になるものは何もないのだ。）
　　紀委三年臭哄哄。（紀律委員三年やれば、嫌われものになるだけだ。）
　上の点で示しているように、各句に「三年」ということばが繰り返して使用されているのである。
　4）有名な詩文などの構造や語句を使いながら、その内容を改編するのも流行り謡の特徴として数え上げることができる。
　　密切聯系領導，（密接に上級機関と結び付ける。）
　　理論聯系実恵，（理論は実利と結び付ける。）
　　表揚与自我表揚。（称賛及び自己称賛を行う。）
　中国の与党である中国共産党は政権奪取成功の経験として党の活動の基本作風、いわゆる「三大作風」をまとめた。即ち「密切聯系群衆（密接に群衆と結び付ける）、理論聯系実際（理論は実践と結び付ける）、批評与自我批評（批判及び自己批判を行う）」のことである。この「三大作風」は政治の世界ではきわめて有名である。しかし、現実の社会では与党の幹部や役人たちはこの三大作風を実行せず、違う行動を取っているのである。例15はこの有名な三大作風を改編して今日の政治を風刺しているのである。
　5）流行り謡は、良い社会現象を称賛するよりも、悪い社会現象を風刺するものが圧倒的に多いのが特徴の一つとして数えられる。
　　工農商学兵，（工・農・商・学・兵、）
　　到処吃喝風。（どの階層にも飲み食いが盛んとなる。）
　　東西南北中，（東・西・南・北・中、）
　　到処都吃公。（どの地域にも公金で飲み食いを行う。）
　これは現代中国に蔓延している公金による飲み食いの風潮を風刺しているのである。
　　送上美女主動辦，（美女を贈れば、すすんで許可してくれるのだ。）
　　送上銭財推着辦，（銭を贈れば、催促したら許可してくれるのだ。）
　　無銭無女靠辺站。（銭も美女もなければ、無視されるのだ。）
　中国の役人たちは規定通りに速やかに市民のために各種の許可をするとは限らない。延ばしたり、障害を設けたりすることはよく見られる現象である。大

衆は仕方なく賄賂を送って催促し、成功を勝ち取るのである。上の例は権力を握っているこのような役人達の腐敗を風刺しているのである。

## 2．経済成長に伴うモラルの低下

### ▼ 拝金主義

　1980年代以前は、中国は平等主義の政策を実施していた。1978年以降中国はこの「悪平等主義」の政策に終止符を打ち、市場経済の政策を導入した。この市場経済政策の実施のおかげで中国の経済が大きく発展した。しかし、一方、平等主義時代の良さも失い、なんでもお金という拝金主義が蔓延し始めた。この拝金主義の現象に対する批判の流行り謡が多く作られている。次のような例を見てみよう。

　　　抬頭向前看，（頭を上げて前を見る。）
　　　低頭向銭看，（頭を下げても銭「前」見る。）
　　　只有向銭看，（銭「前」を見ればこそ、）
　　　才能向前看。（前を見ることができるのである。）

　中国語では「銭」（qian）と「前」（qian）の発音が同じである。この流行り謡はこの「銭」と「前」の発音を借りて、「向前」（前に向ける）を「向銭」（銭に向ける）にかけて拝金主義現象を批判しているのである。

　　　十億人口九億商，（10億の国民は9億が商売をしており、）
　　　還有一億待開張，（残りの1億も開業を準備しているのだ。）
　　　九億経商五億倒，（9億の商売人は5億が倒産しており、）
　　　剰下四億在思考。（残りの4億は閉店を検討しているのだ。）

　毛沢東の時代では個人商売などが厳しく制限されていた。この反動もあって、改革開放政策が実施された80年代から、個人商売はすさまじい勢いで流行り、みんなが一儲けしようと考えたのである。例19は誇張的な表現であるが、全国に蔓延したこのような拝金主義の社会現象を風刺しているのである。

　　　有人笑廉不笑貪，（清廉な官吏は笑われるが、汚職官吏は笑われない。）
　　　有銭不撈白当官，（取れる財を取らなければ、官吏になる意味がないのだ。）

## 第7章　生活と文化

　　権銭交易致富快，（金権の取引こそ富を増やせるのだ。）
　　哪怕世人罵祖先。（祖先が罵られても気にする必要がないのだ。）
　　有人笑貧不笑娼，（貧しさは笑われるが、売春は笑われない。）
　　婊子也給立牌坊；（売春婦も祭られるのだ。）
　　管她品質臭與香，（品格や気品とは関係がないのだ。）
　　只要有奶便是娘。（お金があればいいのだ。）

　この例が示しているように、拝金主義の蔓延で破廉恥などの価値意識がなくなる現象が起きている。官吏の汚職や売春は違法行為として扱わない社会現象が起こっている。このような価値意識頽廃の社会現象を皮肉っているのである。

　　貨假不要緊，（偽物の販売は構わないのだ。）
　　只要鈔票真，（もらうお金が本物でさえあればいいのだ。）
　　宰了他幾個，（何人も騙しても、）
　　還有後来人。（次の人がまた来るのだ）

　中国の社会では拝金主義が蔓延すると共に、偽物の販売も蔓延している。この例は偽物が横行している社会を皮肉っているのである。

　　你使假，我装傻，（偽物であっても、知らん顔をする。）
　　有了回扣衣瀟洒。（リベートさえもらえば、いいのだ。）
　　坑国家，害天下，（国が害され、人々も害される。）
　　喪尽天良求暴発。（良心を捨ててぼろ儲けを求める。）
　　不靠地，不靠天，（天にも頼らず、地にも頼らず、）
　　専門靠造假賺銭。（もっぱら偽物に頼って儲かるのだ。）

　偽物蔓延の原因の一つは、卸売りの店、仕入れの担当者、販売店員などが、商品が偽物であることが分かっていても、リベートなどの利益を確保するために、目をつぶっているからである。上の例はこのような偽物の販売、公金による購入、リベートの横行などを皮肉るものである。

### ▼　役人の腐敗

　現代中国では役人の腐敗は大きな社会問題となっている。どんな部署でも自分が管轄している部門の権力を利用して不正の財を集めるのである。これを恥

とせずに当たり前のようになっている。このような歪みの社会現象を皮肉る流行り謡がたくさん作られている。次の例を見てみよう。

　　　工商吃攤子，（工商管理員は小売店からお金を取り、）
　　　税務吃廠子，（税務員は工場からお金を取る。）
　　　交通吃車子，（交通警官は車からお金をとり、）
　　　公安吃婊子，（公安警察は売春婦からお金を取る。）
　　　学校吃孩子。（学校は生徒からお金を取る。）

　この例が示しているように、税務署や警察などは自分達が管轄しているところから不正な金銭を要求したりしているのである。教育の現場でさえも生徒から不正なお金を集めるのである。このような現象を皮肉っているのである。

　　　省里幹部忙出国，（省級の幹部は外国の出張で忙しい。）
　　　県里幹部忙治窩，（県級の幹部は自宅の建造で忙しい。）
　　　郷鎮幹部忙吃喝，（郷鎮幹部は飲み食いで忙しい。）
　　　村里幹部忙賭博。（村の幹部は賭博で忙しいのである。）

　中国の官僚はそれぞれの権力や地位を利用して、その地位でできる利益や享楽を図っているのである。「省」クラスの官僚は地位が高く、権力も大きい。それを利用して外国への「出張」を頻繁に行う。「県」クラスの官僚は外国への出張は回ってこないが、権力や地位を利用して、不正な自宅建築を図る。「郷」クラスの役人はその権力を利用して公金による飲み食いを楽しむ。「村」クラスの役人は大きな権力がないが、賭博を思う存分に楽しむのである。このように各級の役人は自分達の権力や地位に応じて腐敗や不正を図るのである。例24はこのような社会の歪み現象を風刺しているのである。

　　　游山玩水称"考察"，（各地の風景を観光するが、「考察」と名づける。）
　　　乱吃乱拿称"検査"，（飲んだり、物を取ったりするが、「検査」と美称する。）
　　　銭権交易称"下海"，（金権の取引を行うが、「商売体験」と名づける。）
　　　乱賣戸口称"開発"，（金銭で戸籍を売買するが、「開発」と称する。）
　　　公費読書称"投資"，（学費は公費でまかなうが、「投資」と名づける。）
　　　乱戴烏紗称"提抜"，（やたらに幹部を任命するが、「抜擢」と美称する。）
　　　截留公款称"奨金"，（公金で私腹を肥やすが、「奨金」と称する。）

偸漏税費称"辦法",(税金をごまかすが、「解決法」と美称する。)
造成損失称"学費",(損失をもたらしたが、「学費」と称する。)
易地為官称"処罰"。
(同クラスの人事異動が行われた場合は、「処罰」と名づける。)

　役人たちは腐敗や不正を行うが、各種の美名を見つけてごまかすのである。上の例はこのような歪み現象を風刺しているのである。

最神気的是開記者招待会,(最も鼻高に感じるのは記者会見のときだ。)
最正経的是開民主生活会,(最も真面目な会議は民主的な反省会のときだ。)
最高興的是開「常委拡大会」(chang wei腸胃),
(最も嬉しい会議は常務(腸胃)拡大会議のときだ。)
最舒服的是検査「研究会」(yan jiu煙酒),
(最も気持ちいい会議は研究(煙酒)会のときだ。)
最興奮是開切磋会(麻将),
(最も興奮する会議は切磋(マージャン)会のときだ。)
最瀟洒的是走過夜総会,(最もさっぱりするときはナイトクラブの時間だ。)
最尷尬的是開職代会,(最も気まずい会議は社員代表大会のときだ。)
最悩火的是開工会,(最も腹が立つ会議は組合会議のときだ)
最不願開的是紀委会。(最も開催したくない会議は紀律検査委員会なのだ。)

　これらの例が示しているように、役人達は各種の会議があるが、自分に有利な会議は喜んで参加するが、自分に不利な会議はいい加減にするのだ。中国語の常務委員会の略語「常務会」(chang wei hui)は、「腸胃会」(chang wei hui)の発音と近似していることから、「飲み食い会」とかける。「研究会」(yan jiu hui)の発音は「煙酒会」(yan jiu hui)の発音と近似していることから、「飲み食い会」とかける。

生命在於運動,提昇在於活動。(生命は運動にあり、昇進は活動にある。)
不跑不送,聴天由命;(動かず贈らずなら、天命に任せるしかない。)
光跑不送,原地不動;
(動くことがあっても贈らなければ、現職のままに留まる。)
又跑又送,提抜重用。(走りも贈りもすれば、昇進抜擢になるのだ。)

中国の官僚はすべて任命制を実施している。従って上級機関による評価は極めて重要である。昇進を成功させるには上級機関に賄賂などを贈り、人脈を作っておかなければならないのである。上の例はこのような社会現象を皮肉っているのである。

　　要想有進歩，常去組織部；(昇進されたければ、人事部によく行かなきゃ。)
　　要想被提抜，常去領導家。
　　(抜擢されたければ、上層部の家によく行かなきゃ。)

## ▼　学習意欲の低下

　80年代以降は中国の人々の生活が次第に豊かになり、携帯電話やインターネットも普及し、学校の学習環境もかなり改善されてきた。しかし、生徒や学生の勉学の意欲はそれに伴って向上するどころか、生活が貧しかった80年代以前に比べれば、かなり低下しているのである。その低下した状況を皮肉る流行り謡がたくさん作られている。次の例を見てみよう。

　　分不在高，及格就行。(点数が高くなくてもよい。合格すればいいのだ。)
　　学不在深，作弊則霊。
　　(勉学は追求しなくてもよい。不正行為をすればいいのだ。)
　　斯是教室，唯吾閑情。(授業中だが、僕だけ暇だ。)
　　小説伝得快，雑誌翻得勤。(小説を読んだり、雑誌を読んだりするのだ。)
　　琢磨下象棋，尋思看録像。(将棋のことやビデオのことも考えたりするのだ。)
　　可以打瞌睡，写情書。(居眠りも、ラブレターを書くこともできるのだ。)
　　無書声之乱耳，無復習之労心。
　　(読書の音が耳に入らず、復習の苦労も要らないのだ。)
　　是非跳舞場，堪比游楽庁。
　　(ゲームセンターやダンスホールへも行きたいのだ。)
　　心里雲：混張文凭！
　　(卒業証書が手に入りさえすればいいのだと考えていたのだ。)

　これらの流行り謡が描写しているように、生徒や学生の学習意欲がかなり低下しているのである。授業中に居眠りをしたり、小説を読んだり、放課後の遊

第 7 章　生活と文化

び事を考えたりして、学習をいい加減にしている状況がよく分かる。

　　　小説漫画游戯，（小説、漫画、ゲーム）
　　　全都不能放棄。（どれも手放したくないのだ。）
　　　藍球足球卓球，（バスケット、サッカー、卓球）
　　　都要毫無保留。（どれもやりたいのだ。）
　　　英語物理地理，（英語、物理、地理）
　　　一概統統不理。（どれも興味がないのだ。）
　　　語文数学化学，（国語、数学、化学）
　　　打死我也不会。（どう叱られてもマスターできないのだ。）

　この例が示しているように、生徒たちは教科の勉強をいい加減にし、勉学以外の遊び事ばかりに興味があるのである。

　　　中文専業，投筆従融（戎）。（中国語専攻は筆を投げ捨てて金融に身を投じる。）
　　　歴史専業，談股論金（談古論今）。（歴史専攻は株や金融のことを論じる。）
　　　医学専業，精益求金（精）。（医学専攻は集金術に力を入れる。）
　　　外語専業，西游取金（経）[5]。（外国語の専攻は西遊して金を取る。）

　この例は、大学生が学問の研究には興味がなく、お金儲けのことに大きな関心を寄せていることを皮肉っているのである。一句の「投筆従戎」は四字成語で、筆を投げ捨てて、従軍するという意味であるが、「戎（軍）」の発音は「融（金融）」の発音と近似していることから、「投筆従戎」を「投筆従融」に改編して国語学科などの学生の学問への関心の低さを風刺しているのである。二句の「談古論今」も四字連語で、歴史を語ったり、今日を論じたりするという意味であるが、「古」と「股（株）」、「今」と「金」の発音が近似していることから、「談古論今」を「談股（株）論金」に改編して、歴史学科などの学生の学問への関心のなさを風刺しているのである。三句の「精益求精」も四字成語で、向上の上に向上を重ねるという意味であるが、「精」と「金」の発音が近似していることから、「精益求精」を「精益求金」に改編して、医学学科などの学生の学問のいい加減さを風刺しているのである。四句の「西游取経」も四字連語で、玄奘三蔵が西遊して経典を学ぶという意味であるが、「経」と「金」の発音が近似していることから、「西游取経」を「西游取金」に改編して、外国

語学科などの学生の学問への無関心さを風刺しているのである。

　　　大学生活，枯燥乏味。（大学生の生活はつまらない。）
　　　早起晩睡，又困又累。（早起き遅寝で疲れている。）
　　　鈴声一響，掀起熱被。（ベルがなったら、パッと起き上がる。）
　　　出操列隊，洗漱排隊。（早朝の集団体操後に洗面が行列になるのだ。）
　　　争分奪秒，收拾畳被。（秒読みで、布団などを片付ける。）
　　　早餐饅頭，令人反胃。（朝ごはんの饅頭「マントー」はまずくてたまらない。）
　　　一二節課，昏昏欲睡。（一限目は眠い。）
　　　三四節課，腸胃開会。（二限目はお腹が減る。）
　　　伸伸懶腰，倒頭再睡。（体を動かしてまた寝る。）
　　　白日做夢，時光荒廃。（昼間は寝て光陰を無駄にする。）
　　　教授提問，啥都不会。（質問されたら何も答えられない。）
　　　毎日自習，吹牛派対。（自習時間にはパーティーや世間話を行う。）
　　　膠水信封，様様具備。（糊などの文具はすべて揃える。）
　　　結業考試，作弊勧退。（卒業試験ではカンニングして退学を命じられる。）
　　　人間地獄，深有体会。（地獄に落ちて人生の苦難を味わうのだ。）

　これらの例は勉学が不真面目な大学生の生活を風刺しているのである。中国の大学生は全員大学の寮で四年間集団生活を行うのは基本である。早朝、クラスごとに朝体操などを行うのは特に低回生の時にはいまでも実施している。全寮制生活なので、食事も学校の食堂で取るのが普通である。

## 3．日常生活の変質

### ▼　無茶な飲み食い

　80年代以降に経済が発展して生活が次第に豊かになってきた。その半面に無茶な飲み食いや接待が役人、市民問わずに蔓延している。これは中国の食文化である側面もあるが、大きな社会問題にもなっている。この無茶な飲み食いを風刺する流行り謡はたくさん作られている。次の例を見てみよう。

　　　一瓶両瓶不是酒，（一、二瓶ぐらいは酒の味が出て来ないのだ。）

第 7 章　生活と文化

三瓶四瓶漱漱口，（三、四瓶なら口を漱ぐ程度だ。）
五瓶六瓶扶墻走，（五、六瓶飲んだら、壁に沿って歩くのだ。）
七瓶八瓶墻走我不走。
（七、八瓶飲んだら、壁が動くが、自分が動かないのだ。）


東風吹、戦鼓擂，（東風が吹き、陣太鼓が響き、）
如今喝酒誰怕誰？（酒の飲み比べが始まるのだ。）
你一杯、我一杯，（君、一杯、俺、一杯、）
九個就有十個酔。（十人の内、九人が酔っ払いになる。）
歪的歪、睡的睡，（傾いた人もいれば、横になった人もいる。）
下的猪娃無人餵。（豚の餌をやる人はいなくなるのだ。）

感情深，一口悶；（情が深ければ、一気に飲むのだ。）
感情浅，舔一舔；（情が浅ければ、ちょっとしか飲まないのだ。）
感情厚，喝個够；（情が厚ければ、たっぷりと飲むのだ。）
感情鉄，喝出血。（情が強ければ、とことんまで飲むのだ。）

　上の例は無茶な飲み食いを風刺している流行り謡である。ビジネスの世界や交流の場では飲み食いは欠かせない手段であるが、酒の無理強いや一気飲みが普通になっている。中国の主流を占めるお酒は「白酒」と呼んで、アルコール度は40度以上が基本的であるので、健康には決していいこととは言えないのである。
　一口全喝光，這樣的幹部要到中央。
　（一気に飲み干せるなら、このような幹部は中央に昇進すべきだ。）
　一口見了底，這樣的幹部要抓緊提。
　（一気で底を見せることができるなら、このような幹部は抜擢を急ぐべきだ。）
　一口喝一半，這樣的幹部要再看看。
　（一気で半分しか飲まないなら、このような幹部はもうすこし観察すべきだ。）
　能喝八兩喝一斤，這樣的幹部党放心。
　（限度は八両だが、一リットルまで頑張るなら、このような幹部は党が安心だ。）

195

能喝一斤喝八兩，對不起人民對不起黨。
（一リットル飲めるが、八両しか飲まないなら、党に対して失礼な行動を取っているのだ。）
能喝白酒喝啤酒，這樣的幹部得調走。
（酒を飲めるのに、ビールしか飲まないなら、このような幹部は転勤させるべきだ。）
能喝啤酒喝飲料，這樣的幹部不能要。
（ビールを飲めるのに、ジュースしか飲まないなら、このような幹部は要らないのだ。）

これらの例は無茶な飲み食いを皮肉っているのである。中国ではお酒を飲むといったら、基本的にはアルコール度が40度以上の「白酒」を指すのである。「一両」は50グラムとなる。この流行り謡が示しているように、酒飲みはいかに強烈かつ無茶であるかが分かる。

小小酒杯真有罪，（杯は罪がある。）
喝壞腸子喝壞胃，（飲みすぎで胃も腸も悪くなっている。）
喝倒革命老前輩，（革命の大先輩も変質してしまっている。）
喝垮党的三梯隊，（党の次世代のリーダー達も駄目になっている。）
喝得夫妻背離背，（夫婦の仲が悪くなり、）
生育指標作了廢。（子ども作りもしなくなる。）
老婆找到婦聯会，婦聯説：（妻は婦人会へ相談に行き、婦人会はこう答える。）
有酒不喝也不對，（接待があって、それを拒否するのも良くない。）
吃吃喝喝不犯罪。（飲んだり食ったりするのは犯罪ではないのだ。）
老婆去找紀委会，（妻は紀律委員会へ行き、）
門口碰到老門衛，（入り口で知り合いの門衛に出会い、）
門衛説：昨天上級来開会，
（門衛がこう言う。昨日上級機関主催の会議があり、）
七个常委四个醉，（常務委員7人の内、4人が酔っており、）
還有三个賓館睡。（他の3人もホテルで寝ている。）
老婆找到政協会，政協説：（妻は「政協会」へ行き、政協会はこう答える。）

我們也想天天醉，（われわれも酔いたいと思う。）

可惜没得這機会。（しかし、このような接待が回ってこないのだ。）

老婆最後找到人大常委会，（妻は「人大常務会」へ行き、）

人大説：（「人大常務会」はこう答える。）

我們一年只開幾次会，（われわれは年に会議が数回しかなく、）

這種小事排不上隊。

（このようなつまらないことは議題として上げられないのだ。）

　これらの例の流行り謡はユーモアで笑い話に近いと思うが、飲み食いはいかに蔓延しているかがこれで分かる。飲み食いは党の常務委員会も紀律委員会もどこも問題として扱ってくれないのである。野党の役割を果たす「政協会」も扱ってくれないのである。相談に乗ってくれるどころか、与党や政府系の部署の飲み食いの多さに憧れもしているのである。議会にあたる「人大常務委員会」も行政系の飲み食いの会議を羨ましがっているのである。

有事理直気壮吃，（理由があれば、正々堂々と飲み食いを行うのだ。）

無事繞着弯子吃，（理由がなければ、理由をつけて飲み食いをするのだ。）

上面来人陪着吃，（上級機関から人が来たら、共にして飲み食いをするのだ。）

一般関係混着吃，（関連の薄い場合では、それに混じって飲み食いをするのだ。）

没有関係討着吃。（関連のない場合でも無理やりに中に入り、飲み食いをするのだ。）

　強引な飲み食いや接待の風潮を皮肉っている例である。

両菜一湯，生意跑光。

（料理二品、スープ一つなら、商売は何もできないのだ。）

四菜一湯，生意勉強。

（料理四品、スープ一つなら、商売はやっと成立するのだ。）

六菜一湯，生意平常。（料理六品、スープ一つなら、商売は普通となるのだ。）

八菜一湯，生意興旺。（料理八品、スープ一つなら、商売は繁盛だ。）

山珍美酒，独覇一方。（山海の珍味に美酒なら、商売は独占するのだ。）

　ビジネスの世界では接待や飲み食いがいかに重要であり、いかに行われているかは上の流行り謡で分かるのである。上の例はこのような歪んだ風潮を批判

しているのである。

### ▼ タバコの見栄張り

　中国では喫煙には独特なマナーや礼儀作法がある。タバコを吸いたいときには、自分だけで吸ってはいけないのである。周りの人たちにすすめてから、初めて自分が吸うのである。タバコは吸うだけのものではなく、交流や人間関係を作る重要な手段の一つであり、自分の身分などを示す重要な指標でもある。言わばタバコは見栄の道具でもある。従ってタバコはプレゼントや贈り物としては重要な品物となるのである。次の例を見てみよう。

　　抽着阿詩瑪，弁事処処有人卡。
　　(「阿詩瑪」マークのタバコを吸う人は、仕事の時にはあちこちにたら回しにされるのだ。)
　　抽着紅双喜，請客送礼靠自己。
　　(「紅双喜」マークのタバコを吸う人は、客をもてなしたりするにはすべて自分の出費になるのだ。)
　　抽着紅塔山，小車接送上下班。
　　(「紅塔山」マークのタバコを吸う人は、出社退社時には出迎えの車があるのだ。)
　　抽着三個五，吃喝嫖賭又跳舞。
　　(「スリーファイブ」マークのタバコを吸う人は、飲む、買う、賭けるにダンスもするのだ。)
　　抽着芙蓉王，洗脚桑拿又上床。
　　(「芙蓉王」マークのタバコを吸う人は、マッサージにサウナに女が夜を共にするのだ。)
　　抽着大中華，你想幹啥就幹啥。
　　(「大中華」マークのタバコを吸う人は、思うままに何でもできるのだ。)

　中国のタバコは種類が多く、ランクも値段もかなり違う。経済力や権力に応じて、吸うタバコのランクが決まってくる。いわばタバコはその人の経済力や地位を示すある種の指標となるものである。「大中華」マークのタバコは最高級のもので、値段も高い。それを吸うことができる者は経済力があるか、権力

第7章　生活と文化

や地位があって公金や賄賂で供給されるかのどちらかになるのである。逆に「阿詩瑪」マークのタバコはごく普通のもので、値段が比較的安く、経済力の弱い人々が吸うのである。上の例が示しているように、吸っているタバコでその人の階層が分かるのである。

　　一等煙民是熊猫，（一等の喫煙者は「熊猫（パンダ）」マークを吸うのだ。）
　　祖宗三代党全包。（子孫三代は党がすべてその面倒を見るのだ。）
　　二等煙民軟中華，（二等の喫煙者は「中華」マークのタバコを吸うのだ。）
　　想要干啥就干啥。（思うままに何でもできるのだ。）
　　三等煙民盖児玉溪，（三等の喫煙者は「玉渓」マークのタバコを吸うのだ。）
　　這様的幹部最牛逼。（このような幹部は最も憧れられているのだ。）
　　四等烟民芙蓉王，（四等の喫煙者は「芙蓉王」マークのタバコを吸うのだ。）
　　不是地痞就是流氓。（ごろつきやチンピラなのだ。）
　　五等烟民紅塔山，（五等の喫煙者は「紅塔山」マークのタバコを吸うのだ。）
　　這様的幹部太一般。（このような幹部はありふれたものだ。）

これらの例も吸っているタバコはその人の地位を判断する指標であることを示しているのである。

▼　賭博の蔓延

　ギャンブルは中国においては特別の認可以外は違法行為である。政府はギャンブルの営業や行為を認めないのである。しかし、中国の人々はギャンブルが好きである。国民性といえるぐらいに賭け事が好きである。従って政府が認めない闇の賭博、大衆に浸透している小人数小規模の賭け事は日常茶飯のように行われている。このような賭け事の蔓延を皮肉る流行り謡が多く作られている。次のような例を見てみよう。

　　春眠不覚暁，処処聞糊了，
　　（春眠、暁を覚えず、処処、マージャンの声を聞く。）
　　夜来嘩嘩声，輸贏知多少。（夜来、ころころの声、勝ち負け知りぬ多少ぞ。）

　上の例は孟浩然の名詩「春眠、暁を覚えず、処処、啼鳥の声を聞く。夜来、風雨の声、花落つること知りぬ多少ぞ。」の構造を利用して、マージャンの内

容に改編してマージャンの「盛況」を風刺しているのである。この流行り謡が示しているように、現代中国ではマージャン遊びの風潮がいかに流行っているかが分かる。

　　有的幹部忙吃喝，（一部の官吏は飲み食いで忙しい。）
　　有的幹部忙賭博。（一部の官吏は賭博で忙しい。）
　　嘟嘟一声喇叭響，（クラクションを鳴らしながら、）
　　幾個幹部来下郷，（数人の官吏は田舎にやってきたのだ。）
　　帯来一副破麻将，（使い古びたマージャンを持ち出して）
　　一直打到天大亮。（夜が明けるまでやるのだ。）

　地方政府の役人たちは定期的に村などの田舎へ行って、調査したり、労働したりするのが義務づけられている。しかし、中には真面目に調査せずに形式的に行っただけの場合がある。マージャンを携えて行く場合もある。上の例はこのような現象を風刺しているのである。

　　麻将打的好，説明有頭脳。（マージャンの上手な人は頭脳のいい人だ。）
　　麻将打的精，説明懂経済。
　　（マージャンに精通している人は経済も分かる人だ。）
　　打麻将三天三夜不眨眼皮，（夜も昼も三日やっても瞬きもしない人は、）
　　当個主席没有問題。（主席にもなれるのだ。）
　　打麻将三天三夜不瞌睡，（夜も昼も三日やっても居眠りをしない人は、）
　　那個廠長也要譲位。（どこの社長にでもなれるのだ。）

　この例が示しているように、マージャンがコミュニケーションの手段の一つとなり、マージャンができなければ、人々に好かないのである。よくできればできるほど人々に喜ばれるのである。例44はこのような歪んだ現象を風刺しているのである。

　　花銭不多，摸上一摸。（少々のお金があればマージャンをやるのだ。）
　　十塊八塊，心情愉快。（10元でも8元でも楽しい遊びとなるのだ。）
　　百二八十，没啥価値。（100元以上ならやる価値がなくなるのだ。）
　　千二八百，不知好歹。（千元を賭ける人は良し悪しを知らないやつだ。）
　　万二八千，心情悲惨。（万元を賭けたら悲しくなるに違いないのだ。）

十万八万，必有大難。（10万元を賭けたら必ず災難が降りるのだ。）

百万千万，馬上完蛋。（100万元を賭けたらすぐ滅亡するのだ。）

　この例が示しているように、中国のマージャン遊びはお金をかけてやるのが基本となっている。中には莫大なお金をかけてやる場合もあるのである。お金をかけすぎて一瞬にして貧乏になってしまう話がよく耳に入る。いうまでもなくお金をかけてマージャンをやるのは違法行為であり、取り締まる対象となる。しかし、現実的にはどこででもやっているので、取り締りようがないのが実情である。

# 終わりに

　この章では中国の流行り謡の発生背景、流行り謡の歴史、流行り謡の特徴などを簡単に論じてから、主として1978年に始まった改革開放政策実施後の中国社会の歪みの現象を風刺する流行り謡を取り上げ、流行り謡を通して経済成長に伴う中国社会のマイナスの面を考察してきた。流行り謡が示しているように、今日の中国の社会では、役人の腐敗、拝金主義の蔓延、モラルの低下などが深刻な社会問題となっており、社会の安定や人々の生活を脅かしている。経済発展に伴うこれらの社会問題を、流行り謡の考察を通してありありと見ることができるのではなかろうかと考えている。

注

1）愛知大学編、増訂第二版『中日大辞典』P1735、大修館書店、1992年。
2）商務印書館・小学館編、『中日辞典』P1345、小学館、1992年。
3）岡益巳、『現代中国と流行り謡』、お茶の水書房、1995年。
4）《詩経》は中国最古の詩集、孔子（紀元前551－479）の編と言われている。収録されたのは紀元前11世紀から紀元前6世紀頃までの500余年間の詩311篇、内6篇は詩題のみ。現在伝わっている《詩経》は、毛という人が伝えたとされているので、《毛詩》とも言う。
5）「投筆従戎」は文人が文筆の仕事をやめて従軍するという意味である。語源は後漢の「班超」という人物が役所での事務の仕事をやめて従軍し、辺境で戦って

武将になった伝記によるものである。以来、従軍する文人を描写するときにこのことばを使う。流行り謡では「従戎」（従軍）を「従融」（金儲けの仕事に従事する）に改編したのである。「精益求精」は上達の上にさらに上達を追求するという意味であるが、流行り謡では「求精」（さらに上達を追求する）を「求金」（さらに儲けを追求する）に改編したのである。

**主要参考文献**

岡益巳著、『現代中国と流行り謡』御茶ノ水書房、1995年。
甘棠著、『中国大陸的順口溜（正集・続集）』中国大陸問題研究所、1988年。
周一民著、『北京俏皮話辞典』北京燕山出版社、1992年。
謝貴安著、『中国謡諺文化－謡諺与古代社会』華中理工大学出版社、1994年。
樹建、左愚著、『当代順口溜与社会熱点掃描』中国档案出版社、1994年。
張守常著、『中国近世謡諺』北京出版、1998年。

（中文　礎雄）

# 第8章 経済改革後の農民工と犯罪

## はじめに

　経済改革後(1978年以後)、中国社会で起きたもっとも大きな変化の一つは、農民工の急増である。農民工とは、農民の身分で都市の非農業に従事している労働者である。経済改革以前、中国の市民(都市戸籍を有する住民)は、みな都市で、農民は、みな農村でそれぞれ生活し、農民の都市への移動はもちろん、市民のよその都市への移動も、厳しく制限されていた。

　ところが、経済改革後、農業生産の家族請負制の導入に伴って、農村の労働力は著しく過剰になり、それと同時に、市場経済の実施により、都市部の第二次産業と第三次産業の急速な発展は、労働力、特に市民の就きたくない「きつい、汚い、危険な」現場では労働力の不足を生み出した。1980年代の中頃から、中国の農民は、都市への「出稼ぎ」を始め、2004年には、その出稼ぎの農民工は、すでに1.18億人に達したと推測されている[1]。

　これらの農民工は、都市部の労働力不足の問題を解決して、中国経済の発展に大きく貢献しているが、他方、少なからぬ農民工は、出稼ぎの都市で多くの犯罪をも起こして都市の社会治安を大いに脅かしている。

　中国の農村の犯罪率は、都市と比べれば、長い間ずっと低率であった。しかも、農民工の経済的収入は普通の農民より二倍以上にもなる、と言われている。それにもかかわらず、彼らは、なぜ出稼ぎの都市で犯罪を繰り返しているのであろうか。

　この章では、中国の「二元構造」、すなわち都市と農村との構造的格差(詳しいことは第三節で述べる)に焦点をあて、農民の出稼ぎの原因や都市の農民工への差別などの分析を通じて、農民工の犯罪原因を明らかにしようとする。

## 1. アノミー論と中国の農民工の犯罪原因

　こうした農民工犯罪の増加は、社会の注目を浴び、中国の多くの研究者は、経済改革によってもたらされた社会変動に焦点を絞って、「社会統制弱体化論」「農民欲求不満論」「拝金主議論」及び「農民素質低下論」などの犯罪原因論から農民工の犯罪の原因を明らかにしようとしている。しかし、これらの原因論の多くは、いずれも中国の社会構造の視点を欠落させているように思われる。

　アノミー (anomie) とは、もともと無法律状態を意味するギリシャ語で、このアノミーという用語に最初に社会学的な意味を付与したのは、周知のようにE.デュルケムである。彼は『自殺論』のなかで経済危機のような急激な社会生活条件の変化によって引き起こされた人びとの欲求や価値体系の攪乱に着目し、人びとの欲求と社会規範との不統合を「アノミー的自殺」の原因とした[2]。

　このデュルケムのアノミーの概念を踏襲しながら、これを社会の文化構造、すなわち社会構造のなかに存在する目標や規範に関連させながら、より社会病理的な概念として提起したのがR.K.マートンである。彼によれば、アノミーは、文化的な規範や目標とそれらにしたがって行動すべく社会的に構造化された集団成員の能力との間に激しい分裂が存在する時に、とくに生じるような文化構造の崩壊として概念化されると考え、こうした文化的状態のもとで、犯罪や自殺などさまざまな逸脱的諸現象が発生するとした[3]。

　マートンのアノミーの概念が提起された1930年代のアメリカは、資本主義の急速な発展の段階でさまざまな矛盾を抱えていた。生産力が飛躍的に上昇し、大量の商品が社会に出回って過剰となり、社会は、資本原理に支配されて消費者の購買欲を是が非でもかき立てなければならない状態にあった。このような社会のもとに形成されたアメリカの文化は、すべての人が最大量の富を獲得することを奨励し、またその成功が万人に期待されるような文化的目標を社会のなかに広げ、埋め込んだ。そしてこの消費欲求は、社会階級を超えて広がっていたにもかかわらず、その目標達成のための合法的手段へ接近する機会は、個人の能力や社会階層によって異なっていた。すなわち、アメリカでは、学校教

育や経済的資力を身につけていないブルーカラー層および社会威信と収入の極めて低いホワイトカラーの仕事に従事していた層は、合法的手段で金銭的成功目標を達成することがほとんどできない状況に置かれていた[4]。

マートンによれば、社会的構造によって成功への回路を閉ざされた人びとは、同調、革新、儀礼主義、退行および反抗という五つの適応行動を取るとされている。そのなかで革新の行動を取る人は、文化的目標を追い求め続けることにより、非合法手段を取らざるを得なくなり、その結果として社会規範などを無視して、犯罪を引き起こすことになる。

もちろん、中国の政治や経済などの諸制度は、1930年代のアメリカとまったく同じものではないが、マートンの指摘したようなアノミー現象、すなわち目標と手段との乖離が現在の中国においても存在している。経済改革後、中国は、近代化の建設に取り組み、この政策の実施により、国民の金銭的成功目標は、全国のあらゆる地域やあらゆる階層に浸透し、かつ日々肥大化しているが、他方、建国後の工業化の過程が生み出した「二元構造」は、農民工の「豊かになる」という金銭的成功目標への達成を大いに妨げている。中国の農民工の犯罪の多くは、このような目標と手段との調和的な関係の破綻によって引き起こされたのであると考えられる。

## 2．国家の刺激政策と国民の金銭的成功目標の肥大化

### ▼「先富論」と富配分の格差の容認政策

近年、中国の国民の金銭的成功目標は、決して自然に形成されたのではなく、国家の刺激政策によってもたらされ、後に市場経済の実施の段階でしだいに肥大化したのであると考えられる。

周知のように、1949年以後、中国は、共産党の指導のもとに、平等な社会を実現させるため、すべての企業を国営や公営にし、また農村の家族単位農業を人民公社にした。この社会主義公有制の確立により、個人の物質的利益への追求の道は一切閉ざされていた。当時、中国人のほとんどは、個人の物質的欲求を持たず、平等な生活に不満を表明したこともなかった。しかし、この「物質

への無欲」は、同時に国民の勤労意欲の低下および国民経済の停滞をもたらした。

経済改革後、中国は、所有制の面において、まず農業生産の家族請負制の実施および私有企業設立の許可などの大胆な改革を行い、それと同時に、社会的富の配分の面においてもそれまでの「悪平等」を捨てて、「一部の人びとを先に豊かにしよう」という貧富格差容認の政策を打ち出した。これがいわゆる「先富論」といわれているものである。

この政策のもとに、一部の人たちは、急速に豊かになり、莫大な富を手に入れるようになった。政府は、彼らの経済的行為およびその成功が近代化の建設につながるものとみなし、全国のマスコミを動員して、彼らを国民的英雄として称え、また高い社会的地位も与えている。例えば、1999年、比例代表として「全国人民代表」と「全国政治協商委員」（やや性格が異なるが、日本の衆議院議員と参議院議員に相当）になった私営企業主は、それぞれ8人と46人であり、また県、市と省の「人民代表」と「政治協商委員」（両者とも日本の地方自治体議員に相当）になった私営企業主は、全部で13,846人であった[5]。

政府の金銭的成功者への表彰と高い社会的地位の授与は、もちろん国民の勤労意欲を引き出させるためのものであり、また1949年の革命後、悪とされた個人の物質的欲望や金銭獲得のための経済的行為は、悪ではないことを国民に宣言したものでもある。こうした近代化政策のもとに、中国で長年にわたって抑えられていた個人の物質的欲望は、一気に解放された。

**▼拝金主義と金銭獲得のための稼得行動**

経済改革の進展につれて、政府は、消費財、特にテレビ、冷蔵庫、マイカーおよび高級マンションなどの増産に力を入れるようになった。これにより、国民の消費意欲は喚起され、1990年代後半からの消費には、すでに単なる生命維持のものではなく、社会的地位を象徴する商品などが多くなっている。また、長年にわたって続いた配給制度の廃止およびこれらの消費財の増産により、貨幣の価値も、ただ商品の購入手段だけのものにとどまるのではなく、人びとの能力や人間の価値のシンボルにもなって、ますます重要視されている。近年、

多くの中国人は、豊かになれようにという国家の呼びかけに応え、また個人の精神的・文化的欲求を充足させるために、さまざまな稼得行動を行っている。

例えば、市場経済導入後、数多くの公務員が役所を辞めて、商売に乗り出しているが、このような現象は一般に「下海」といわれている。また、数え切れないほどの会社員が頻繁に転職したり、億単位の農民が都市への出稼ぎをしたりしている。それらの目的は、いうまでもなくいずれも金銭獲得のためである。

もちろん、その他の人たちが何もしないわけではなく、兼職したり、株などに手を出したりしている。例えば、1992年、北京市統計局が市民の株の購入意向に関するアンケート調査を行った。この調査によると、調査された67％の市民は株を購入したいと答えている[6]。また、その年、『経済特区新聞』は深圳市が5億元に相当する株を発行すると発表した。株発行の日、全国の各地から150万人が殺到し、その株は一日で売れてしまった[7]。

近年、中国に現れた拝金主義とその稼得行動の現状は、まさに何清漣が指摘したように、「長い間貧しい生活を強いられていた中国人の物質的欲求は、市場経済のなかで一旦開放されると、『金銭飢餓症』がまたたく間に国民の間に広がり、拝金主義は、消費ブームに煽られて、中国のあらゆる地域とあらゆる社会階層に浸透し、また国民は、より多くの金銭の獲得を目指して一斉に金儲けに走り出した」のである[8]。

個人の物質的欲求と貧富格差の容認などの近代化政策は、確かに国民の勤労意欲を高めて経済の急速な発展をもたらしているが、国民の金銭的成功目標も、経済自由化とともにますます肥大化している。

## 3．建国後の工業化と社会構造の格差

### ▼都市優先の工業化と社会構造の格差

経済改革後、金銭的成功目標が強調されながらも、その目標達成のための合法的手段への接近の機会は、誰にもあるわけではない。前節にも述べたように、アメリカの場合、学校教育と家族の経済状況は、人びとの社会成層および目標達成のための合法的手段への接近の機会を決定する。言い換えれば、よい学校

教育を受けられず、家族の経済事情もよくなかった人は、肉体労働や低級なホワイトカラーの仕事に従事したため、制度化された手段を通してその目標を達成することがほとんどできないということである。

　中国における社会成層と合法的手段への接近の機会は、建て前ではアメリカと同じであるが、その「よい学校教育」と「家族の経済収入」を規定する大きな要因は、何よりもまず居住地であり、具体的には都市居住か、農村居住かということである。すなわち、中国の農民は、農村居住者、または農民の身分だけで、社会構造的格差を受け、合法的手段への接近の機会が閉ざされていることにほかならない。

　中国における都市と農村との格差は、1950年代の半ばからの工業化によってつくりだされたものである。建国後初期の中国は、まだ農業国で、近代的な工業は、ほとんど存在しておらず、また西側諸国の経済封鎖により、経済先進諸国の資金や技術を導入することも、まったく不可能であった。そのために、中国は、「以農養工」、すなわち行政手段で農産物の仕入れ価格を低く抑えて、農産生産物と工業製品の価格の「逆さや」から生み出された資金で近代的工業を興すという建国後初期の工業化政策を押し進めた。

　こうした工業化重視政策のもとに、中国政府は、限りのある資金をほとんど工業や都市の建設に投入し、これにより、工場、商店、大学、病院、福祉住宅および文化・娯楽施設などは、おおむね都市に集中し、また、都市住民だけの年金や医療などの制度もつくられた。他方、政府は、農村を工業化のための資源と資金の供給地と位置づけ、農村の生産、学校教育および農民の生活などをすべて農民たちの「自力更生」（自分の力でいろいろな活動に取り組む）に任せていた。

　この工業化政策は、都市と農村との格差をもたらしている。例えば、都市の義務教育は、市民がただ教科書と一部の雑費だけの自己負担で、その他の不足の部分は、国家の教育予算でまかなわれている。ところが、農村の学校教育、具体的には学校の校舎や教師の給料などは、1990年代の半ばまですべて農民たちが自己負担しなければならなかった。その結果、1989年、都市では小学校への入学率は99%であったが、農村ではまだ80%であった。また、高校への進学

率は、都市では69％であったのに対して、農村ではわずか10％であった[9]。

また、経済所得を例にしても、その差はさらに明らかである。1950年代の初期から今日まで、中国の市民の1人あたりの年間所得は、数年だけを除いて農民の大体2倍から3.5倍である[10]。この2倍から3.5倍までの統計は、国家が市民だけに与えた義務教育、福祉住宅、物価手当および年金医療保険などの補助金を計算に入れておらず、もしこれらの分も統計に入れれば、その倍率はさらに大きくなるであろう。

このように、1950年代から始まった工業化は、「都市天国・農村地獄」という言葉に表現されるような都市と農村との社会構造の格差をつくりだした。

**▼戸籍管理制度と格差の固定化**

都市と農村、市民と農民との格差の拡大につれて、数多くの農民が都市に流れ、1958年、その数は、1500万人に達した[11]。農民の都市への大量移動は、農業生産に悪影響を及ぼしたばかりではなく、都市の学校教育や就職などの負担を重くし、都市の治安をも圧迫した。この年、中国政府は、「中華人民共和国戸口登録条例」を制定した。

この条例に基づいて、中国の国民はすべて規定期間以内に常住地に設置された警察の派出所で登録を行った。この登録は、後に中国の人びとの運命を左右するものとなる。すなわち、農村で登録した者は農民で、都市で登録した者は市民であるとされ、その戸籍の変更は、大学への進学などの特殊事情以外、すべて認められない。もちろん、都市の戸籍がなければ、都市での就学、就職および定住などもできない[12]。

中国における都市市民と農民は、長い間あたかも二つのまったく違う社会のなかに生活しているかのようであった。都市市民は、幼い時から公立学校で教育を受け、卒業後、都市の国営、または公営企業などに全員が就職し、また国家の医療・年金および企業のさまざまな福利厚生などを享受している。これに対して、農民は、村民たちが自分でつくった学校に通い、卒業後、ほとんど生まれ育った村に戻り、農作業に従事して、自分の力で生きて行かなければならない。この都市と農村、都市市民と農民を区別する「戸籍身分制度」は、経済

改革が始まる前まで徹底的に守られていた。

## 4．農民工の金銭的成功目標の制度的障害

### ▼農民工の現状

　ところが、農業生産の家族請負制導入後、農村の就業人口は著しく過剰になり、それと同時に、都市の第二次産業と第三次産業の発展により、労働力、特に現場労働者の不足問題はしだい深刻化している。このような状況のもとに、政府は、1986年に農民の出稼ぎと都市への一時移動を許可する通達を出した。それ以来、中国の農民は、「豊かになれ」という国家の呼び掛けに応え、高い現金収入を求めて、都市への出稼ぎを始めた。しかし、彼らのほとんどは、出稼ぎの過程において戸籍という乗り越えられない制度的障害にぶつかって、金銭的成功目標を実現することができないのである。

　農民工の出稼ぎは、1980年代から始まったもので、その人数は、最初数万人の規模であったが、その後、増加の一途をたどり、例えば、1989年では3,000万人、1993年では6200万人、2004年になると、すでに1.18億人にも達し、農村労働力の23％、すなわち約4人に1人が都市への出稼ぎをしているという計算になる[13]。

　農民工の性別は、男性が66.3％で、女性が33.7％である。また、農民工の年齢については、16歳から30歳までがもっとも多く、全体の61％を占め、その次は31歳から40歳までの23％と40歳以上の16％の順となっている[14]。

　農民工の学歴は低い。2004年の中国国家統計局の調査によると、文盲と文盲に近い農民工は2％で、小卒は16％、中卒は65％、高卒は12％、また中等専門学校以上卒は5％であった[15]。

　出稼ぎ先は、最初外資系企業の多い深圳市や珠海市などのいくつかの沿海都市であったが、その後、全国の各都市に広がっている。中国の都市は、人口や産業に基づいて超大都市、大都市、中都市、小都市および農村の小さな町の鎮の五つに大別される。2004年、表1に見られるように、農民工の9.6％は超大都市の北京、上海、天津と重慶の直轄市に、18.5％は南京や広州などの大都市

## 第8章　経済改革後の農民工と犯罪

に、また、34.3％は蘇州や大連などの中都市にそれぞれ流れている[16]。

中国では、都市が大きいほど、就労の機会がそれなりに多く、また報酬も多い。そのために、以上の三種類の都市に流れる農民工は、全体の62.4％を占めている。超大都市の直轄市に流れた農民は、数字上ではわずか9.6％であるが、直轄市は、中

表1　五種類の都市に流れる農民工の比率

| 2004年 | |
|---|---|
| 直轄市 | 9.6％ |
| 大都市 | 18.5％ |
| 中都市 | 34.3％ |
| 小都市 | 20.5％ |
| 鎮 | 11.4％ |
| その他 | 5.7％ |

国において4つしかないので、単純に計算すれば、1つの直轄市に約280万人が流れているということになる。

### ▼都市の農民に対する職種制限

こうした大量の出稼ぎ現象は、決して農民が都市に流れたら、市民の身分に変更されて都市で就職したり、定住したりしていることを意味するものではない。1958年に制定された戸籍管理条例はまだ廃止されていないので、彼らの出稼ぎは、単なる一時的な就労に過ぎない。

また、中国の地方政府は、いずれも地域の戸籍を有する人を住民とみなして、地域の住民だけに義務教育、就職および社会福祉などの権利を与えている。農民工の人数があまりにも膨大すぎるので、各都市は、各自の市民の職を確保するために、農民工の就労できる職種を厳しく制限している。

例えば、上海市労働局は、1995年に「外地労働力の採用における分類と割合」を制定した。この地方条例によれば、上海市労働局は、市内の職種の特徴に基づいてすべての職業をA、B、Cの3種類に分けている。農民工が就労できるのは、AおよびBの一部、すなわち製造や建築などの業種だけに限られている[17]。

また、北京市も1998年に、農民工の就労できる範囲を、林業、製造業、水利、建築、冶金、鉱山、食肉加工および運送などの業界の200ぐらいの職種に限定している[18]。

もちろん、農民工の職種の制限は、以上の 2 都市だけではなく、その他の都市も、大体同じような制限を設けている。こうした各地の職種制限のもとに、農民工のほとんどは、表 2 にみられるように、都市市民の就きたくない職、すなわち製造業、建築業および飲食店などの肉体労働の現場に就労している[19]。

表 2　農民工の就労業界の比率

| 鉱山 | 1.8% |
| --- | --- |
| 製造業 | 30.3% |
| 建築業 | 22.9% |
| 運送・倉庫 | 3.4% |
| 卸売り | 4.6% |
| 宿泊・飲食 | 6.7% |
| その他のサービス業 | 10.4% |

▼同一労働の非同一待遇

　目下、中国の紡績、建築、鉄鋼、採掘および服装などの業界の現場労働者の80％以上は農民工で占められ、農民工の出稼ぎは、すでに中国の第二次産業と第三次産業の発展に大きく寄与している。しかし、彼らは、都市の戸籍がないので、就労先で都市戸籍のある社員と同一労働であっても、勤務時間と賃金などの面で不当な差別を受けている。

　中国は、数年も前から週休 2 日間と 1 日 8 時間勤務制を全国に導入したが、残念ながら、この制度は、まだ農民工に適用されていない。例えば、2004年、農民工の毎週の勤務日数は、全国平均して毎週6.4日で、毎日の勤務時間は9.4時間であり、その年収は7,020元で、全国サラリーマン平均年収の16,024元の43.8％にしか相当しなかった[20]。

　以上は、全国の公式統計である。実際、一部の地域の差別はもっと酷い。例えば、深圳市の国有企業の農民工の過半数は、平均して毎月26日、毎日11時間ぐらい働いているが、その月給は、都市戸籍のある社員の2,500元の三分の一以下の800元である[21]。

　以下、事例を通して、このような差別を見ておこう。

**事例 1**

　楊君は、湖北省の農村生まれの農村育ちで、20歳の時、叔父と従兄弟を頼

りに福州市へ出稼ぎに行った。福州市にも農民工の職種に関する制限があるため、仕方なくまず文房具工場で印刷工として就労した。ところが、職業訓練を受けたことがないので、その職に適しないと言われ、すぐにクビにされた。その後、紡績工場や野菜市場やレストランなどで働いた。その間、同居の友人に勧められ、金型工養成学校にしばらく通った。技術を習得したので、後に樹脂成形工場に採用された。いまは、月給1,200元（都市戸籍の従業員の約60％に相当）をもらっているが、その仕事は大変きつく、1ヶ月約28日、1日11時間働いている[22]。

#### 事例2

童さんは、1980年代の中頃に、武漢市環境衛生所に臨時清掃労働者として雇われ、それ以後、約20年間そこの正社員とまったく同じ仕事をして来ている。ところが、彼は都市の戸籍がないので、いまでもまだ臨時社員の身分である。正社員の月給は、大体1,200元から1,500元までであるが、彼の月給は520元で、また年末のボーナスと平日の残業代も、正社員の半分である[23]。

過半数の農民工の就労は、事例1の楊君のように季節や企業の経営状況に影響され、極めて不安定なものである。事例2の童さんは、農民工のなかではかなり幸運な方である。普通、年末のボーナスは、農民工に支給されないが、童さんは、正社員の半分ぐらいに相当する分が毎年支給されているばかりではなく、臨時社員として長年にもわたって雇われている。

以上で見たように、中国の農民工は、経済改革後の約20年間ずっと「危険、汚い、きつい」現場に、不安定な雇用形態で就労しながら、戸籍のある正社員の半分以下の報酬しか支払われていない。

## 5．農民工のアノミーの深刻化

第3節でも述べたように、戦後の都市優遇政策の実施により、国家と地方の政治、経済および文化などの機能は、ほとんど都市に集中し、また都市市民の

経済的収入も、長い間農民より高い。そのために、農民は、「豊かになれ」という国家の呼びかけに応えて、より多くの収入を得ようとすれば、都市に行かなければならない。

しかし、彼らは、出稼ぎの都市において農民の身分というの理由だけで、職業の選択、労働条件および報酬などの面の差別を受けて、金銭的成功目標を達成することがほとんどできないでいる。

近年、農民工の多くは、平等や権利などの意識に目覚めて、政府や都会の市民に機会の均等および同じ住民としての待遇の享受を強く求めている。例えば、農民工の楊支柱は、『中国経済時報』に次のような「出稼ぎ者を善処せよ」という文を投稿した。

　　都市の人たちは、よく香港人、マカオ人および台湾人を同胞と呼んでいるが、都市市民に食べ物を提供し、また都市でもっとも汚い、もっともきつい作業をしているわれわれを同胞と見ていない。……われわれは、都市で差別を受けているので、長い間都市市民とまるで違うかの様な世界に住んでいる。……農民工への差別をやめ、同じ住民としての権利を農民工にも与えてほしい[24]。

また、ある農民工は、インターネットにつぎのような文を配信している。

　　平等の光は、中国のすべての地域に照らされ、公民の権利は、都市と農村などの出身地に左右されてはならない[25]。

農民工の平等や権利の意識は、ますます強くなっているが、中国には農民が多く、そのなかに潜在的な失業者が2億人以上もあるいわれているので、農民工が豊かになるための合法的手段への接近の機会を排除する元凶となる戸籍条例は、中国の現状ではすぐに廃止できるものではない。

こうした理想と現実とのギャップ、および目標と手段との乖離は、少なからぬ農民工に欲求不満、孤立無援および不安などをもたらしている。例えば、近

年、農民工の間に「農民工の歌」が広がっている。その歌詞は次の通りである。

　　わしらは放浪し、80年代から新たな世紀へ
　　わしらが目に見えるのは日々変わっていく都市とその華やかな夜景
　　だが、わしらに属する明かりはひとつもない
　　農民工兄弟よ、ひとつの明かりもわしらのものではない[26]

　この歌は、農民工が都市の発展に貢献したが、「二元構造」のもとに、都市の差別や排除のため、自分らが豊かになれないことに不満や怒りを表しているものである。
　農民工のこうしたアノミーの深刻さは、またさまざまな社会調査からも示されている。例えば、1999年、中国とドイツの研究者が北京、上海および広州の農民工に関する調査を実施した。この調査によれば、調査された50％前後の農民工は、「人々に理解されるのは困難だ」「市民に馬鹿にされている」「いい友人がいない」および「自分で自分の運命を把握することができない」と答え、また、15％の農民工は、「生きることに意味を感じない」、12％の農民工は、「将来に対して自信がない」と、それぞれ答えている[27]。

## 6．農民工の「革新行動」

　農民工のアノミーの度合いは、近年確実に増しているが、絶対多数の農民工は、法律にしたがって、こつこつと現場で働いている。しかし、彼らのなかに、市場経済導入後に蔓延している拝金主義や功利主義の影響を受けて、金銭的成功目標に執着する者が少なくない。これらの農民工は、出稼ぎの過程で差別や排除のためにその目標を達成することができないことに気づいた時、合法であるか非合法であるかを問わず、マートンのいうような「革新行動」を取って犯罪を引き起こしている。
　経済改革以前、中国の農民は、戸籍制度に縛られて自由に都市に移動することができなかった。そのために、農民が都市で犯罪を起こしたことはほとんど

なかった。ところが、経済改革後、農民の都市への出稼ぎが許可されてから、農民工の犯罪は、年ごとに増加ししている。

例えば、超大都市の上海市、大都市の広州市および中都市の東莞市の農民工の犯罪は、1990年代に入ってから毎年増加し、1999年には、三市における彼らの犯罪の割合はそれぞれ53.43％、52.29％、80.96％を占めており、農民工の犯罪率は、市民のおおよそ2倍から5倍に相当する。また、その罪種はいろいろあるが、主として窃盗、強盗、強奪および詐欺という財産犯に集中している。この財産犯について、東莞市は不明であるが、上海市では農民工犯罪の70％を占め、広州市では85％を占めている[28]。

以下、中国の新聞、雑誌および著書に公表されている文献に基づき、窃盗、強奪および詐欺の事例を通して、農民工犯罪の原因とその手口などをみることにしようと思う。

▼窃盗

農民工のもっと多い犯罪は窃盗である。また、その窃盗で狙われる物は、携帯電話、金銀の指輪、自転車などの生活必需品からセメント、変圧器、電線などの工場の製品や半製品までであり、要するに換金できるものなら、なんでも窃盗の対象にされるのである。

事例3

陸さんは、安徽省の農村生まれの農村育ちである。1985年、19歳の彼は、いとこの勧めにより、村から100キロぐらい離れた蕪湖市の燃炭工場へ出稼ぎに行った。その仕事は、大きな台車で約1トンの燃炭をA工場から6キロ以上離れたB工場に運ぶものであった。それは、大変きつい仕事ではあるが、彼は、毎日6時から夜9時まで働き、また食事は、いつも安い露天の出店でとっていた。一年後、陸さんは、貯めたお金で白黒のテレビを買って故郷に持って帰った。村では初のテレビなので、近隣に出稼ぎの成功者として褒め称えられた。

ところが、28歳の時には、体力はだんだん衰えていた。それも原因の一つ

第 8 章　経済改革後の農民工と犯罪

となって、ある日、彼は、ささやかなことで出稼ぎの担当者と喧嘩して仕事をやめた。その後、より多くのお金を稼ぐため、彼は、いとこを頼りに北京に行った。しかし、その出稼ぎは、うまく行かず 1 ヶ月だけで故郷に戻った。1994年、彼は、ついに中国の最大都市の上海に行ったが、やはり戸籍がないので、仕事はなかなか見つからず、大変困っていたところ、ある日、同郷の仲間からアルバイトに行こうと言われ、彼らと一緒にワゴン車に乗った。

　ワゴン車は、ある会社の倉庫の前に止まった。彼は、壁の上に立たされ、見張り役になれと命じられた。盗品の銅線が捌かれた後、グループのボスから当時約 3 ヶ月の出稼ぎの報酬に相当する1,100元が手渡された。その日、陸さんは、興奮を抑えきれず、再び村一の出稼ぎ成功者の夢を見るようになった。その後、彼は、先のように誘われたのではなく、積極的にこのグループに加わって 3 回も窃盗を繰り返した。1ヵ月後、彼は、警察に検挙され、有罪判決を受けた後、刑務所に送られている[29]。

▼強奪

　近年、原付とオートバイの量販と普及により、強奪としてのひったくりが各地で多発している。もちろん、都市で発生したひったくりのすべてを農民工がしたわけではないが、農民工の引き起こした件数は圧倒的に多い。その理由としては、農民工の都市間の移動が激しく、また金銭的成功目標を達成しようと思えば、ひったくりがもっとも手取り早い方法の一つになるからであろうと考えられる。

事例 4

　27歳の肖さんは、江蘇省の農村生まれの農村育ちで、17歳の時から南京や蘇州などへ出稼ぎに行った。彼は、他の農民工と同じく、都市の戸籍がないので、工場や建築工事の現場で働かざるを得なかった。肖さんが出稼ぎ先でいくら一生懸命働いても豊かになっていない。犯行の前、彼は、こんなつきい肉体労働がいやになり、毎日、どうすれば大金持ちになれるかということばかりを考えていた。

217

ある日、彼は、オートバイに同郷のAさんを乗せて近くの海安の町へドライブに行った。途中、Aさんは、一人で歩いていた若い女性のカバンを奪い取った。そのカバンには1,000元の現金が入っていたので、二人は山分けした。500元の大金は、肖さんにとっては建築現場就労の約1ヶ月の給料に相当するもので、その晩、彼は、大金持ちになる「近道」を発見したことを喜んだ。

　肖さんは、本来まじめな青年で、それまで一度も法に触れたことがなく、もちろん、ひったくりが犯罪であることをもよく知っていた。しかし、その後、大金持ちになって豊かな生活を過ごして、周りの人に尊敬されたいという強い願望に駆使され、ついに2003年8月から2004年3月までAさん、Bさん、またはCさんとペアを組んで何回もひったくりを繰り返していた[30]。

▼詐欺
　農民工の学歴が低いため、知能犯は多くない。しかし、農村の民間宗教は、都市より盛んなので、多くの農民工は、子どもの時からそれを自然に覚えている。近年、農民工のなかに、民間宗教や迷信を利用する詐欺犯罪が少なくない。

事例5
　安徽省の農婦の左さんは、40歳である。彼女は、2005年11月、一人で南京へ出稼ぎに行った。年齢も理由の一つで、仕事はなかなか見つからなかった。ある日、彼女は、南京駅の前をうろうろしていた時、自分の年齢とほぼ同じぐらいの女性のSさんに声をかけられた。話のなかから、Sさんも安徽省の隣の村から来た出稼ぎ者で、まだ職についてないことを知った。2人がいろいろとお互いに慰め合った後、尼に変身して、「稼ぐ」ことを決めた。
　次の日から、2人は、尼の服を着て、全国各地に布施を求めて回り始めた。翌年3月のある日の朝、2人は、遼寧省遼陽市のある裕福な民家の前に足を止めて、ノックした。家から出て来た若い奥さんに、小さなプラスチック製の観音像を見せながら、仏様は安全を守って下さるから、1元でいただいたらどうですかと頼んだ。奥さんがお金を手渡した時、左さんは、突然奥さ

の頭の上に白虎が出て来て、災いがまもなくおとずれるよと脅かした。慌てた奥さんは、2人を家に入れて、言われるとおり、ベッドの上に夫の上着1着、コップ1杯のお米、1膳のお箸および筆などを並べた。その後、2人は、同じベッドの上に菩薩像を置き、奥さんの前で事前に用意した紙を焼き、そして焼かれた紙の灰を別の紙に包んで揉んだ。約1分後、白い紙の上に「血災」という字が現れた。

　左さんは、ご主人が28歳だから、その息災には2,800元かかると言い、奥さんから素直に手渡されたお金を取りながら、菩薩の前に金銀のアクセサリーをつけてはならないという理由で奥さんの体につけていた金の腕輪、指輪およびネックレスなどをも、お金と一緒に紙で包んだ。菩薩の前での儀式は、約10分で終わった。その後、2人は、奥さんにこの紙の包みをベッドの下に1週間置けば、無病息災になると言って出て行った。

　2人が出た後、奥さんは、すぐ電話で「尼さん」のことを夫に知らせた。怪しいと思った夫は、急いで帰宅し、そしてベッドの下からその紙の包みを取り出して、空けてみたら、紙に包まれているものは新聞紙だけであった。もちろん、この2人の「尼さん」は警察に逮捕され、後に有罪判決を受けている[31]。

　以上で見たように、農民工の犯罪は、主に窃盗、強盗、強奪および詐欺などに集中し、また、手口も、それほど巧みなものではないので、社会への破壊力は、全体として決して大きなものではない。しかし、住所不定で、移動の激しい農民工が多く、彼らのなかに誰が犯罪者になるか、また、その犯罪がいつ、どこで起きるかに関する予測はきわめて難しい。さらには、都市市民の財産や会社の製品を狙う彼らの犯罪は、近年都市で頻繁に起きている。そのために、農民工の犯罪は、都市市民に与える恐怖および会社や公共施設などに与える損失が大きい。この意味においては、農民工の犯罪は、すでに中国の社会治安を大いに脅かしているのである。

## おわりに

　経済改革後、中国の社会で起きたもっとも大きな変化の一つは、農民の身分でありながら、都市の第二次産業、第三次産業に従事している農民工の登場と農民工の犯罪の急増である。彼らの犯罪原因は、決して「農民素質の低さ」や「社会統制の弛緩」ではなく、経済改革後、政府の刺激政策によって与えられ、後に市場経済のなかでしだい肥大化している金銭的成功目標と、建国初期の工業化の過程でつくられた社会管理制度との矛盾にある。すなわち、経済改革のなかで、多くの農民が金銭的成功目標を実現するために、経済の豊かな都市へ出稼ぎに行っているが、しかし、彼らの目標達成のための合法的手段への接近の機会は、計画経済の時代につくられた戸籍条例によって排除されている。この目標と手段との乖離は、農民工の犯罪を引き起こしたもっとも大きな原因である。

　農民工と農民工の犯罪問題は、経済改革後長い間ずっと社会で注目され、また中央政府からも大いに重要視されている。近年、中央政府は、「調和ある社会づくり」という政策を打ち出して、農業税を廃止したり、また農村地域の義務教育を有料から無料に変えたりしている。しかし、中国の農民は全国人口の約60％以上を占めているので、中国の都市と農村との経済格差は一朝一夕に縮小されるものではなく、また、農民の都市への移動や定住を制限する戸籍制度も短期間で廃止されるものではない。そのために、農民工のアノミー犯罪を減らすことは容易ではないであろう。

　このような困難な問題に対して、「調和ある社会づくり」として、今後どのような方向づけにより、どのような具体策がとられるかに注目したいと思う。

---

注

1）中国国務院研究室課題組『中国農民工調研報告』、中国言実出版社、2006年、3頁
2）E.デュルケム『自殺論（世界の名著47）』（宮島喬訳）中央公論社、1968年、19

第 8 章　経済改革後の農民工と犯罪

　　5〜239頁
3）R.K.マートン『社会理論と社会構造』(森好夫他約)みすず書房、1968年、第Ⅳ・Ⅴ章を参照
4）同上、131〜138頁
5）張厚義「私営企業主のグループは現代中国の社会構造のもっとも重要な部分である」、愛媛大学主催の『国際シンポジウム・私的経営者の台頭と変動する中国の報告集』、2000年
6）劉蘇蘭『紅了眼的中国人』朝華出版社、1992年、36頁
7）同上　37頁
8）何清漣「中国当代経済倫理的激変」、劉智峰主編『道徳中国―道徳倫理の反省』中国社会科学社、1999年、54〜55頁
9）李国慶「城郷関係発展報告」、陸学芸・李培林主編『中国社会発展報告』遼寧人民出版社、1991年、162頁
10）中国統計局編『中国統計年鑑』、(1991年〜2006年)、中国統計出版社
11）李国慶「城郷関係発展報告」、陸学芸・李培林主編『中国社会発展報告』遼寧人民出版社、1991年、161頁
12）中国共産党中央文献研究室編『建国以来重要文献選編』中央文献出版社、16頁〜19頁
　　陸学芸・李培林主編『中国社会発展報告』遼寧人民出版社、1991年、88頁〜244頁
13）中国国務院研究室課題組『中国農民工調研報告』、中国言実出版社、2006年、2頁〜3頁
14）同上　102頁
15）同上　103頁
16）同上　6頁
17）中国の新聞『文滙報』1995年9月25日
18）中国の新聞『人民日報・海外版』、1998年3月23日
19）中国国務院研究室課題組『中国農民工調研報告』、中国言実出版社、2006年、5頁
20）同上　104頁と204頁
　　農民工の年間就労の月間数は、帰郷や失業など日数を除いて、実際全国平均して9カ月で、その年収は、平均月収の780元×9ヶ月で算出されるものである。
21）陸学芸「農民工問題は根本的に解決しなければならない」、孔祥智主編『聚焦

三農』中、中央編訳出版社、2004年、215頁
22）曽紹陽他著『社会変遷中的農民流動』、江西人民出版社、2004年、408頁～419頁
23）中国の新聞『中国青年報』、2004年8月5日
24）金鑫他編『中国問題報告』浦東電子出版社、2002年、476～477頁
25）同　478頁
26）隋暁明編『中国民工調査』群言出版社、2005年、2頁
27）柯蘭君他編著『都市里的村民――中国大城市的流動人口』中央編訳出版社、2001年、5頁
28）王智民他著『当前中国農民犯罪研究』、中国人民公安大学出版社、2001年、241～252頁
29）肖春飛他著『わたしの農民工兄弟』、復旦大学出版社、2005年、172頁～181頁
30）中国の新聞「江蘇法制報」、2006年4月10日
31）中国の新聞「遼寧法制報」、2006年5月19日

（羅　東耀）

終 章 中国研究の行方
——〈あとがき〉的提起——


## 1．中国研究の難しさ

### ▼難しさの性格

　副題にあるように、この最後の章は半ば〈あとがき〉的な叙述になることをまずもってことわっておこう。その事情については〈はしがき〉で述べている。

　さて、中国研究の難しさについては〈序章〉でも若干示唆しているが、国土と人口がともに広大であることにある。だから中国社会の研究は、1つの社会の研究というよりは複数の社会の研究という特徴があると受け止めることから出発した方が、外国人が研究するにあたってはよいのではないかと思われる。私自身は、中国社会の研究が専門分野の1つであると言えるまでには、中国社会にはじめてアプローチしてから10年ほど要した。むろん研究にたいする集中の仕方によってもっと短くなることを否定するものではないが、中国を専門に研究していると言えるにはおそらく5年以下ということはないであろう。1992年から現在までの私は、半年の中国滞在が2回、毎年の中国滞在が4週間前後というかたちで中国人と生活をしてきた。中国社会科学院の友人が、3年目に「中国認識の第1段階を過ぎた」と言い、5年目に「中国人の常識をほぼ身につけた」と私の中国認識について言ったことに、中国認識の難しさが出ているであろう。

　本書のようなかたちで中国について論じるにあたっては、執筆者の選定について諸般の事情でとりわけ念頭にあった方々がやや異なる企画への参加が決まっていたので、かなり難航した。したがって、本書の執筆者には日本人がきわめて少ない。中国在住の中国人が3人、日本在住の中国人が3人、日本人はわずか3人である。中国在住者については、2005年に直接面談して本書の趣旨の

了解のもとでの執筆参加となったが、原稿は中国語なので翻訳作業も加わることになった。しかし、日本人による文献研究や調査研究では得られない研究成果の提出があったことが、なによりのプラス面ではないかと思っている。その意味では中国人の常識を当然そなえている中国人の執筆への参加は、しかも本書の場合は過半数が中国人であることは、これまでにはない中国研究の１つのあり方の示唆とも言えよう。ただし、中国在住の中国人の執筆者の場合には、中国人には当然わかっていることを前提に展開されているので、訳者による表現の工夫があるとはいえ、執筆者の意図をそこなわないかたちでどのように翻訳するかという課題を残しているであろう。

したがって、私自身の中国へのアプローチについて触れたように、中国研究の難しさにたいしては、中国人の常識を身につけることから出発することが、中国を研究する場合だけではなく、本書のような中国人による中国についての論考を読む場合にも不可欠であることを、ここではまずは強調したい。さらに付け加えるならば、中国人との学術交流や論議をする場合にも同様である。いろいろな名目での「共同研究」が多くなっているこんにち、そのようなベースがあるかどうかによって「共同研究」の成果が異なるであろう。

### ▼本書の展開から

さてこの終章では、今後の研究課題を整理して示すことになるであろう。そこで各章それぞれの叙述からどのような課題が導きだされるか、簡単に整理しておこう。

序章について、「階層分化」の進展の確認にもとづいて、現代中国の生活の変化を時々はミクロな「体験」をまじえて、主として客観的条件と主体的条件についてのマクロな認識が示されている。つまり格差拡大のマクロな動向とそのためのいくつかの着目点が示されているということであるが、「複雑性」を考えるならば、さらに新たな着目点の追求が必要であろう。他方、ミクロな動向については、ほとんど「体験」にとどまっているので、この動向の事例をより豊かにすることによって、マクロとミクロを連結することによる国民生活のさらにトータルな把握の追求が要請される。

終　章　中国研究の行方

　第1章と第2章では、現代中国の家族が取り上げられている。それぞれが、激変の過程にある現代中国社会における家族の変化と問題性について、焦点を絞った論述になっていることから、ある意味では必然的に課題が導き出されるであろう。家族をトータルに捉えるには家族のいろいろな側面とそれらの相互関係といった内部分析だけでなく、社会の変化とも関連させて捉えるという当たり前のことをまずは確認しておこう。したがって、家族については、2つの章では論及されていない諸側面についての研究を豊かにすることによって、さらにトータルな方向へと発展させることが求められるであろう。家族との関連で具体的に付け加えるならば、生活の激変にともなう生活時間の変化などは今後の重要な課題であろう。これについては、私の知るかぎりでは王棋延・張衛紅・蔵江輝『城市居民的生活時間配分』（経済科学出版社　1999年）など少数の研究例があるにすぎないので、中国では研究が緒についたばかりのようである。日本ではこの点での一定の蓄積があるので、その活用として大事な方向の1つであることを指摘しておこう。

　第3章と第4章では、現代中国の都市が取り上げられている。在住地の違いがあるとはいえ、いずれも中国人による執筆であることによって、単に落下傘部隊的な現地調査ではないこと、また中国人ならではの豊富な資料が活用されているという利点を容易に認めることができるであろう。現代中国社会の都市では、一方では「社区建設」に認められるような「発展」があるが、他方では「発展」から置き去りにされている貧困層の存在が当分は存続すると考えられる。とりわけ「農民工」にたいする差別は著しい。したがって、現代中国が「調和ある社会」を志向しているならば、格差・差別にたいする政策的な対応がむろん不可欠であるが、都市における具体的な日常生活における人々の適切な対応の仕方もまた大事であると考えられる。この意味では、第3章において「公共服務社」に触れられていることは一定の示唆を与えているであろう。ただし、これまた〈はしがき〉で述べたような事情によって、さしあたりは「地域研究」としての農村が欠落するという残念な結果になった（再版になれば「補論」とする意図はある）。したがって、中国社会の地域として主要な位置を占めている農村についての基本的な把握とそれにもとづく〈都市－農村〉関係

の解明が残された大きな課題である。

　第5章と第6章では教育問題が取り上げられている。これらの章で取り上げられた教育にかかわる問題はこれに尽きるものでないことは容易にうなずけるところであろう。紙数の関係で大学教育の変化の限られた部分への言及にすぎない。大学をめぐっては大学生の勉学状況および進路問題についての実情の把握などを加えて、さらに総合的な認識が求められるであろう。しかも、序章でも触れたように、教育問題は大学だけでなく小学校から各級の教育機関における実情とそれにともなう問題がある。日本では必ずしも多く論考されていない分野として、開拓的な研究が求められる。

　第7章と第8章で論じられている文化および犯罪についてもまた、ほぼ同じことが指摘できる。ここでもまたこの分野については焦点を絞った論述であり、つまり文化現象および犯罪現象の一端を取り上げた論考なので、この分野についてもここで論及されているような現象に尽きるものではない。さらにはやや一般化して言えば、この分野はとりわけてそれぞれの社会における特徴があると考えられるので、歴史的推移を含めたよりトータルな方向で研究を豊かにしていくことが要請されるであろう。

　それぞれの章の論考そのものからもこのような課題が導き出されるが、そのような課題の具体的追求にあたっては、再三くり返しているように、それがマクロ研究であろうとミクロ研究であろうと、広大な中国社会の特質を踏まえることが不可欠なので、以下最小限必要と考える多様性と複雑性を簡単に確認して課題に言及したい。

## 2．現代中国の多様性・複雑性の確認

### ▼多様性をめぐって

　中国研究の方向については次の節で整理するが、すでにはじめに示唆したように、現代中国は、これが1つの社会そして同じ中国人であるとは思えないところに、その特質がある。したがって、中国社会・生活の多様性と複雑性をどのように整序して捉えるかが問われることになる。一般的には、もっとも基本

終　章　中国研究の行方

的な社会領域として、経済、政治、生活、環境、文化が原理的に措定できるというのが、私の基本的な理論的立場である。

　ここではその具体的説明は私のいくつかの著書にゆずって、そのような理論（それは1つの理論的立場に過ぎないが）にもとづく研究が、とりわけ中国社会・生活の研究には求められると考えられる。具体的に指摘するならば、多様性についてはただ並列的に挙げるだけでは、「混沌」を示すにとどまる。大事なことはそれらの相互関係と社会的位置づけである。そのような方向の追求においては、どのような理論であれ、なんらかの理論をベースにした迫り方が必要である。

　日本における中国研究の動向について考えてみると、かつては（民国時代の頃）は中国社会の特殊性、とりわけ当時の日本の社会学の実証研究を反映して、家族と農村についての研究が多かった。それらの研究成果の一定部分は新中国成立から現在に到るまでの中国社会・生活研究においても継承に値するものを含んでいる。これはある意味では中国社会の多様性が大きくかかわっていると考えられるからである。にもかかわらず、現代中国についての論考の多くには、変化あるいは最近の特徴のみに目を奪われて、「残存」あるいは「残存における変化」を考えるにあたっての「継承」が不充分なきらいがある。

　多様性は、〈序章〉で挙げた視点による多様性にとどまらず、歴史的に形成されるとともに激変過程での新旧のかかわり方によっても新たな多様性が生じていると考えられるのである。したがって、多様性がもたらす「混沌」とも見える諸現象を解きほぐしていく視点が求められることになる。そのためにはなんらかの理論的ベース（あるいは方法）が不可欠であることを繰り返し強調したい。あとでも若干触れるが、理論なき「実証データ」の処理では、単なる資料提供にすぎないであろう。

▼複雑性をめぐって

　中国社会の独特な多様性は、他の社会にはあまりない複雑性を産み出している。ここで「地域格差」を一般的に認めるとしても、相対的に貧困な省においても「富裕農村」が存在しているという〈序章〉の例を想起してほしい。この

例は、多様性の1つの現れであり、平均を示している統計数値だけでの捉え方がきわめて不充分であることを示している。多様性における1つの現象ではあるが、そのような現象はこの例にとどまるわけではない。経済的条件だけではなく、人々の生活を制約しているその他の諸条件やそのもとで生活している人々の「行動様式」についても同様にみなすことができるであろう。したがって、多様性がもたらす複雑性をどのように捉えるかがきわめて重要である。

　先にどのような研究であろうともなんらかの理論的ベースが必要であるというごく当たり前のことを言ったが、中国研究にかぎらず、社会学における実態調査研究にはこの当たり前のことがないケースが多々見うけられるからである。極端な場合にはデータ処理だけに「説明的考察」らしきものを加えるという「研究」もある。そこで中国における生活変動・生活の特徴を捉えるにあたってこれだけは必要ではないかというもっとも原理的視点を挙げておこう。

　第一には空間的視点を挙げることができる。空間的視点とは広い意味での環境に着目することを意味する。環境には自然的環境と人工的環境がある。ある地域の具体的な実態調査研究においては、地理的な位置を含むそのような条件におおむね触れられているが（触れていないものは論外である）、原理的には空間的視点であることがどれだけ自覚されているであろうか。このことは現代中国社会（国家）の現在と未来を考えるにあたってはきわめて重要な意味をもっているのである。具体的に展開する余裕はないが、与えられた空間的条件を考慮した未来への展望が大事だということを意味する。

　第二には時間的視点を挙げることができる。この時間的視点は変化・変動といった歴史および人々の時間の活用に着目することを意味する。歴史的視点の重要性については多くを語る必要がないであろう。ただし1つだけ注意をうながしておきたい。社会学において歴史的視点を活用するとは単に変化を跡づけるということだけではない。空間的視点でその位置と諸条件を確認することと同じように、大事なことは現在の歴史的位置を確認することである。もう1つの「時間の活用」とは、先に簡単に指摘した生活時間への着目を意味する。いわゆる「近代化」の進展における生活時間の変化を比喩的に言えば、「柱時計」的時間から「デジタル」的時間へ、自然的時間から人工的時間へと変化したの

である。そのことによって人々の時間の使い方が大きく変化したことは、前近代社会における暗い夜間の過ごし方を想起するならば、ほとんど体験的事実であろう。したがって、時間的視点とはこの2つの統合的認識にほかならない。

そして第三には文化的視点を挙げることができる。この文化的視点については私独自の見方なので、その意味するところを簡単に説明する。文化というと常識的にも学問的にもいわゆる「文化的所産」あるいは「文化的表現」として狭く捉えられがちである。しかし私見では、文化とは生活から産み出され、生活によって継承されたり変化されたりする性格のものである。したがって、あらゆる生活活動は一方では存続しているいろいろな文化に条件づけられるが、他方では新たな文化をも産出していくのである。その意味では狭義の「文化領域」としての「文化現象」もあるが、広義には政治・経済・生活などあらゆる社会領域に「文化」が浸潤していることを念頭におく必要がある。

ここでは3つの視点に限定して述べたが、これまでの研究でしばしば重視されているいわゆる「関係的視点」が不要だということではない。「関係的視点」は上の原理的視点とは論理的次元を異にするのであり、むしろ上の3つの視点から「関係的視点」をより豊かに発展させることができるのではないだろうか。

## 3．中国研究の方向―1つの覚え書き―

### ▼留意点について

これまでのすべての確認にもとづいて中国研究の方向というよりは、留意する必要があることおよびこれからの課題を提起しよう。まず留意点については箇条書き的に示す。

1）中国だけを研究しないこと

日本人だけでなく中国から留学している人たち（日本に定着している人も含む）には、取り組んでいる分野について中国だけを研究している場合が往々にして認められる。中国について研究するにあたっては、日本社会（社会領域）および日本の社会学をほとんど学習しないで中国だけを研究することは、とりわけ中国人にとっては好ましくない研究スタンスであると言えよう。それは先にも

指摘した「民国時代」の研究の継承を研究スタンスとしてほとんどなおざりにしていることを意味する。当時の日本人の優れた研究は日本社会、家族、村落などの研究を背後にもちつつ取り組むというスタンスがあったのである。誤解を避けるためにことわっておくと、そのようなスタンスをもつことが日中比較などただちに国際比較研究をせよということではない。

2）中国における社会学の展開への目配り

1957年に中断された社会学が中国で再建されたのは、周知のように1979年である。その後研究機関・研究組織が急速に再建・整備され、社会学研究者の育成もまた進展した。新たな中国社会の建設のためには、きちんと認識されていなかった具体的現実への調査研究が急務であり、家族や農村の実態調査研究が徐々に進展していくとともに、諸外国の社会学の成果の吸収にも貪欲に取り組まれた。

中国の発展は経済の高度成長だけではなく、社会学研究においても質量ともに短期間のうちに飛躍的に発展している。中国の社会学における時期区分とは異なるが、人々の生活の変化とあたかも照応するかのように、1990年代後半から発展期に入ったというのが私の見方である。とりわけ研究の量的増大と多くの社会領域へと研究が拡大したことには、それらの諸研究は玉石混合であるとはいえ（これは中国に限らない）、すべてをフォローするのが難しいほどに研究が進展している。したがって、それらの研究にすべて目配りすることは不可能であろう。

私は、少なくとも3つの研究動向への目配りが必要であると考えている。1つは社会学の理論分野の動向である。理論構築におけるいわゆる「本土化」が言われてからすでに久しいが、それとの関連で目配りすることは、中国研究だけではなく日本の社会学にとっても資するところがあるであろう。2つには、研究の焦点がどうなっているかということである。例えば「階級・階層」研究は2000年前後の焦点であったことは〈序章〉からもわかるであろう。そしてもう1つは、自らの研究分野における新たな動向である。とりわけそれぞれの分野の到達点を確認することが大事である。

3）実態調査研究における留意点

終　章　中国研究の行方

　中国における社会学研究が上記のように発展していることを前提とするならば、外国人が実態調査研究をする（だけではないが）にあたっては、屋上屋を重ねないことが肝要である。とりわけ落下傘部隊的に限られた地域だけの調査研究は資料提供にもならないであろう。どのような部分的調査研究であろうとも、先に触れた3つの視点を念頭において調査対象の歴史的・社会的位置づけに留意することが大事である。

　4）中国に資する研究を念頭におくこと

　現代中国が矛盾と問題性に充ちていることは中国の為政者をも含めておおかたの認めるところであろう。そのような現実にたいして批判的な見解が出てくることもまた当然であろう。ここで考える必要があるのは、批判や問題性への対応の仕方である。一部の論述には中国にたいする悪意に充ちているという印象を与えるものもあるが、そのような批判や問題の指摘は厳に避ける必要があることを表明したい。中国人自身のそのような叙述は中国人同士の問題なので、外国人がコメントする必要はなく、研究の1つの素材として受け止めればよいであろう。

　日中関係にどのような歴史的経過があり、現在はその行方がかならずしも定かでないにしても、中国政府が「調和ある社会」というスローガンを打ち出してきた現在、その方向に資する研究、そのスローガンが対外政策に及ぶ方向での研究が求められるというのが、私の基本的な主張である。そのことがグローバル時代の研究の1つの方向であろう。

▼課題を考える

　最後に、中国研究の一般的な課題であるとともに執筆者それぞれの課題であるという意味で若干の課題を提示して、本書の結びとしたい。

　私は、1998年に「再建後の中国社会学の展開」という論考で、1979年の再建から1996年頃までの中国社会学の展開を跡づけることを通して、以後の中国研究の課題を中国と日本の両方の社会学研究にわたって整理して示したことがある。10年近くが経過した現在でも意味があると考えているので、そのエッセンスを再録的に簡単に示した上で、最終的な課題を提示しようと思う。

まず中国の社会学にたいしては、①基礎理論の彫琢、具体的には社会学と史的唯物論との関係、②社会学で措定される研究分野の相互関連の追求、③実態調査研究をより豊かにすること、④先進資本主義諸国の歴史的経験からの摂取、⑤民主主義への取り組み、である。日本の社会学にたいしては、①中国社会学の展開をフォローすること、②実態調査研究の仕方の工夫、③中国社会学からの示唆の日本的追求、という課題を提示した。

　これらは私自身の中国研究にたいする課題でもあることはむろん言うまでもない。10年近くが経過したこんにち、これらの課題に日中両国が果たしてどれだけ応じているであろうか。中国の社会学においては、③実態調査研究をより豊かにすること、という課題については相当の進展を見せているが、その他の課題についてはいまだしという感がぬぐえない。日本の社会学においては、果たしてどうであろうか。私は、日中両国にたいして提起した8つの課題は現在も存続している課題であり、しかも日中両国にたいして別々にある課題ではなく、共通の課題であることをあらためて表明したい。

（飯田　哲也）

## 編者紹介

飯田　哲也（いいだ　てつや）
1936年　富山県生まれ
1969年　法政大学大学院社会科学研究科社会学専攻博士課程満期退学
現　在　文学博士
　　　　中国人民大学客員教授、中国・寧波工程学院客員教授
主な著書　『家族の社会学』（ミネルヴァ書房　1976年）『家族社会学の基本問題』（ミネルヴァ書房　1985年）『テンニース研究』（ミネルヴァ書房　1991年）『家族と家庭』（学文社　1994年）『現代日本家族論』（学文社　1996年）『中国放浪記』（学文社　1997年）『現代日本生活論』（学文社　1999年）『社会学の理論的挑戦』（学文社　2004年）　以下は（共）編著　『都市化と家族の社会学』（ミネルヴァ書房　1986年）『家族政策と地域政策』（多賀出版　1999年）『応用社会学のすすめ』（学文社　2000年）『新・人間性の危機と再生』（法律文化社　2001年）『「基礎社会学」講義』（学文社　2002年）『現代社会学のすすめ』（学文社　2006年）

坪井　健（つぼい　つよし）
1947年　岡山市生まれ
1978年　東洋大学大学院社会学研究科社会学専攻博士課程満期退学
現　在　駒澤大学文学部教授(社会学・社会心理学担当)
主な業績　『国際化時代の日本の学生』（学文社　1994年）　以下は共著　『新版統計からみる社会学』（学文社　1984年）『日本人と社会変動』（人間の科学社　1995年）『学生の国際交流とアジア学生文化の比較研究』（代表、坪井健　平成6年度科研費研究報告書　1995年）『日本人と国際化』（人間の科学社　1999年）『日本人と高齢化』（人間の科学社　2001年）『21世紀の国際知的交流と日本』（中央公論新社　2002年）『日本人と少子化』（人間の科学社　2004年）『アジア太平洋諸国の留学生受け入れ政策と中国の動向』（代表、横田雅弘　平成17年度科研費研究報告書　2005年）『岐路に立つ日本の大学』（代表、横田雅弘　平成18年度科研費研究報告書　2006年）

## 執筆者一覧 （執筆順）

| | | |
|---|---|---|
| 飯田　哲也（いいだ　てつや） | 中国人民大学客員教授 | 序章　第5章翻訳　終章 |
| 関　穎（クァン　イン） | 中国・天津社会科学院研究員 | 第1章 |
| 富田　和広（とみた　かずひろ） | 県立広島大学助教授 | 第2章 |
| 李　妍焱（り　けんえん） | 駒沢大学助教授 | 第3章 |
| 李　強（リ　チャン） | 中国清華大学教授 | 第4章 |
| 張　海英（チャン　ハイイン） | 中国航空航天大学助教授 | 第5章 |
| 坪井　健（つぼい　つよし） | 駒沢大学教授 | 第6章 |
| 中文　礎雄（なかふみ　そゆう） | 立命館大学教授 | 第7章 |
| 羅　東耀（ら　とうよう） | 奈良大学教授 | 第8章　第4章翻訳 |
| 陳　鳳（ちん　ほう） | 姫路獨協大学非常勤講師 | 第3章翻訳 |

日本在住の中国人は「日本語読み」、中国在住の中国人は「中国読み」にしました。

## 現代中国の生活変動

2007年4月15日　第1版第1刷
定　　価＝2500円＋税

編　者　飯田　哲也・坪井　健　ⓒ
発行人　相　良　景　行
発行所　㈲　時　潮　社

　　　　174-0063　東京都板橋区前野町4-62-15
　　　　電　話　(03) 5915-9046
　　　　FAX (03) 5970-4030
　　　　郵便振替　00190-7-741179　時潮社
　　　　URL http://www.jichosha.jp
　　　　E-mail kikaku@jichosha.jp

印刷所　相良整版印刷　製本所　㈲武蔵製本

乱丁本・落丁本はお取り替えします。
ISBN978-4-7888-0616-0

# 時潮社の本

## 中国のことばと文化・社会
中文礎雄著
Ａ５判並製・352頁・定価3500円（税別）

5000年に亘って文化を脈々と伝え、かつ全世界の中国人を同じ文化で結んでいるキーワードは「漢字教育」。言葉の変化から社会の激変を探るための「新語分析」。２つの方法を駆使した中国文化と社会の考察。本書のユニークな方法は、読者を知的に刺激する。

## アメリカ　理念と現実
分かっているようで分からないこの国を読み解く
瀬戸岡紘著
Ａ５判並製・282頁・定価2500円（税別）

「超大国アメリカはどんな国」──もっと知りたいあなたに、全米50州をまわった著者が説く16章。目からうろこ、初めて知る等身大の実像。この著者だからこその新鮮なアメリカ像。

## 食からの異文化理解
テーマ研究と実践
河合利光編著
Ａ５判並製・232頁・定価2300円（税別）

食を切り口に国際化する現代社会を考え、食研究と「異文化理解の実践」との結合を追究する。──14人の執筆者が展開する多彩、かつ重層な共同研究。親切な読書案内と充実した注・引用文献リストは、読者への嬉しい配慮。

## 社会的企業が拓く市民的公共性の新次元
持続可能な経済・社会システムへの「もう一つの構造改革」
粕谷信次著
Ａ５判並製・342頁・定価3500円（税別）

社会的格差・社会的排除の拡大、テロ─反テロ戦争のさらなる拡大、進行する地球環境の破壊──この生命の星・地球で持続可能なシステムの確立は？　企業セクターと政府セクターに抗し台頭する第３セクターに展望を見出す、連帯経済派学者の渾身の提起。